從動物到人類，醫師與動物行爲學家打破物種隔閡，揭開青少年時期的眞正意義與祕密

動物們的青春

Wildhood

The Epic Journey from Adolescence to Adulthood in Humans and Other Animals

Barbara Natterson-Horowitz and Kathryn Bowers

著—芭芭拉．奈特森—赫洛維茲、凱瑟琳．鮑爾斯

譯—嚴麗娟

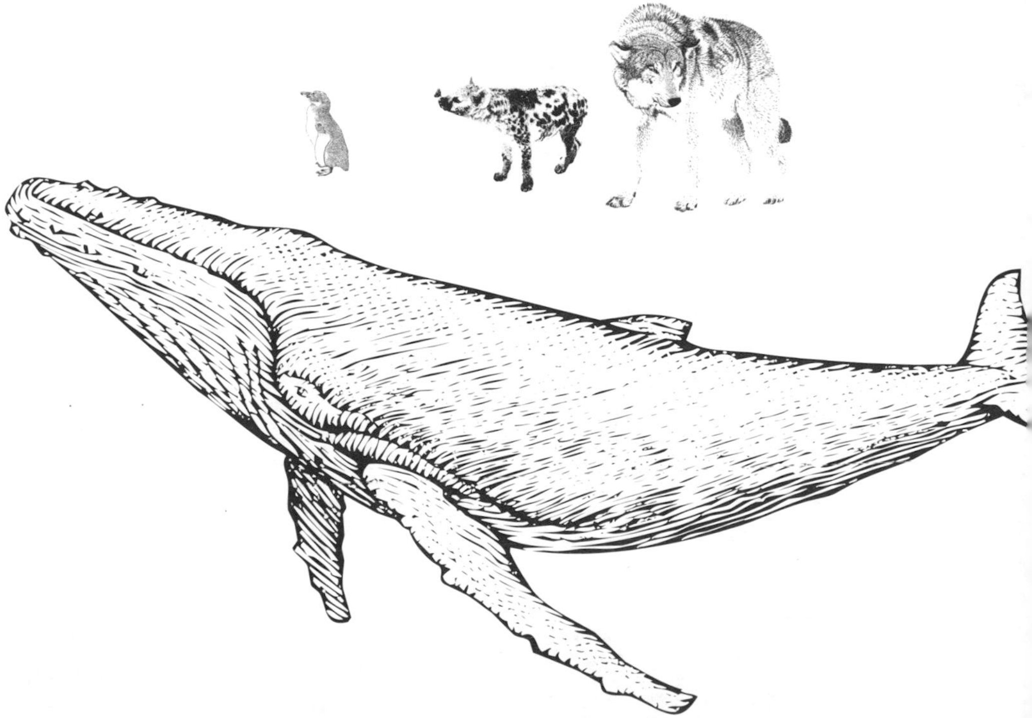

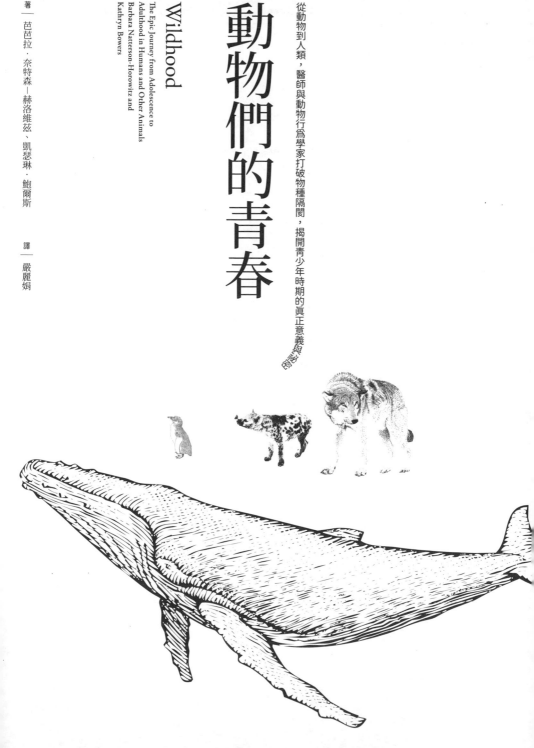

科普漫遊 FQ1069

動物們的青春：

從動物到人類，醫師與動物行為學家打破物種隔閡，揭開青少年時期的真正意義與祕密

Wildhood: The Epic Journey from Adolescence to Adulthood in Humans and Other Animals

作　　者　芭芭拉・奈特森－赫洛維茲（Barbara Natterson-Horowitz）、
凱瑟琳・鮑爾斯（Kathryn Bowers）
譯　　者　嚴麗娟
審 訂 者　曾文宣
主　　編　謝至平
責任編輯　鄭家暐
行銷企畫　陳彩玉、楊凱雯

編輯總監　劉麗真
總 經 理　陳逸瑛
發 行 人　凃玉雲
出　　版　臉譜出版
城邦文化事業股份有限公司
臺北市中山區民生東路二段141號5樓
電話：886-2-25007696　傳真：886-2-25001952
發　　行　英屬蓋曼群島商家庭傳媒股份有限公司城邦分公司
臺北市中山區民生東路二段141號11樓
客服專線：02-25007718；25007719
24小時傳真專線：02-25001990；25001991
服務時間：週一至週五上午09:30-12:00；下午13:30-17:00
劃撥帳號：19863813　戶名：書虫股份有限公司
讀者服務信箱：service@readingclub.com.tw
城邦網址：http://www.cite.com.tw
香港發行所　城邦（香港）出版集團有限公司
香港灣仔駱克道193號東超商業中心1樓
電話：852-2508623　傳真：852-25789337
電子信箱：hkcite@biznetvigator.com
新馬發行所　城邦（馬新）出版集團
Cite（M）Sdn. Bhd.（458372U）
41, Jalan Radin Anum, Bandar Baru Sri Petaling,
57000 Kuala Lumpur, Malaysia.
電話：603-90578822　傳真：603-90576622
電子信箱：cite@cite.com.my
一版一刷　2021年6月

城邦讀書花園
www.cite.com.tw

ISBN 978-986-235-931-0
售價　NT$ 450

國家圖書館出版品預行編目資料

動物們的青春：從動物到人類，醫師與動物行為學家打破物種隔閡，揭開青少年時期的真正意義與祕密／芭芭拉・奈特森赫洛維茲(Barbara Natterson-Horowitz)、凱瑟琳・鮑爾斯(Kathryn Bowers)著；嚴麗娟譯. 一版. 臺北市：臉譜，城邦文化出版；家庭傳媒城邦分公司發行, 2021.06
面；　公分. --（科普漫遊；FQ1069）
譯自：Wildhood: The Epic Journey from Adolescence to Adulthood in Humans and Other Animals
ISBN 978-986-235-931-0（平裝）

1.動物心理學　2.青春期

174　　110004683

獻給我們的父母

艾德爾與約瑟夫．奈特森

戴安與亞瑟．席爾維斯特

穿越古今的野莽期

本書描繪的四種青春期動物以及人類皆有相同的共同祖先。數百萬年前，這些已經滅絕的祖先動物亦曾經歷過野莽期。

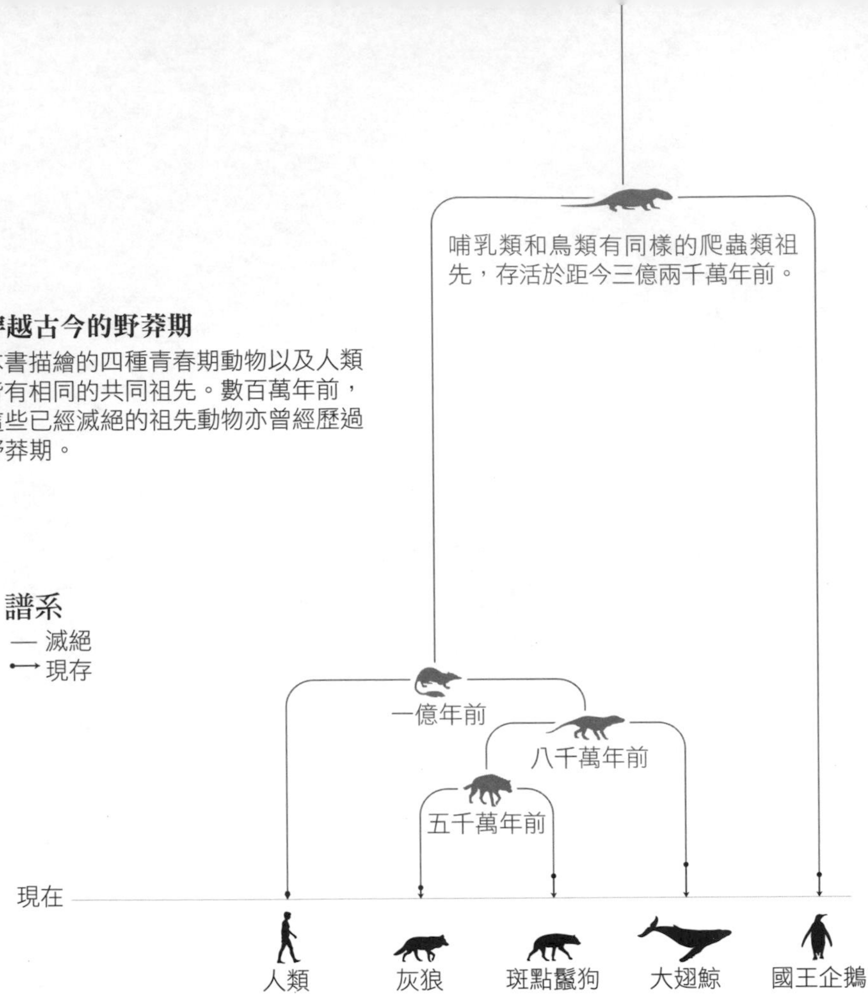

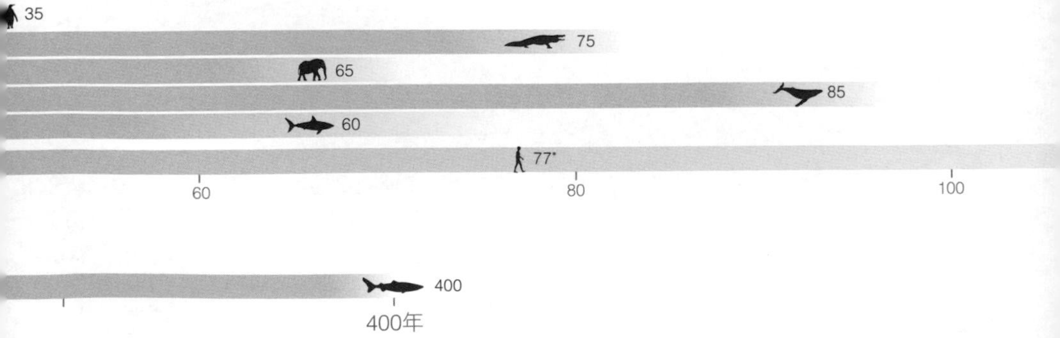

什麼是野莽期（Wildhood）？

安全 → 地位 → 性 → 自力更生

野莽期是所有物種共享的青少年生活體驗，從青春期的身體變化開始，並在個體學到四種生活必要技能後就結束。
要成功進入成年期，地球上所有的動物都必須學會：保持安全、磋商社會地位、尋覓性生活，以及過成年的生活。

何時進入野莽期？

由於壽命長短大不相同，果蠅的野莽期只有幾天，格陵蘭鯊的則長達五十年（這種鯊魚可以活四百年，相當驚人，牠們要到一百五十歲左右才會開始青春期）。下面可以看到二十三個物種的野莽期及壽命。我們從生活史資料推斷範圍；個體進入野莽期的時間點和持續的時間皆不盡相同。

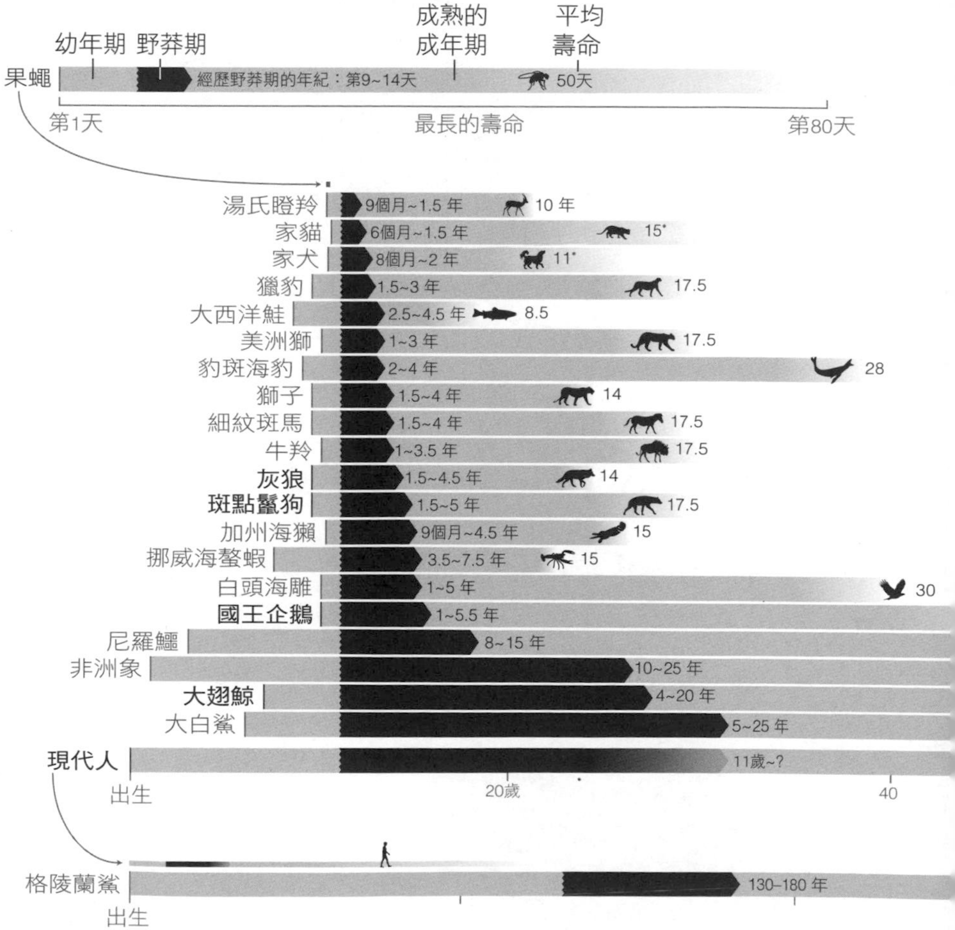

*人類和寵物的預期壽命以非野外生活的狀態為根據。

目次

第三部　性

第四部　自立更生

序言

二〇一〇年，我們在冷颼颼的加州海灘上開始這項任務，想要了解青少年的本質。我們站在沙丘上，凝望著廣闊的太平洋，它有個耐人尋味的別名：死亡三角（Triangle of Death）。

我們因為一名海洋生物學家非比尋常的故事來到了這裡。他告訴我們，死亡三角這個名稱其來有自，因為這裡住了一群特別危險的生物：大白鯊。這一帶住著數百隻這種巨大的肉食動物，牠們惡名昭彰，總是飢腸轆轆，就連當地的海洋生物也會避開牠們。然而，即使茂盛的海藻林長滿了加州的海岸，死亡三角卻十分貧瘠，動物要是不夠機靈或者運氣不好，誤闖了死亡三角，便無處可以藏身。這一帶的水域變化莫測，就連在這裡做研究的科學家也不會離開船隻。

不過，生物學家說，更有意思的是，大家都沒想到有一種動物雖然瀕臨滅絕，卻經常進入死亡三角——牠們是加州海獺。但是，不是每隻海獺都會進去，只有一種特別的海獺會闖進死亡區遊玩，不是熟齡的成年海獺，更不是幼小的海獺寶寶。在寒冷貧瘠、到處都是鯊魚的死亡三角裡，會游進去的大笨蛋都是青少年階段的海獺。有時候白牙一閃，冒出一圈血水，牠們就死了。但更常見的情況是，這些追求刺激的「青少年」動物獲得了珍貴的體驗，樹立自信心，也更懂得如何在海洋中存活。牠們勝過了被父母保護、依賴上一代的幼年海獺。

那時，我們正在為我們的第一本書《共病時代》（*Zoobiquity*）做研究，這本書探索自古以來，人類和動物在健康上極為重要的連結（我們是一個團隊：芭芭拉是哈佛大學人類演化生物學系的客座教授，也是加州大學洛杉磯分校心臟病學中心的醫學系教授。凱瑟琳是科普作家，也是持有證照的動物行為學家。我們兩人一起在哈佛大學和加州大學洛杉磯分校設計與教授課程）。看著死亡三角，我們突然發現這些青少年海獺多麼像我們對青少年的印象：愛冒險、哪裡危險哪裡去，而且會做爸媽早已不會再做的嚇人事情。我們又望著海洋一陣，接著回頭走向海灘的另一邊，經過一座沙丘，來到沙洲上，看見不同的景色。

在白浪打不進來的小海灣裡，船夫慢慢搖著槳，讓橡皮艇划過平靜的水域。這條水灣叫做莫斯碼頭（Moss Landing），是觀測野生動物的首要地點，也能看到海獺。被吸引到死亡三角的青少年海獺們會來這裡覓食、放鬆和交際。

那一天，幾十隻油亮的海獺或仰臥漂浮，或扭動身子在水裡旋轉。這片景色看起來很像開放中的公共游泳池——有年輕的，也有年老的海獺。老海獺在一旁悠閒游泳，把空間留給戲水的青少年。我們看到有的海獺潛水撿食海膽，學著敲開硬殼；有的成對或成群打鬧；有的雄性則試著去咬雌性的鼻子，這是牠們的求偶行為。儘管看似是無憂無慮的休閒活動，但我們後來才知道，這個小海灣其實給群體中的年輕成員非常多教育機會。

當我們在旁觀看的時候，場面突然變得混亂。水面忽然炸開，雪白一片，一群海獺從水灣的一頭全速往另一頭前進。「怎麼回事？」我們問領路的生物學家。「是鯊魚嗎？難道掠食動物游進了這淺淺的海灣？」「不是。」生物學家說道，把手一指。「是橡皮艇靠得太近了。你們看，牠們根本不為所動。」只見一群海獺仍舒舒服服漂浮著，未受驚擾。牠們頭上的灰毛告訴我們，那是成熟的成年海獺，有經驗，也有辨別力。而受驚逃走的是青少年，牠們還分不出大白鯊跟橡皮艇的差別。

這些經驗不足的青少年一下子朝著鯊魚游過去，一下子又從塑膠艇旁邊逃開，牠們過分大膽，也太過謹慎了。但我們觀察到，這些年輕的海獺也會活力充沛地與同伴交際、嘗試性行為，以及摸索餵飽自己的方法。牠們跟人類真的很像，尤其是青春期的人類，非常特別。

自從我們開始研究動物和人類的相同處以來，也思考過我們是否把海獺的這種行為擬人化了——過度解讀這些野生哺乳類的滑稽動作。一起開始做研究以後，我們就特別注意，避免把人類的特質投射到其他物種上，我們覺得這是一種很嚴重的科學危害。但從神經生物學、基因體學和分子親緣關係等領域的成果學到更多後，我們發現否決人體和人類行為與其他動物真的存在可以論證的關聯，反而是更嚴重的危害。我們認識到，真正的威脅或許不是將之擬人化，相反地，是靈長類學家和動物行為學家法蘭斯．德瓦爾（Frans de Waal）所稱的「人類例外論」（anthropodenial）。[1]

在我們的研究裡，我們一再反駁人類特殊性的主張：野生動物也有可能罹患所謂的人類疾病，例如心臟衰竭、肺癌、飲食失調和上癮，事實也的確如此。牠們有可能失眠或感到焦慮，有些會因為壓力而暴飲暴食，也並非所有的動物都是異性戀。有些動物很羞怯，有些很大膽。每當有人主張人類例外論時，我們幾乎都能找到謬誤。

而就在這裡，在我們眼前的水中，又見到另一個讓人咋舌的相似處。即使青春期是發生在出生後幾天，有的則需要很多年，但所有的動物都有這段特殊的時期。男孩和女孩不會在一夜之間變成男人和女人。不論是小馬要變為成馬，袋鼠寶寶要變成大袋鼠，還是小海獺要變成老海獺，所有動物都會經歷明顯的變化，青春期是必要且特別的過程。所有的動物都需要時間、經驗、練習和失敗，才能長大成熟。

那天在死亡三角，動物的青春期在我們眼前一閃而過，這次的目擊經驗打開了我們的眼界。

新的視野

我們就像摘下了蒙眼的黑布，即使眼睛所見的並未改變，感知卻變了，突然對「長大」這件事有了全新的理解。不論是成群的鳥兒、鯨魚、年輕人、我們自己的孩子——就連我們對自己青春期和成年早期的記憶——都換了新的樣貌。

接下來幾年，我們專注於研究處於這段過渡期的動物，牠們的身體已經長大，不能算是幼年，但還沒有足夠的經驗，不算完全成熟。

我們注意到，當一群牛羚穿越滿是鱷魚的河流時，跑在前面的是體型瘦長，行動笨拙的青少年。[2]牠們對危險渾然不覺，經驗不足所以興高采烈，直接往水裡一跳。而審慎的長者則退縮不前，等鱷魚忙著追逐青少年的時候，才安全游過河。

我們也萬萬沒有想到會在堪薩斯州的曼哈頓，與兩隻剛成年的鬣狗照面。我們觀察到，雖然牠們的年紀和體型相同，其中一隻鬣狗卻會霸凌另外一隻。只要兩個年輕的個體就能構成明顯的社會階級。

而在北卡羅來納州的森林保護區裡，一群瞪大眼睛的狐猴靠近我們，有一隻直接朝我們走來，完全把我們迷住了。牠是青少年，名叫納邱（Nacho），無懼的態度讓我們愛上了牠——但如果我們是盜獵者，不是科學家——牠也等於把自己置於危險之中。

我們曾聽見失親的灰狼學習嚎叫，青少年的牠們聲音還不穩定，聽起來有點顫抖、粗啞。我們曾看見青少年大貓熊學剝竹子，學習餵飽自己的方法。在一個不尋常的下午，我們觀察成群的野馬、白犀牛和斑馬。我們鎖定族群裡的青少年，看牠們怎麼擺姿勢、互相推擠，在群體裡擠出自己的位置。

但我們的調查也不是每次都那麼成功。我們曾經徒步健行了三十幾公里，走過泥地和充滿蚊群的濕地，抵達北極圈附近的艾伯特王子國家公園，希望能看到青少年時期的美洲野牛，卻不見牠們的蹤影。在同一條徒步路線上，我們找到一頭年輕熊隻的新鮮糞便，但同樣沒看到牠。在洛杉磯追蹤一隻青少年美洲山獅時，我們也是就差那麼一點：停下來休息時，嚮導打開野外監視器給我們看，才發現幾個小時前，那隻美洲獅才剛走過我們所站的地方。

青少年一族

生物學家很久以前就發現動物——包括人類——在幼年期和成年期之間會經歷生理和行為的變化。但愛冒險、愛交際、對性充滿好奇、離家尋找出路或追尋自我，以及免不了的焦慮、陰晴不定、思想浪漫、狂暴——與躁動的荷爾蒙和快速變化的「青少年」大腦——真的都只屬於人類嗎？不，接下來我們會看到，絕對不是。

儘管每個個體的青少年體驗有細節上的差異——有些成功了，有些很悲慘，而大多在兩者之間——但當我們細看各個物種的青少年時期時，仍能看見一個普遍的現象。不論哪個物種、生存在哪裡，或存在於歷史的哪個時期，每個個體都在這段旅程中面對同樣的重大挑戰。我們認為，能成功克服這些挑戰就是成熟的定義。

在這段旅程上，青少年時期的瓶鼻海豚、紅尾鵟、小丑魚和人類在很多地方都有共同點，這些共同點甚至超越牠們與成年雙親或幼小同胞的相似處。這些動物都有作家安德魯・所羅門（Andrew Solomon）所謂的「水平身分」（horizontal identity）。[3]在著作《背離親緣》（*Far from the Tree*）中，所羅門用個人與祖先之間的「垂直身分」（vertical identity）對比個體與同儕之間的「水平身分」，也就是你跟同儕雖沒有親屬關係，卻享有類似的特質。把所羅門的概念擴展到其他物種上，我們認為青少年動物共享一種水平身分：牠們都是青少年族的臨時成員，而且這個族群的規模擴及到全世界。

本書的主題即是關於這趟全球性的旅程，以及青少年要用什麼方式成功完成這趟旅程。這本書的設定是：人類的青少年時期扎根於我們曾是野生動物的過去，無論欣喜、悲慘、激情和目的都並非無法解釋，在演化的洞見之下，一切都說得通了。[4]

在地球上長大

二〇一八年春季，我們第一次在哈佛大學開了「在地球上長大」的課程，把本書的研究結果教授給大學部的學生。第一堂課上，我們要學生揹起背包，跟著我們走過皮博迪考古與民族學博物館（Peabody Archaeology Museum），經過卡奇納娃娃（kachina doll）的展覽櫃和高聳的馬雅石碑，來到托擇考古學圖書館（Tozzer Library）。在那兒，高高放在木頭長桌上等著我們的，是瑪格麗特・米德（Margaret Mead）《薩摩亞人的成年》（*Coming of Age in Samoa*）的初版著作。[5] 一九二五年，二十三歲的米德（按今日的標準來說，她還處於青春期）前往位於南太平洋的薩摩亞，研究另一種文化的青春期，以便更了解這個階段在現代美洲的現象。米德的相對比較法完全改變了人類學的面貌，尤其她的重心不是生物學，而是把文化當成形塑人類個體與社會的主要影響因子。雖然後來她的成果被認為在研究方法上有時僅憑印象，並未根據資料而遭到批評（有很多人認為這樣的批評並不公平），但提到二十世紀對人類發展的了解，特別是青少年，米德仍是重要的知識分子。

十九世紀末，美國心理學家斯坦利・霍爾（G. Stanley Hall）激起了學界對青少年時期的興趣，他借用德文的文學用語sturm und drang（狂飆期）來描述這個年紀。[6]在整個二十世紀，佛洛伊德（Sigmund Freud）及女兒安娜．佛洛伊德（Anna Freud）、艾瑞克．艾瑞克森（Erik Erikson）及約翰．鮑比（John Bowlby）等心理分析學家在解釋童年和青少年的挑戰時，都強調以養育為基礎。而認知心理學家尚．皮亞傑（Jean Piaget）在探討青少年心理的成形時，則認為生物學和環境比較重要。[7]諾貝爾獎得主尼可拉斯．廷伯根（Nikolaas Tinbergen）是動物行為領域的開拓者，也是受過訓練的鳥類學家，他在人類的發展中看見了動物的根源。這個時代常常將青少年時期視為一種疾病：為青春期所苦的人變成研究對象，彷彿是某種病導致他們焦躁不安、喜歡反抗、愛冒險和不快樂。

直到一九六〇年，神經科學的進步扭轉了當時的觀念。瑪莉安．戴蒙（Marian Diamond）對大腦可塑性的研究，以及羅伯．薩波斯基（Robert Sapolsky）提出社會和情感大腦發展的共同演化，改變了大眾對人類青少年時期的看法：青少年時期不是帶著某些固定性格的緊張時期，而是對正常發展而言非常重要的動態階段。[8]法蘭西斯．詹森（Frances E. Jensen）、莎拉－潔妮．布雷克摩爾（Sarah-Jayne Blakemore）、安東尼歐．達馬吉歐（Antonio Damasio）等人則認為，遺傳和環境與青春期之所以特殊且有些嚇人的面向有關，例如愛冒險、愛新奇，以及容易受同儕影響。發育心理學家琳達．史畢爾（Linda Spear）檢驗過青少年時期的大腦生物學與性情的關係，演化生物學家茱蒂．史鄧普（Judy Stamp）則探索生理和社會環境用什麼方式決定青少年的命運。心理學家傑佛瑞．亞奈特（Jeffrey Arnett）推廣了「成年初顯期」（emerging adult）的說法，也揭露現代文化塑造青少年體驗的力量。家長和教育者可以參考心理學家勞倫斯・史坦伯格（Laurence Steinberg）對青少年神經生物學的研究，了解這段騷動不已的生命歷程。此外，他的研究結果也讓人重新質疑刑事案件中年紀較輕的被告者應得的懲罰，是否該跟成年人一樣嚴厲。

我們遵循著這些思想家的傳統，也特別受到米德的啟發，在研究、教學和本書中使用了同樣的比較法。然而，不光比較人類，我們也調查各個物種在青少年時期主要面對的挑戰。我們的重點不是智人二十萬年的歷史，而是地球上六億年的動物史。

恐龍也有青少期

英文中的「adolescence」（青少年時期）和「puberty」（青春期）有時候是同義詞，雖然彼此有關，卻不是同一件事。青春期是生物性的過程，荷爾蒙開始出現變化，讓動物擁有繁殖能力。嚴格說來，青春期指的是生理發展——最明顯的就是生長速度增快，還有卵巢和睪丸成熟，開始製造卵子和精子。大白鯊有青春期。[9]鱷魚有青春期。大貓熊、樹懶和長頸鹿也都有。昆蟲有青春期（此屬變態〔metamorphosis〕的一環）。每個成年的尼安德塔人都會經過青春期，露西（Lucy）也一樣，她是很有名的女性原始人類阿法南猿（*Australopithecus afarensis*），三百二十萬年前所留下的骨骸在今日的衣索比亞出土。珍（Jane）也得經歷恐龍的青春期，她是青少年的霸王龍，六千七百萬年前活在今日的美國蒙大拿州。根據挖掘出骨骼並幫她取名的古生物學家說，珍在她的青少年時期結束前就死了。

儘管各物種在細節上有許多不同，青春期的基本生物學順序卻十分相似。不論是蜂鳥、鴕鳥、大食蟻獸或是迷你馬，這些動物都因著同樣的荷爾蒙進入生命的下個階段。[10] 讓蝸牛和蛞蝓、龍蝦和牡蠣、蜆仔、貽貝及蝦類開始青春期的荷爾蒙幾乎一模一樣。[11]

今日地球上的生物多得令人眼花撩亂，牠們大多是在五億四千萬年前突然出現，那段期間稱做寒武紀大爆發（Cambrian explosion），但青春期的歷史更悠久。單細胞的原生動物是地球上最古老的生命形式之一，其生活史也包含青春期。現存一種叫做惡性瘧原蟲的原生生物會透過蚊子叮咬，進入人類的血液。進入人體後，這種生理上尚未成熟的生物漂浮在血液並不會造成傷害，但等牠經歷了原生動物的青春期，就變成全球各地的主要死因：惡性瘧原蟲（*Plasmodium falciparum*）是導致瘧疾的寄生蟲。[12]

儘管會因性別而異，青春期的荷爾蒙對體內所有器官系統都有影響。讓心臟變大，大幅提高心血管的效能；[13] 肺容量擴展，提高年輕運動員的耐力（氣喘病患者也更容易發作）；延長骨架，刺激成年早期的瘦長四肢加速成長。但快速成長的骨骼也讓這個年紀的人罹患骨癌的機率增加。孩童的頭骨尺寸會放大到成年人尺寸（在恐龍身上也能找到同樣的現象）、下顎形狀改變，裡面的牙齒也隨之變形。事實上，如果大白鯊未經歷青春期，張口咬合時並無法讓獵物致命。[14]

由此可知，青春期是歷史悠久的身體與生理變化過程。但要真正成年，生理已經發展的年輕生物必須經過第二階段，使身體和行為相符。這時，牠們要學習和群體中的成熟成員一樣思考、行動，甚至學習表現得沉穩一點。這是生物習得重要體驗的階段，也是從良師益友吸收資訊，並且接受同儕、兄弟姐妹與父母檢驗的時候。

這個階段叫做青少年時期，要直到個體變為成熟的成體後才會結束。事實上，物種一定要經歷青少年時期才能成為成熟的個體，而不只是身體長大而已。從經驗中成熟是青少年時期在自然界中的普遍目的。

這段旅程可能會激發出驚人的革新。近幾十年來發現的化石中，最知名的是一種名叫提塔利克（*Tiktaalik*）的魚，牠是由芝加哥大學的古生物學家尼爾．蘇賓（Neil Shubin）挖掘出來的。[15] 這些三億七千五百萬年前的生物為我們的演化史提供了線索：牠們小小的四肢既是鰭也是腳。在地球生命最偉大的故事裡，這四條附肢證明提塔利克魚是生物從水中登上陸地的先驅。

蘇賓發現，提塔利克魚化石還透露了另一件事。這些化石有大有小，有的跟一把網球拍相去不遠，有的則比衝浪板還長。這個看似平淡無奇的發現，其實意義甚鉅：這種古代的魚會長大！在成長過程中，剛進入青少年時期的提塔利克魚和今日的青少年一樣，特別容易受到攻擊。除了體型比較小，牠們也沒有對付掠食者和競爭對手的經驗，不懂性行為，也不會覓食。易受攻擊、欠缺經驗，是幼年動物被逼入陌生環境的常見原因。我們寫信給蘇賓，問他青少年提塔利克魚有沒有可能就是領頭跳上陸地的個體。他覺得似乎有理，在信中回道：「提塔利克魚的成魚是大型肉食動物，非常靠近食物鏈的頂端，但在幼年期則可能被掠食者攻擊，若能住在陸地上，對牠們來說頗為有利。同樣地，小型生物會比體型大者更容易在陸地上移動，起碼在一開始時是如此。」

這雖然只是個假說，卻符合我們所知的一切，也就是青少年不論時間、地點，都熱愛冒險與追求新鮮感。必要時，青少年會到邊界探險。他們用創新的方法求得生存。能夠生存，就能創造未來。

青春期大腦

青春期和青少年時期時，器官會經歷徹底的改變，尤其是大腦。青春期大腦是個巨變的奇蹟，它與原本的孩童大腦和未來的成人大腦都有顯著的差異。[16]

大腦會儲存回憶，但青少年大腦特別會儲存大量的回憶來形塑我們的模樣，以及影響我們在接下來的人生中如何面對世界。心理學家將這個會形成特殊且特別持久回憶的階段稱之為「回憶高峰」（reminiscence bump），以人類來說大約是十五歲到三十歲之間。[17]

青少年時期的衝動、想要實驗和追求新奇的驅動力，以及不成熟的決策能力，都跟大腦的執行功能中心有關，尤其是前額葉皮質。在腦部發展時，這塊區域成熟得比較晚。青少年喜歡跟朋友在一起，常與父母起衝突，這些特質也可以回溯到大腦內獨特的神經生物學，這些區域負責情感、記憶跟獎賞。青少年的情緒一下子高漲到平流層，一下子低落到地底深處，也跟大腦有關。易沉溺於藥物濫用、自殘行為和精神疾病也可以歸因於發展中的大腦，要到將近三十歲，或者三十出頭，大腦才會發展完全。

近幾十年來，有不少人投入人類青少年大腦奧祕的記錄，這項研究也幫助我們了解為什麼青少年會有這些行為。然而，這門突破性的科學基本上都忽略了更驚人的真相：其他動物的大腦和行為也會在青春期經歷巨大的變化。

青少年時期鳥類的大腦中有個區域，和人類青少年發展中的前額葉皮質很相似，它幫助幼鳥增進自我控制。[18]青少年虎鯨和海豚的大腦在身體成熟和性成熟後仍會繼續成長，就跟人類一樣。[19]其他青少年時期靈長類和小型哺乳類不斷變動的大腦則會驅使牠們去冒險、培養社會性，並且對嘗試新事物充滿興趣。[20]甚至連青少年的爬蟲類在幼年到成年期間，也會展現出獨特的神經變化，而青少年的魚類也一樣。[21]

不論身上是覆蓋著皮膚、鱗片，還是羽毛，不論移動的方式是小跑、飛行、游泳，還是滑行，每個物種都以共通的生物學建立與塑造起成年的模樣。這本書將探索幼年期和成年期之間那段時間的普遍性——我們決定稱之為「野莽期」（wildhood）。檢視動物世界幾億年來的演化，可以辨別出青少年時期哪些面向專屬於特定動物或人類文化，哪些面向是地球上的常規。

四種核心生活技能

我們主要的領悟是：野莽期有四個基本的挑戰，不論是在廚房流理臺的香蕉裡即將成年的果蠅、在非洲塞倫蓋提國家公園裡咆哮、即將成年的獅子，還是要兼顧工作、學業、朋友、伴侶關係和其他責任的十九歲年輕人，都要面對這些挑戰。如下：

如何保障自己的安全。

如何找到社會階級的定位。

如何溝通性生活。

如何離巢和照顧自己。

動物的一生中會一直碰到這四種一定會出現的挑戰。但青少年時期和成年早期是初次面對這些挑戰同時出現的時候，通常也少了親代的支持或保護。野莽期的經驗會建立必要的生活技能，為個體塑造成年期的命運。

避開危險、在群體中立足、學習求偶與自給自足。這些技能適用於全世界——有了這些技能，幼獸才能在野蠻的世界裡生存。生命的成功取決於能不能學會這些技能。

安全。地位。性生活。自立更生。這四種技能也是人類體驗的核心，亦是悲劇、戲劇和史詩任務的基礎。

在前往成年期的道路上，青少年動物可能出錯的地方不勝枚舉。但旅途如果順利，動物順利成年，結果都是一樣。在野莽期中，個體要面對四種挑戰，針對每種挑戰培養能力。這些個體不只是歲數增長，而是成熟。野莽期的旅程已經持續了六億多年，體驗過的動物數也數不清。我們相信，這些結合起來的經驗留下的古老傳承會變成現代的地圖集，指引動物如何生存和繁盛，步入成年。

在數位世界中長大成人

在後面會提到，把這四種生活技能傳送給即將成熟的動物時，動物會發展出我們所謂的「文化」（目前我們還想不到更好的說法）。即使是同樣的物種，不同區域和不同群體的文化特性仍有差異，就像人類文化也有無限的排列組合。

然而，人類確實有個特定的領域跟其他動物截然不同，那就是現在的青少年必須橫越兩個世界才能進入成年期，一個是現實生活中居住的社群，另一個則在網路上。

這四種核心的生活技能也適用於網際網路，就跟現實生活一樣。但這兩種文化可能有相當大的差異，因此許多現代的青少年要進入成年期，必須完成兩趟同時進行的旅程。

舉例來說（我們也會在第二部探討），從優游在海中的魚到趕著去上學的高中生，所有的社會性動物都必須搞清楚同儕之間的階級。因此，達到這個目的其中一個方法是「與地位高的動物建立好關係」。有上過學、工作過，或有社交經驗的人就會知道：跟比自己有勢力的人來往可以提升自身地位。我們會探索階級在動物中有哪些複雜、引人深思之處，也會花些篇幅討論現代的青少年，以及因為網路所帶來的階級問題。如果青少年會花時間玩多人線上遊戲或上社群媒體，他們就會和這些平臺上的其他所有人一樣，被以有形或無形的方式評斷、分類和排列優劣。假設運動明星或流行歌手稱讚他們，他們的地位就暴漲；假設偶像有質疑的意思，他們就會被羞辱到抬不起頭來。

父母和其他長輩有豐富的經驗，可以引導青少年和青年人面對真實世界。但在數位世界中，還沒有人經歷過完整的生命歷程。這四種生活技能可以把這個新領域畫分成比較容易理解的類別，因為虛擬世界仍然跟真實社會有些對應：如何不受網路小白和酸民攻擊。如何提高自己的虛擬階級。如何表達性。如何塑造、培養和維護網路世界中的自我與身分。

為什麼稱做野莽期（wildhood）

教授「在地球上長大成年」這門課之前，我們做了一項非正式的調查：覺得自己是青少年的請舉手。接著再問，認為自己是成年人的請舉手。我們的學生年齡介於十八歲到二十三歲，但被問到這兩個問題時，沒有人會立刻或很有自信地舉起手來。學生通常會回答：兩者皆是。

如果青少年不自稱「青少年」，那麼我們該如何稱呼已經（或幾乎）長成，但尚未完全成年的初熟生物？體型大，但經驗不多，已經性成熟，卻還要過好幾年大腦才會成熟的動物應該叫做什麼？

「Adolescentia」衍生自拉丁文的adolescere，意思是長大。這個詞在西元十世紀的中世紀文字中就已經出現，用以描述聖人年輕時在信仰上的轉捩點。[22]在北美洲，一六〇〇年代中期的新英格蘭清教徒認為，這是個「選擇」的年紀，要丟下輕佻，接下成年人的工作，但大家通常稱他們為「年輕人」（youth）。直到一八〇〇年代晚期，「青少年」（adolescent）才變成普遍的用法。[23]

人們用年輕女子（flapper）、文青（hipster）、十多歲的女孩子（bobby-soxer）、時髦少男少女（teenybopper）、「垮掉的一代」（beatnik）、嬉皮（hippie）、戴花的嬉皮（flower child）、龐克（punk）、街舞男孩（b-boy）、山谷少女（valley girl，加州有錢人家的女兒）、雅痞（yuppie）、X世代（Gen Xer）來描述二十世紀特定美國文化背景中的年輕人。而「青少年」（teenager，指歲數中包含teen的年紀，即十三歲到十九歲）一詞最早於一九四一年出現在印刷品上，旋即成為流行語彙。[24] 即使到了將近八十年後的今日，「teenager」仍是英語人士用來替代「adolescent」的同義詞，然而，科學上的新發現已經讓teenager一詞變得不那麼精確。神經科學家揭露，青少年的大腦發展在十三歲之前就開始了，而且十九歲以後仍然持續。十多年前，「千禧世代」（millennial）這個詞恰好能涵蓋處於青春期的所有人，但在此刻，多數的千禧世代已經過了青少年的年紀。「反恐世代」（Generation GWoT）是美國軍事用語，指在全球反恐戰爭那段時間裡成年的人。在北美洲，我們常聽到人們用「小孩」（kid）來稱呼孩子——甚至青少年自己也會用這個詞——但如果已經快高中畢業還叫他們「小孩」，就有點不太合適。

我們想找個好一點的說法，可以用來描述這個階段的人類和其他動物，這個詞要能涵蓋古老的共同特性。有些說法臨床味太重（「成年前期」〔pre-adult〕、「成年初顯期」〔emerging adult〕、「播遷者」〔disperser〕），有些則聽起來惹人厭，甚至有侮辱的意思（「亞成體」〔sub-adult〕、「不成熟的」〔immature〕），有些則帶著詩意（「離巢雛鳥」〔fledgling〕、「第四位」〔delta〕和「幼鰻」〔elver〕）。世界上的語言充滿驚奇，例如日文的seinenki（青年期，指綠色的或幼年的木頭），俄文的lishney cheloveki（意思是多餘的人），但我們不想選某個文化的用詞來代表其他文化，因此十分猶豫。

我們的用詞要能描述一個生命階段，生物學與環境在這個階段共同塑造出所有物種的成熟個體。既不能用特定的年紀、生理徵兆，也不能用文化、社會或法律上的重大事件來界定。然而，也要捕捉到這個特殊生命階段的脆弱、衝動、危險及可能性。我們第一本書的原文書名是Zoobiquity，是由「動物」的希臘文字根和拉丁文的「到處」組合而成的複合字。在第二本書中，我們又創造出自己的特殊說法和書名。我們選擇「wild」來敘述這個生命階段難以預料的本質，也認定每種動物都有同樣的根源。並且加上古英文字尾「hood」，意思是「某種狀態」（例如boyhood或girlhood，指「男孩或女孩的童年」），以及「一群人」（例如neighborhood〔街坊鄰居〕、sisterhood〔姐妹情誼〕、knighthood〔騎士身分〕），來表示這些生物在全球青少年族中的成員資格。只要是在成年期之前，孩童期之後，不論物種和演化的時間，這個生命階段就叫做「野莽期」。

跨出自身領域

本書呈現了我們蒐集和總結到的科學證據，也是我們在加州大學洛杉磯分校及哈佛大學累積了五年的學術成就。由於我們研究的是演化生物學和醫學的交集，因此這兩個領域的研究工具都用上了。我們針對比較青少年時期發展出大規模的系統性文獻回顧，並用研究結果建立物種間的親緣關係。（系統性文獻回顧是對全世界的科學資料庫進行全面、針對特定目標的調查，過去二十年來的搜尋技術進步為這種研究方法提供了動力。親緣關係是不同物種間的演化關係，可以是簡單的系譜，也可以是複雜的電腦模型，含有幾千個資料點。）我們也做了田野調查，在世界各地的自然環境和保護區裡觀察青少年動物，也訪問了人類青少年、野生動物生物學、神經生物學、行為生態學和動物福利的專家。

我們相信，我們的研究對許多群體來說都有重要意義，我們選擇的敘述方式不僅適合懂科學的人，也適合其他對象。與內文有關的參考資料會放在註腳中。延伸書目則附有連結，讀者可以在線上找到我們的研究、來源素材和有興趣的內容，我們假設讀者有青少年的父母、教師、研究人員、治療師、導師、輔導人員或工作人員，以及青少年他們自己。

本書的寫作背景是二十一世紀初期的美洲，這會反映在我們的作品中；但我們不認為自己能詳細了解每個人的青少年體驗。話雖如此，在寫這本書的時候，我們確實有個人的動機。在這整個過程中，我們也在養育自己的青少年孩子。開始寫書時，凱瑟琳的女兒十三歲，芭芭拉的女兒十六歲，兒子十四歲。他們三個現在都長大了，但身為人類青少年的母親給了我們很有幫助的優勢：可以近距離觀察野莽期。在去過北極圈、成都、緬因灣和北卡羅來納州進行實地考察後，我們回到家，看到家裡活力充沛的青少年，也會想起這個年紀複雜而短暫的奇蹟。

共同的任務

這本書的內容主要是在哈佛大學的辦公室裡完成的，而辦公室所在的比較動物學博物館中有一條通往另一個世界的密道。走上某道樓梯，不向左轉，而向右轉的話，你會進入皮博迪考古與民族學博物館，那個機構專門保存人類文化遺產。有時候，沉浸在研究中，我們會從原本的世界跳脫出來，然後迷失在另一個世界裡。一邊有比較動物學的遺產，例如恐龍的骨骼和分子遺傳學。另一邊則是實體物品，證明幾千年來累積的人類創造、堅持、協作和愛。動物學和人類學，動物和文化，雙雙都反映出地球上生命的多樣性。

多次穿越這道象徵性的分界後，我們發現在野生動物身上看見的青少年特徵也能在皮博迪的人類文物館藏中找到。我們對這些象徵成長的人造藝品產生了一種近乎於愛的聯繫。不論是太平洋小島的盔甲、西元五世紀中美洲年輕人的黃金吊墜、美國原住民拉科塔族（Lakota）的求愛毯，還是加拿大原住民因紐特人（Inuit）的雪鏟，這些人類的試金石都進一步連結了這段獨特而普遍的生命階段。

就像故事裡的主角必須克服成年儀式一樣，年輕人必須完成任務。他們或許是因為被趕出家門、因為衝突而敗逃，抑或是失去雙親而啟程進入野蠻的世界。他們毫無準備，身陷危險，有時候引人失笑，有時候可能致命。離開家以後，他們要抵禦掠食者和剝削者。他們會交新的朋友，學會分辨誰是敵人，也可能會談戀愛。他們會學著照顧自己——填飽肚子，建造自己的家。並且通常在故事的尾聲，會決定要不要回頭加入原生社群，還是拒絕回頭，自己打造新的群體。

生物學家花了數個月到數年的時間追蹤四隻野生動物，他們在真實世界中的成年經歷成為我們闡述這門學問的媒介。我們的主角不是人類，但都是處於青少年時期的動物。國王企鵝烏蘇拉（Ursula）在靠近南極洲的南喬治亞島上出生長大，第一天離開爸媽時，就差點被體型巨大的掠食者殺死。史靈克（Shrink）是坦尚尼亞恩戈羅恩戈羅火山口的斑點鬣狗，牠向脅迫者挑戰，也在如人類高中的鬣狗群體裡找到階級定位並交到朋友。阿鹽（Salt）是北大西洋的大翅鯨，在多明尼加共和國附近出生，每年都到緬因灣度夏，她要面對性慾，學習如何跟伴侶溝通自己的需求。最後則是歐洲灰狼斯拉夫茨（Slavc），牠離家後的旅程悲慘無比，卻又振奮人心。牠在想辦法自行覓食和尋找新的群聚時差點餓死、溺死，也差點因寂寞而死。

我們選擇用敘事的方式來講述他們的故事，希望能忠實呈現他們在從青少年時期到成年期的旅程中體驗的起伏轉折。然而，在這些故事裡提供的每個細節都是根據全球定位系統的資料、衛星或無線電頸圈研究、經過同儕評閱的文獻、已經出版的報告，以及調查員訪談，也經過驗證。

雖然被幾億年的演化隔開，透過共同的經驗、挑戰和野莽期這段日子，這四隻野生動物不僅聯繫起彼此，也與我們連結。

不論是在南極洲周圍的惡水中、在坦尚尼亞的草原上、波光粼粼的加勒比海海灣中，還是在死亡三角裡，野莽期的共同體驗是在整個大自然及人類生活中皆然。它除了塑造出成年的命運，有時候也會決定我們的命運。野莽期是地球上所有生物共同繼承的遺產，自古延續下來，並且屬於每一個個體。

第1部
安全

處於野莽期的人類和其他動物對掠食者的態度都很天真。
他們因為缺乏經驗而容易招致攻擊和剝削，
使掠食者認為他們是容易捕獲的獵物。
理解掠食者存在的訓練
（學會辨認並防禦帶有暴力意圖的個體）
可以救他們一命，
讓他們做好準備，
成為更有自信的成體。[1]

南美洲
大西洋
地圖所示
區域
南極洲
大 西 洋
危 險 區
❸ 烏蘇拉離開
危險區
2007/12/25
50°S
❷ 烏蘇拉避開
掠食者
❶ 烏蘇拉跳進
開放海域裡
2007/12/16
英屬南喬治亞島
N
0
100公里
斯科細亞海
40° W

烏蘇拉面臨危險的日子

第一章

危險的日子

自大西洋中升起的南喬治亞島離南極洲約有一千英里。如果你在二〇〇七年十二月十六日去過那裡，或許會目擊一隻名叫烏蘇拉的年輕國王企鵝正經歷著她生命中決定性的時刻。那天是星期天，烏蘇拉離開了父母。她搖搖擺擺地走向海灘，身邊是一群長相一模一樣、不斷嘎嘎叫的企鵝。忽然，烏蘇拉跳進冰冷的水裡，頭也不回地全速游去。

在這之前，烏蘇拉的活動範圍不會超過她的出生地一百碼，她從來沒到浪花中嬉戲過，也沒試過在開闊的海洋裡游泳。烏蘇拉甚至不曾自己覓食。到目前為止，每一頓飯都是雙親供給她的（父母將尚未完全消化的食物，反芻*後直接餵進她張大的嘴巴裡）。

烏蘇拉曾經是隻毛絨絨的雛鳥，她在父母的羽毛裡取暖，平安度過零下的氣溫和強風。[2]因為有爸媽的保護，她躲過了賊鷗的攻擊。賊鷗是一種很可怕的掠食性海鳥，會把幼小的企鵝撕裂，餵給自己的雛鳥。烏蘇拉在成長過程中跟所有國王企鵝一樣，會用密語——也就是專屬於他

＊審訂註：這裡指的反芻（regurgitation）是指將未消化完全的食物反吐出來餵食子代，與哺乳類的反芻行為（rumination）不同。後者指的是將食物反覆在口腔及多腔室的胃中來回運送、進一步碎解食物的消化過程。

們三個家庭成員的獨特叫聲——跟雙親溝通。國王企鵝會花一整年撫育幼鳥，在這段期間內，雙親跟孩子的關係非常緊密。母親和父親會平等分攤照顧幼體的工作，輪流照顧、外出覓食和保護。

不過，近來的情況改變了。烏蘇拉開始脫掉幼鳥時期的柔軟棕色羽絨。油亮的黑白成年羽毛開始取代嬰兒期的蓬亂羽衣。短促尖銳的幼年吱吱叫聲也變得低沉，像是嗡嗡作響的喇叭，讓整個企鵝的棲息地聽起來像少了指揮的巨型卡祖笛（kazoo）樂團。

烏蘇拉的轉變不只出現在生理上，她的行為也突然不一樣了。她焦躁不安，常常到離雙親愈來愈遠的地方遊蕩。白天時，她跟其他青少年企鵝聚在一起，不停發出叫聲。這種焦躁有個科學專有名詞：zugunruhe，來自德文，意思是「遷移性焦躁」。[3]科學家曾研究過鳥類、哺乳類甚至是昆蟲的遷移性焦躁，牠們都正準備離開熟悉的地盤。當動物出現遷移性焦躁時，常常會失眠——這是負責清醒、戰鬥與逃跑的腎上腺素和致眠的褪黑激素之間的調控產生變化所造成的。而人類在描述「遷移性焦躁」的感受時，通常會用到「興奮」、「恐懼」和「期待」等字眼。

十二月的那個星期天以前，儘管烏蘇拉對流浪的渴望愈來愈強，每天晚上仍會想回到媽媽、爸爸和棲地其他企鵝安全的懷抱裡。不過那天不一樣。烏蘇拉時髦的新燕尾服上身，非常華麗，她因腎上腺素變得十分興奮，與同儕喧喧鬧鬧地往水邊前進。青少年企鵝們彼此肩挨著肩，推推擠擠，凝望眼前的海洋，又回頭看看自己的家。他們再也不是幼雛，卻也還沒真正成年，此時的他們站在廣大又未知世界的交叉點上。

就像剛離家、要到外面世界闖一闖的人類，烏蘇拉也將面臨四大挑戰。她要迅速學會怎麼覓食以及找到安全的休憩地。需要了解自己在不斷變動的企鵝群中扮演的動態角色。她得學會求偶以及和可能的對象溝通。並且在已經沒有爸媽的協助下獨自進入開闊的海洋。

但如果烏蘇拉沒有活下來，這些關鍵的時刻也將不會存在。因此第一個大考驗就是保障安全。如果失敗了，年輕動物的未來就會在開始之前結束。烏蘇拉必須首先面對死亡——而且得要活下來。

每年，青少年時期的企鵝從南喬治亞島啟程之後，離家的第一天真的就要靠自己。跟世界各地的青少年動物一樣，年輕的性成熟企鵝沒有經驗，也沒有充分的準備。在牠們發覺掠食者很危險的時候，通常已經來不及了。即使看到危險，也不知道該怎麼辦。由於知識不足，加上沒有雙親的保護和陪伴，青少年往往成為被攻擊的目標。這讓掠食者能很輕易地就將牠們拿下。

烏蘇拉第一次入水的經驗也是她第一次跟水下世界的會面。然而，水裡潛伏著巨獸。企鵝繁殖場的海岸邊躲著一種掠食動物，牠的嘴巴巨大到能輕鬆吞下籃球。[4]這些大嘴還排滿了跟老虎一樣的牙齒，全速衝向企鵝網球般大的腦袋瓜。牠們是地球上一種優秀的企鵝獵手：豹斑海豹。豹斑海豹外型流線、肌肉充滿爆發力，體重可達半噸，最擅長獵捕企鵝。牠們以冷酷無情的精確度咬住企鵝，把牠們在水面上用力來回拍打，甩掉羽毛。豹斑海豹血腥的舉動就像壽司師傅，而且牠們一餐能匆匆吞下十多隻企鵝。名字裡有「豹」的豹斑海豹跟貓科動物一樣，狩獵時會埋伏著等待獵物。豹斑海豹會像水雷一樣，排在海岸線下，沿著冰冷的海岸隱身在水裡。有時候牠們會假扮成漂浮物，靜靜浮在海浪中，只為了出奇不意地捉住毫無警戒心的受害者。開始遷移的青少年企鵝一定要經歷這場嚴酷的死亡考驗，從死裡逃生。如果不跳進水裡，就長不大。但如果牠們無法通過豹斑海豹的攻擊，以及一群又一群掠食的虎鯨，餘生的第一天也會變成最後一天。度過危險對企鵝來說是高風險的試驗，不成功，便成仁。

如果你恰巧目擊這個生死存亡的時刻，或許會注意到烏蘇拉跟兩名同伴戴著配件，而其他的企鵝沒有。用黑色膠帶黏在牠們背上的是小小的感應器，它能傳回之前不曾蒐集到的資訊，讓我們知道企鵝離家那天去了哪裡，以及接下來幾個星期的行蹤。結果完全出乎意料，生物學家所知的企鵝行為也會完全改頭換面。位於瑞士蘇黎世的南極研究基金（Antarctic Research Trust）由克雷門斯．普茨（Klemens Pütz）擔任科學總監，他領導來自歐洲、阿根廷及福克蘭群島等各國的研究人員進行調查。[5] 部分資金來自生態旅遊遊客，他們除了捐款，也可以幫被裝上無線電追蹤器的企鵝取名。

那就是為什麼我們知道二〇〇七年十二月十六日星期天，跳進南極海域的那隻企鵝叫做烏蘇拉。追蹤裝置發出的訊號精確地告訴我們她什麼時候搖搖擺擺地穿過海灘，跳進海裡。那一季，普茨的小組在南喬治亞島上總共幫八隻企鵝裝上了追蹤裝置，有三隻在那天離開——烏蘇拉、坦基尼（Tankini）和特勞德（Traudel）——以及一群牠們的青少年時期同伴。

就跟畢業典禮那天晚上的高中生一樣，烏蘇拉及同齡群——二〇〇七南喬治亞島的國王企鵝班——已經生理成熟，準備要離開。不過，就跟人類高中生一樣，牠們沒有真實世界的成年經驗，行為上依然不成熟。

突然之間，牠們跳進水裡。背一拱、鰭狀肢一滑，烏蘇拉加速直衝進危險區。至於她的爸媽——與追蹤她的生物學家——只能站在那裡，看著她游走。

天生的獵物

每年都有數千隻青少年國王企鵝跳進掠食者來回巡查的水域，也很多企鵝就這麼死在水中。[6]在某些年份，存活率低到只有四成。而在其他的年份，死亡率沒那麼高，但也很難算出確切的數字。不論如何，離開海邊的頭幾天、頭幾個星期或頭幾個月，對企鵝來說都極其危險。

目睹地球上的生活對青少年時期的動物有多危險，不禁使人嚴肅起來。跟已經完全成年的動物相比，青少年的牠們更容易在野外倒下、溺水及餓死。[7]因為經驗不足，牠們被年齡和體型比較大的同儕逼入險境，掠食者也喜歡把牠們當成獵殺的目標。

還好，人類青少年離家時，不像企鵝幼雛有那麼高的死亡率。[8]然而，跟成年人相比，人類青少年受傷和死亡的機率高多了。在美國，孩童期到青少年時期，期間的死亡率增加了將近兩倍。[9]在青少年的死亡事件中，幾乎有一半來自無心或悲慘的意外，例如車禍、墜樓、中毒和槍擊。

青少年開車的速度比成年人快，通常也更魯莽。[10]他們的犯罪行為比例最高，跟三十五歲以上的成年人相比，遭人殺害的可能性高達五倍。除了學步孩童（會把指頭伸進插座裡）及從事電力相關工作的成年人，青少年遭到致命電擊的比例也最高。年齡介在十五到二十四歲的青少年和青年溺水死亡的比例也很高，僅次於嬰兒和五歲以下的幼兒。跟其他人口相比，他們常有自殺的煩惱，也為精神病和上癮所苦。而且青少年跟較年長的成年人相比，更容易濫飲到醉酒或死亡。即使遭遇的危險會因為社會階級和地理區域而有所不同，但就全球的新增性病病例來說，人類青少年就占了一半。他們最容易成為性侵犯下手的對象。以全世界的統計數字來看，懷孕引發的併發症依舊是十五歲到十九歲女孩的主要死因。

青少年時期或許很可怕，但造成危險和受傷的生物學背景也會激發創意和熱情。史丹佛大學的神經科學家及演化生物學家羅伯．薩波斯基在他的著作《行為》裡有非常生動的敘述：

> 青少年時期和成年早期是人類最有可能殺人、被殺、永遠離家、發明全新的藝術形式、推翻獨裁者、對一整個村子進行種族清洗、全心幫助貧困的人、成癮、與外團體成員結婚、徹底翻轉物理學、時尚品味奇差無比、為了刺激感玩命、委身於宗教、對老太太行搶，或者堅信著「過往的歷史會聚於此時，現在就是最重要的一刻」、存在著最大的困境與最強烈的希望，也最需要自己投入與創造改變的時期。[11]*

對掠食者的態度——從天真到警覺

烏蘇拉當然不知道自己即將面臨怎麼樣無情的局面。就算知道，她年輕人奇特的思維也會讓她相信自己是被上天選中的那一個，一定會活下來。但事實上，每一隻國王企鵝在啟程時都很天真。而「天真」（naive）這個詞是我們深思熟慮後選定的，並沒有評判的意味。這是野生生物學的術語，用以描述發展過程中的特定狀態：沒有經驗、毫無疑心的年輕動物第一次離家，牠們對掠食者的態度很「天真」。[12]

以羚羊為例，如果對掠食者的態度很天真，表示牠不知道獵豹的氣味或出手的方式。對青少年的鮭魚來說，天真代表牠還不知道鱈魚晚上獵食的速度比較慢，要用嗅覺和聽覺來尋找獵物；而白天因為看得到，鱈魚攻擊的速度就快多了。海獺第一次碰到大白鯊的時候，也是對這種掠食者抱著天真的態度。而同樣天真的土撥鼠會跑到地洞外嬉戲，即使附近就有郊狼，牠們也渾然不覺。分布在西非地區的黛安娜長尾猴（Diana monkey）體型迷你，天真的牠們還沒有能力分辨老鷹、花豹跟蛇在打獵時發出的聲音；牠們無法預料攻擊是來自天空、地面，還是繞在樹枝上。

人類青少年進入世界的時候，幾乎沒有什麼經驗，對掠食者的態度也很天真。他們無法辨別危險，即使辨認出來了，通常也不知道該怎麼辦。缺乏經驗可能會害死人類的青少年，也可能會害死年輕的企鵝。

對那些參加派對的天真青少年或剛搬到新城市的年輕人來說，或許沒有像豹斑海豹那樣的威脅等著他們，但他們要面對的一大堆危險也可能致命：突然轉彎的皮卡車、喝得爛醉的迎新派對、令人憂鬱的遭遇、掠奪成性的成年人，或者，上了膛的槍枝。

最容易受傷、準備最不充分的個體被丟進最危險的情境裡，實在有悖常理到了悲慘的地步。但在成熟的過程中就要面對致命危險，卻是青少年動物與人類所經歷的殘酷現實。孵化後就往海

＊編按：此段譯文摘自《行為》繁體中文版譯文。

裡游去、連自己爸媽都沒見過的小海龜是這樣，被好幾代大家庭養到十二歲的非洲象也是這樣。動物終究會失去親代的保護，獨自面對危險的世界。他們不能一直用天真的態度看待掠食者，要存活就一定得對掠食者保持警覺。對青少年來說，「要變得經驗豐富，必須先有經驗」，這個道理有點矛盾。換句話說：要得到安全，必須冒險。但當充滿保護心的親代就在身旁時，有些危險根本碰不得，青少年也就沒機會學到教訓。

對人類來說，這種矛盾可能是父母們感到害怕的地方。爸媽不可能總是保護著孩子，不讓他們碰到危險，有時候甚至連警告的機會都沒有。但青少年可能會因為冒險而遇上不必要的危險，也同樣讓人憂慮。不論是跟朋友去踩池面薄冰的六年級學生，還是假冒成年人好混進酒吧的高中生，青少年常常**蓄意**置自身於危險中，讓爸媽非常擔心，甚至可能心碎。他們追求的刺激——危險駕駛、藥物濫用、不安全的性行為——讓成年人大惑不解。即使青少年蓄意冒的險還算可以接受，例如跟朋友去森林裡燒堆篝火，或偷騎別人的摩托車去兜風，仍可能讓爸媽困擾不已，寢食難安。孩子對世界上的危險天真無知是一回事。但知道某件事很危險，卻低估了危險，還故意步入險地，又是另一回事。有時候，結果引人發笑，有時令人惱火，也有時非常悲慘。青少年不會不小心碰到危險，反而通常是他們讓自己身處險境。

這些行為似乎無法解釋，甚至違反了生存本能。冒險可能會讓動物因此死去，從演化的角度來看似乎不太合理。然而，這種奇怪的行為不只出現在人類青少年身上。在動物世界裡也隨處可見愛冒險的青少年。[13]在青少年時期，蝙蝠會成群激怒牠們的掠食者——貓頭鷹，地松鼠們也會集合在一起，不顧後果地在眼鏡蛇旁邊蹦蹦跳跳。尚未成年的狐猴會爬到最細的樹枝上，青少年的雪羊會攀上最高的岩石。離開父母後，剛性成熟的羚羊漫步走向飢腸轆轆的獵豹。青少年的海獺朝著大白鯊游過去。

觀察其他物種有沒有相似的舉動，可以讓我們了解這些令人費解的行為。查驗這些動物的生活史，或許能解答這些「不合邏輯」的行為為什麼能讓牠們更長壽、生活技能更好，並且繁衍出更多後代。說到冒險，首先要問一個問題：其他動物也會在青少年時期冒險嗎？以及：青少年的冒險對動物有什麼好處？

演化生物學家會將這個方法視為尼可拉斯．廷伯根知名理論——「四個問題」的應用。廷伯根是荷蘭籍的動物行為學家，於一九七三年獲頒諾貝爾醫學獎，他相信只解釋機械性細節或行為出現的年齡，無法完全了解動物的行為。他認為一定要跨物種比對，以確認某項行為是否有生物學的益處。對人類來說，辨別青少年遭遇的危險，無論是因為太過天真而招致，或是他們自找的，都會很有幫助。安然度過這兩種危險的經驗，或許會成為青少年未來的保護。在第一部的結尾，你將知道度過這段時期前後有多麼不同。你會了解為什麼對所有物種來說，這個生命階段都那麼危險。而且關鍵在於，你會明白為什麼要為了安全而冒險，這並不矛盾。其實，對地球上的青少年時期和性成熟初期的動物來說，這是必要的。

但在討論如何保障安全之前，我們必須先了解恐懼與心智、身體深層且古老的連結，以及恐懼的根源。要講述安全，就要從了解恐懼的本質開始。

第二章

恐懼的本質

影片裡是隻圓滾滾的大貓熊媽媽，坐得直挺挺的，心滿意足地嚼著竹子。[1]緊靠在她腳邊睡著的，是隻可愛的貓熊寶寶。看了十一秒後，你懷疑起這部影片沒有其他花樣，突然之間——哈啾！——寶寶打了個噴嚏，讓母親大吃一驚，竹子也飛了出去。貓熊媽媽肚皮上一圈圈的肥肉劇烈抖動。這是恐怖片的經典花招——突然嚇你一跳（jump-scare），不過是大貓熊的版本。

過了一秒，一切恢復正常。寶寶又睡著了，媽媽繼續大嚼。但在看不見的地方，在受到驚嚇的貓熊媽媽內心深處，被激起的神經傳導物質正快速被血液沖走，劇烈的心跳回歸平靜。大貓熊媽媽並未碰到危險，但寶寶打了噴嚏，巨大的聲響和突然的動作仍舊打開了身體的恐懼開關。這部貓熊被嚇了一跳的影片在YouTube上獲得數百萬人次觀看，逗得眾人哈哈大笑，但牠的驚嚇反射其實是地球上最古老的神經反射之一。

不管是陸上、海裡還是空中的動物，都會因驚恐猛然縮起身子。在人類和其他哺乳類身上可以看見驚嚇反應（startle response），幾億年前與我們有共同祖先的動物，例如鳥類、爬蟲類、魚類，甚至連軟體動物、甲殼類和昆蟲也是。說不定連植物也有。驚嚇反應的普遍性表示它應該有救命的功能（警告個體的生命受到威脅），而且有效（迅速逃離可以讓動物的存活機率變成原來的兩、三倍）。[2]

蒼蠅瞬間躲開蒼蠅拍；蛤仔一下子就把殼閉上；螃蟹碎步快跑尋求掩護，這些都是動物驚嚇反應的例子。聰明的章魚則是利用獵物的驚嚇反射，發明一種狩獵技巧：趁蝦子未起疑心時，待在牠的一側，慢慢將一隻觸手伸過去，拍拍蝦子的另一側，讓這之可憐的甲殼類動物直接驚跳進自己張開的嘴裡。[3]

即使可怕的事物不是真實的，人類還是可能被嚇到。達爾文（Charles Darwin）在《人類和動物的情感表達》（*The Expression of the Emotions in Man and Animals*）中指出，「想像可怕的事通常就足以讓人心驚膽顫。」[4]不同的物種有共同的驚嚇反應，深深引起達爾文的興趣，他發現紅毛猩猩會因為驚嚇而傻住、黑猩猩會跳起、野羊會倒退嚕，小狗則會猛然震一下。他自己的孩子也在還是嬰兒的時候，就被他故意嚇了一跳。他會貼近孩子的臉龐發出巨大響聲，然後發現「孩子每次都會猛烈眨眼，而且微微移動。」

不論是人、大貓熊，還是從豹斑海豹嘴裡逃生的企鵝烏蘇拉，每當看到、聽到、聞到或回憶起危險的訊號時，這種古老的反射就會自動被觸發。危險會啟動體內的電脈衝，經由神經元快速傳遞，導致肌肉收縮，以及產生突然的跳動、畏縮或抽動。

恐懼的生理學不只跟大腦有關，也牽涉身體的心血管、肌肉骨骼、免疫、內分泌和生殖系統。當恐懼引起的全身不舒服狀態，搭配著事件、地點或對象，動物就會學到以後要避開這些關聯的刺激物。這種「恐懼制約」（fear-conditioning）的強度很大，遇過一次就會讓動物學到要一輩子保護自己的安全。[5]也就是說，如果烏蘇拉第一次到海裡游泳就碰到豹斑海豹，經歷了驚嚇反應，並且幸運保住一條命，她很有可能會把驚嚇的負面感受與地點、景象、氣味以及其他和掠食者有關的面向連結在一起。強烈的恐懼是可怕的老師。令人難忘的恐怖教訓會刻入神經系統，一輩子都不會忘記。

此外，要是烏蘇拉這一輪沒死在豹斑海豹嘴裡，她便更有可能活過第二輪、第三輪和第N輪。「年紀愈長的企鵝愈有經驗，這讓牠們能比較不容易受到傷害。」英國南極調查所的資深研究人員菲爾．特雷森告訴我們。[6]這很重要，但是重點是要先躲過第一次的危險。

穿盔戴甲

某天參觀皮博迪考古與民族學博物館時，一個面目猙獰的人形讓我們停下了腳步。他揮著一把兩英尺的長劍，劍刃上有我們從來沒看過的東西。儘管那東西不是磨利的金屬製成的，卻也似乎能割裂肌膚，讓人有不祥的感覺。那是把鑲有一排鯊魚牙齒的長劍，每一顆牙都有兩英寸長。

比鯊齒劍更引人注目的是人形戴的頭盔。那頂頭盔用一整隻河魨製成，像氣球一樣吹得鼓鼓的，還布滿許多雜亂的尖刺。此外，人形還穿著椰子纖維做的淺棕色背心。這身裝扮是南太平洋吉爾伯特群島（Gilbert Islands）上的小國——吉里巴斯（Kiribati）十九世紀的護身盔甲。[7]

皮博迪博物館當時展出一檔名叫「戰爭的藝術」的特展，這副盔甲是展品之一。環顧展覽廳，還能看到其他幾種人類在過去為了防禦他人攻擊而設計出來的服裝，外型都十分令人詫異。例如特林吉特族（Tlingit）十九世紀的獸皮戰甲，這是一支北美洲太平洋西北沿岸的原住民，他們會將紅色和黑色的造型線條圖案畫在獸皮上；菲律賓民答那峨島的摩洛人（Moro）十八世紀的黃銅頭盔和鎖子甲；還有中國四川省，靠近西藏邊界的彝族製作的上色皮盔甲和木質盔甲。

我們花了一點時間，想像穿著這些護甲的人。不論是青少年、年輕人，還是中老年人，穿上這些盔甲是為了獲得保護，以避開一種特定的威脅——其他人類。

盔甲的設計讓我們得以窺見一個時代的危險。第一次世界大戰確實是人類屠殺技術突飛猛進的時代，不僅發明了防毒面具，也出現稱做「龍蝦盔甲」的鋼製護甲，用來抵禦化學攻擊和炸藥。[8]更近期的還有攔截多威脅裝甲系統，這是含有克維拉（Kevlar）纖維的護甲，美國武裝部隊自一九九〇年代末期至二〇〇〇年代晚期都穿著這個體系的防彈衣來抵禦輕武器的火力以及簡易爆裂物裝置的碎片。

然而，人類面對的危險不僅限於戰場上的武器。若把這個概念延伸出去，可以發現人類會建造其他外部的「盔甲」來抵擋各種威脅，例如：用驅蟲劑和蚊帳阻擋萊姆病和瘧疾、用防曬油預防皮膚癌、繫上安全帶避免車禍受傷、戴安全帽降低腳踏車的意外傷害。

另一方面，恐懼也由內而外保護我們。恐懼會決定動物的行為。幾億年來，恐懼激起的反應拯救了許多生命。恐懼是一種古老的資產，提供我們保護，在生物之間已經流傳了無數世代。然而，即使恐懼是普遍現象，對每個個體來說，恐懼卻是獨一無二的經歷。每隻動物——包括人類和非人類——害怕的事物都不一樣。每個人都有自己的內在盔甲，它因著每個人獨特的經驗成形，且多半在野莽期就會形塑出大致的模樣。處於孩童期和完全成熟之間的青少年和年輕人必須在此時開始獨自面對風險。

防衛機制

軍方了解盾牌、頭盔和面罩可以保護身體避開傷害，於是軍人穿戴盔甲來保護自己；治療師知道內在的心理歷程能保護病人自己的情緒不受傷害，因此會出現一種心理策略——「防衛機制」（defense mechanism）。

二十世紀初的心理分析師率先提出防衛機制的概念，這是一種無意識的心理反應，讓我們在心理上避免衝突、緊張和焦慮。[9]壓抑、投射、否認及合理化都是已經成為日常語言的常見防衛機制。

其他的例子可能就比較不常見：對其實很憎惡的人表現得過分友善，或者侮辱迷戀的對象，其實也是一種防衛機制，稱為「反向作用」（reaction formation）。昇華作用（sublimation）也是一種防衛機制，指某人無意識地將充滿侵略性的衝動轉為社會接受度更高的行為，例如：把敵意和盛怒轉為在體育上的卓越表現，就是佛洛伊德昇華作用的經典例子。

在一九四〇和五〇年代，專心研究青少年時期的安娜．佛洛伊德找到了三種她認為會在這個階段出現的防衛機制，有助於控制升高的性衝動。分別是理智化（intellectualization）、壓抑

（repression）及禁慾主義（asceticism）。理智化是指只看問題的事實面來應付情感傷痛。壓抑是指否認、隱藏自己有社會不接受的衝動或慾望。禁慾主義則指將衝動和感覺轉為嚴厲的身體訓練或自我否定。

安娜．佛洛伊德及她父親佛洛伊德的想法已經不屬於心理學理論或做法的主流，但心理學及流行文化中留存的防衛機制則是源於他們的研究。

動物行為學家不會用「心理學」這個詞來描述動物的內在動機，但他們確實會研究動物抵禦掠食者時採取的行為。除了偽裝、利爪、尖角和粗厚皮膚等生理防衛，動物也有行為防衛。比方說，牠們會警覺、尋求同伴協助，以及發出警示的叫聲。這些生理和行為的防衛合稱「防衛機制」，我們會在下一章深入探討。佛洛伊德的理論提到，防衛機制讓人類避開痛苦的感覺，野生生物學家則認為防衛機制會保護動物躲避存在的威脅。

不論用什麼名字稱呼這些防衛，動物在野莽期時期習得、如何回應情感和生理危險的經驗，一輩子都不會忘記。

有些安全知識是與生俱來。野生魚類、爬蟲類、兩棲類、鳥類和哺乳類天生就有防衛的方法，特別適合應付牠們在廣大世界中會碰到的危險。[10]紅眼樹蛙的胚胎有個很棒的救命絕招。在孵化前，牠們通常會用七天的時間慢慢發育。但這些發育中的胚胎如果察覺到附近有長腳蜂或蛇類，或是洪患，牠們會加速孵化，游到比較安全的地方。杜布雷美人（rainbow fish）的胚胎甚至早在孕期就能偵測到風險。受精後過了僅僅四天，魚胚胎就能聞到附近有掠食性的金魚（外來掠食者）或單色匀鯛（原生掠食者）。回應這般威脅，牠們的心率會變快，這是脊椎動物面對恐懼時常有的反應。

而出生時缺乏安全知識的物種必須靠後天習得。安全教育會在動物的一生當中持續不斷，且通常會在青少年時期特別加強。但在真正習得之前，初踏上獨立之路的青少年，例如對掠食者毫無警覺的烏蘇拉，只能仰賴先天性反射的有限保護，例如驚嚇反應，來保障自己的安全。

島嶼馴化

如果環境中的風險出現變化，動物可能就需要重塑外在的盔甲。在這方面，人比其他動物輕鬆多了——你可以輕鬆把防彈背心脫掉，但犰狳可脫不掉骨質構成的甲冑。不過，隨著時間過去，威脅來來去去，生理防衛就會跟上：需要時強化，不需要時就減弱或完全消失。同樣地，內在的盔甲（防衛行為）也會因應生物周遭的環境變化增強或減弱。

島嶼馴化就是一個很好的例子。[11] 動物如果住在長期與世隔絕、缺乏掠食者的島上，會失去恐懼感，也會因此失去抵禦掠食者的行為。達爾文探索加拉巴哥群島時，發現自己輕輕鬆鬆就能走到海鬣蜥和雀鳥旁邊，甚至能騎在巨龜背上。[12] 島嶼馴化動物的驚嚇反應已經被關閉，如果牠們的環境裡沒有威脅，倒是沒有關係。但如果掠食者真的出現了，島嶼馴化的動物就非常容易受到攻擊。

更廣泛來說，島嶼馴化適用於天敵已經絕跡或被獵殺到絕種的族群。美國黃石公園的紅鹿就是經典的例子，牠們雖然不住在島上，卻展現出島嶼馴化。[13]在一八〇〇到一九〇〇年代，灰狼被計畫性地撲殺，因此紅鹿們能在國家公園各處自由漫步，不用擔心遭到攻擊。一九九〇年代，灰狼再度被引入，因此紅鹿必須重新調整，習慣恐懼。牠們必須重新建立和學習防衛。這項掠食者和獵物關係的自然實驗顯示，在島嶼馴化的族群中，恐懼有可塑性，即使暫時消失，在環境改變時仍能重新出現。

現代人處於島嶼馴化狀態的也不算少。肉食性掠食者等過去的威脅都愈來愈遙遠，恐懼也跟著消退。在世界上的某些地方，有愈來愈多父母親不讓小孩接種疫苗，或許這也是一種人類特有的島嶼馴化。肆虐於一九五〇、六〇年代的小兒麻痺及德國麻疹就像早已被人遺忘的掠食者，沒有人記得，也沒有人感到懼怕。如果病原體再現，那些對疫苗接種的恐懼勝過對疾病恐懼的父母將使他們的小孩得不到保護。當然，如果疾病以雷霆萬鈞之勢回來，這種做法就有可能馬上改變。同樣地，過去二十年來，死於愛滋病毒感染的人愈來愈少，導致人們對安全性行為的注重程度降低，這也是一種島嶼馴化效應。[14]

島嶼馴化甚至也能解釋財務行為以及經濟或政治的趨勢。經濟災難消退、遭人遺忘時，投資人及投資機構會開始冒更大的風險。

青少年比較有可能焦慮，或許也是一種島嶼馴化。我們的動物和人類祖先在充斥著掠食者及其他威脅的環境中演化，因此演化出強大的恐懼神經生物學。但今日，許多人（儘管不是所有人）再也不會碰到會塑造出這種神經生物學的危險。當大腦和身體發現充滿掠食者和其他威脅的環境已不復存的時候，會發生什麼事？

相似的問題也在三十年前，由英國的流行病學家大衛・斯特拉昌（David Strachan）提出，因為他發現紅斑性狼瘡及克隆氏症等自體免疫疾病的病例變多了。大衛思索著，當世界變得更乾淨以後，從充滿病原體環境中演化出來的免疫系統會變成什麼樣。[15]「衛生假說」（hygiene hypothesis）指出，在過度乾淨的環境裡，人類的免疫系統不會碰到挑戰，因此轉而攻擊自己的身體，把正常的組織誤認為病原體。現代青少年和其他人的焦慮會不會也來自類似的過程？

在卑爾根大學（University of Bergen）任教的挪威籍哲學家拉斯・史文德森（Lars Svendsen）專門研究恐懼，他認為上述問題的答案應該是肯定的。[16]他相信很多現代人都「過度防範」了，這會引導他們想像危險的情境。現代富裕的環境相對來說很安全，大家再也不會碰到祖先面臨的生理風險。因為比從前更安全，所以也有更多腦容量可以用於思索尚未發展出來的危險，史文德森稱這種狀態為「永恆的恐懼」。史文德森認為，永恆的恐懼會使人隔絕，創造焦慮、寂寞的社會，因為「我們無法一面活在恐懼中，一面又過著幸福快樂的生活」。

無法抑止的恐懼會帶來很多有害的結果，不僅僅是不快樂及焦慮。驚嚇反應本身有時候就可能提高風險，非常矛盾。一九三三年的美國動亂不斷，剛選上美國總統的富蘭克林・羅斯福（Franklin Roosevelt）提出警告：「我們唯一需要懼怕的就是恐懼本身。」這場演講的主題是恐懼，演講對象可能是一群動物行為的研究學者。[17]這句名言還有下半句，「不知名、無法解釋且沒有正當理由的恐懼，會癱瘓向前邁進所需的努力」，雖然不常聽到，卻完美捕捉了過度恐懼會帶來的危險。

重點在於，對危險做出反應或許能救命，但一定需要付出代價。原地靜止不動可能會讓掠食者偵測不到，尤其比較年幼的動物特別仰賴這招（此稱「擬死癱瘓」〔tonic immobility〕）。但靜止不動也有可能延遲逃跑的時機。受到驚嚇、過度警覺的動物會一直環顧四周，這使牠們吃得比較少，也減少交際和交配的次數。有時候，展現出恐懼其實會害動物喪命——受到驚嚇的蝦子就這樣跳進章魚嘴裡便是一例。表現出恐懼也可能會洩底——對目不轉睛的掠食者來說，恐懼是誘人的訊號，牠能藉此看得出來你不懂得怎麼生存。

青春期企鵝烏蘇拉對掠食者的天真態度不僅給了她教訓，也會影響她成年後的行為。另一方面，環境可能會改變，出現新的危險。如果將來有怪異的病毒徹底消滅所有的豹斑海豹，烏蘇拉等國王企鵝可能會在一、兩代之內就出現島嶼馴化。到時候，牠們連在海岸邊也是放鬆的，除非有新的掠食者搬來，取代海豹的生態棲位。若真如此，也就揭露了動物經歷一生危險背後的中心真理：不論處在什麼年紀，以及經驗多寡，動物面對新威脅仍可能抱著天真的態度，一切又得重新來過。

第二章

了解掠食者

上次見到青少年企鵝烏蘇拉的時候，她剛離開父母，準備跳進海裡，衝向充滿豹斑海豹的危險水域。那時的她對掠食者的態度很天真。恐懼制約尚未烙印在她的肌肉記憶裡，形成可靠的救命行為。因為沒有經驗，她的內在盔甲也尚未成形。烏蘇拉對掠食者和獵物之間的古老關係一無所知，對未來會發生的事也毫無頭緒。

但我們不一樣。用獵人的雙眼來反觀自己，可以保障你的安全。假設你是一隻非洲大草原上飢腸轆轆的獵豹，發現了一群或許能讓你飽餐一頓的羚羊。但你沒辦法追到每一隻，把牠們都吃掉。你必須選擇一隻，但要選哪隻好呢？你掃視那群羚羊，看看有沒有已經受傷，或沒有父母保護的小羊。可惜沒有。你轉而注意到三隻體型已經成熟的羚羊。羚羊A看起來不錯——但強健活潑，精力充沛地跳上跳下。比較安靜的羚羊B看似是更好的選擇——但牠發現你了，正專心盯著你的一舉一動。

要拿下充滿活力的羚羊A，需要速度和力氣。要智取警覺性高的羚羊B，不要嚇到牠，需要技術和相當好的謀略計畫。或許還有別的選擇。這時，你看到羚羊C，牠對掠食者的態度天真，還處於青少年時期或青年期。羚羊C的身形已經長成，但看起來很纖瘦。牠從爸媽那裡學到獵豹有多危險，但跟比較年長、有經驗的羚羊比起來還是很天真。對掠食者來說，牠看似不太確定自己在群體裡的位置。牠不跟成年的羚羊聚在一起，也不想靠近依偎在母親旁邊的小羊。反而興味盎然地瞧著沙沙作響的植物，似乎不知道你正盯著牠看。

掠食者每次出手殺戮時，一定要分析成本效益，就像填寫一張野外生活的試算表。[1]牠們必須計算自己有多少精力和時間可以花費在挑選、追逐和獵捕獵物上，也需要衡量這頓大餐提供的營養到底值不值得付出。就像精打細算的消費者走進雜貨店，思考怎麼用最少的錢買到最多熱量；也像企業接管專家，併購最脆弱但最有價值的公司。掠食者必須評估飽食一餐的難度。原來，在大自然的肉品櫃上，青少年是最划算的選擇。

尋找鮮肉和容易捕獲的獵物

跟已經有應付掠食者經驗的動物相比，對掠食者態度天真的動物更容易被其他動物攻擊殺死、被獵人槍殺、死於車輪下，或者落入陷阱。牠們體型較大但經驗貧乏，不熟悉掠食者的氣味和聲音，容易被偽裝或令牠們分心的事物愚弄，一頭栽進危險的領域。當天真的牠想逃跑的時候，牠錯估了自己對抗或逃離的能力，想找到出路，卻倒下或溺水。雪上加霜的是，因為牠們經驗不足，且通常剛從熟悉的家園遷移出去，掠食者也經常把牠們當成目標。旁觀者一眼就能看出牠們沒有父母陪伴。

舉例來說，在阿拉斯加的科迪亞克（Kodiak）外海，有群虎鯨會用非常駭人的方式殺死獵物。[2]牠們會咬住獵物的喉嚨，扯下牠們的舌頭，咬掉牠們的嘴唇。畢氏虎鯨（Bigg's orcas，由開創虎鯨研究方法的科學家名字命名）擅長捕獵大翅鯨——但也無法捕獵到每一頭大翅鯨。牠們會追蹤閒逛到危險區域裡、沒有被經驗老道的成年大翅鯨保護的青少年們。年輕的大翅鯨不諳世故，畢氏虎鯨就能收成了，牠們能完美地追蹤、攻擊、屠殺和啃食青少年。牠們專門獵殺青少年時期的獵物。

在非洲東南部的野生動物保護區，科學家研究了獵豹和扭角條紋羚之間的掠食者—獵物關係，他們發現獵豹喜歡追獵年輕的公羚羊。[3]就社會地位來說，青少年扭角條紋羚的階層未定，這代表群體裡其他成員不一定會支援牠們。以生理來說，青少年沒有成年雄性那麼強健，協調性有待加強，自我防衛的經驗也不足，因此更容易受騙或被追上。

「掠食者真的特別喜歡獵捕青少年嗎？」這個問題激起了阿根廷生物學家們的好奇心。在貓頭鷹吐出來的食繭中，[4]研究人員發現裡面的櫛鼠（這是一種南美洲的嚙齒動物）殘骸，都是來自青少年櫛鼠。科學家指出，貓頭鷹會優先獵捕在開闊環境中移動的青少年獵物。這些貓頭鷹會獵捕青少年櫛鼠，就像虎鯨獵捕青少年的大翅鯨，獵豹獵捕青少年扭角條紋羚一樣，因為青少年的獵物最符合成本效益分析。

即使是低等的青少年沙丁魚，碰到專精於獵殺這個年齡層的掠食者也不能倖免。[5]非洲南部的黑腳企鵝偏好青少年時期的沙丁魚，因為牠們群聚的技巧不夠熟練，比較容易捕捉。值得注意的是，以青少年沙丁魚為掠食目標的企鵝本身也是青少年，牠們還不夠強健，或者技術不足以獵捕成年的沙丁魚，因此只能退而求其次，有什麼抓什麼。

獵鹿人知道青少年時期的鹿特別脆弱。[6]一歲大、沒有經驗的小鹿獨自在外，來到不熟悉的地域，通常會第一個漫步到獵人眼前，頭一個被射殺。事實上，在北美洲各地，一直到十年前，百分之九十被獵殺的鹿才一歲大，或者非常年輕。但在由野生生物學家創立的倡議團體——品質鹿群管理協會（Quality Deer Management Association）的敦促下，情況改變了。現在的獵人幾乎都認同青少年時期的小鹿需要保護，避免射殺牠們。暫緩一歲小鹿的死刑能使鹿群的生理和社會結構更健康。

人類可說是世界上最厲害的掠食者，很多動物用不了多久就發現人類非常危險。演化生物學家理查・藍翰（Richard Wrangham）曾告訴我們烏干達盜獵者的故事，內容非常吸引人：盜獵者會設下陷阱捕捉黑猩猩，把牠當成野味來賣。[7]青少年的黑猩猩警覺心和經驗都不足，最常被抓到。而比較有經驗的黑猩猩就看得出有沒有金屬線，能避開陷阱。黑猩猩寶寶也很安全，因為爸媽會保護牠們。

不論是保護幼鯨不被虎鯨攻擊的大翅鯨媽媽，趕跑賊鷗的企鵝爸爸，還是在幼獸身邊繞圈圈、擋住母獅子襲擊的鬣狗媽媽，各種動物的雙親都會想盡辦法保護自己的小孩，然而青少年必須單飛。

掠食者的欺騙手段

不是騙別人就是被騙，不是吃別人就是被吃，這是大自然的法則。獵物會使出欺騙手段，避免被抓或被殺。裝死是一種很有效的對策，能抵禦掠食者。如果動物的生理和心理夠強壯，得以吸引掠食者靠近的話，還有另一種策略：假裝受傷。比方說，很多鳥類的雙親會假裝翅膀受傷，把掠食者引開，遠離巢中的幼雛。

但掠食者也可能以其人之道，還治其人之身，用招數矇騙獵物。[8]牠們會裝死，或想辦法隱身，讓獵物不知道牠們躲在附近。人類也會借用這個手段欺騙獵物。自古至今，各種文化中的獵人都會躲起來，想辦法偽裝自己，掩蓋人類的體味，模仿獵物發出的聲音。有些詭詐的獵人會提前好幾個月部署，在常去的狩獵場栽種一片片的食糧，例如紫花苜蓿、三葉草和玉米。食糧田可以幫找不到食物的動物維持族群數目，也可能吸引動物流連不去。在這些動物中，最餓、最無知的往往是青少年和青年期的動物，對於年長、比較有經驗的動物一眼就能看到的危險，牠們卻沒有察覺。就像格林童話裡的被糖果屋迷惑的兄妹，意料之外的美食饗宴會讓年輕的動物很興奮。牠們因為飢餓而心神不寧，把自己暴露在獵人最容易打中的地方卻渾然不知。

即使用飛蠅釣法的老爺爺心地善良，他其實也是技巧純熟的掠食者，實踐著掠食者自古以來施行的欺騙手段。被拋進河裡的假餌，和小魚、昆蟲的形狀及動作極為相似，對不熟悉掠食者的年少魚兒來說有無可抵擋的吸引力——這使牠們比較容易上鉤，成為俎上肉。同樣地，有經驗的魚兒比較不容易上鉤。有證據證實，年幼的魚如果很害羞，能讓牠們避開假餌，天生的內向——所謂的餌怯（bait shyness）——可以保護這個年紀的魚。[9]

最厲害的掠食者出手時，也一樣聰明。舉例來說，鯊魚懂得背著陽光游向獵物，因為如果光線來自背後，能讓自己比較難被獵物偵測到。[10]鱷魚則會躲在水坑裡動也不動，只露出鼻孔。虎斑烏賊會變色，改變動作，偽裝成無害的寄居蟹。[11]因為烏賊的獵物不怕寄居蟹，烏賊就可以靠得更近，提高殺死獵物的機會。缺乏經驗的青少年動物比較容易被這些伎倆所騙，遭遇不幸。

現代的人類通常不擔心肉食動物的攻擊，但世界各地身為父母的動物都很害怕。掠食者會以青少年為目標，利用強迫或誤導等各種方法來誘拐牠們。

美國國家兒童失踪與剝削中心（NCMEC）有份為期十年的分析，蒐集了美國從二〇〇五年到二〇一四年間將近一萬份、包含嬰孩、幼兒、小孩及（十八歲以下）青少年的綁架未遂事件。[12]分析顯示，誘拐者會依目標對犯案者的天真態度施以不同的手段。例如，對於年紀最小和最大的孩子，犯案者幾乎都是男性，在誘拐時會強逼受害者，也可能用上武器。因為如果要誘拐年紀較小的受害者，通常必須打倒保護他的父母。同樣地，當年紀較長的孩子受到攻擊時，他們可能會發覺眼前的情況，迫使歹徒使用暴力，對付青少年的體型及他們發展中的都市生存智慧。因此對於比較年長的青少年（十六歲到十八歲），誘拐者會選擇在無人可以呼救的僻靜之地發動攻擊，例如立體停車場或登山小徑。不熟悉的環境會提高動物被劫掠的危險，同樣地，未知、偏僻的地方也會減弱人類青少年逃跑或求助的能力。

相反地，對介於八歲到十五歲之間、對掠食者態度很天真的受害者來說，誘拐他們並不需要使用暴力，甚至不需要跑到偏僻的地方攔截他們。他們通常會用很不一樣的伎倆：言語勸說。這個年齡層缺乏經驗，以至於不需要脅迫他們或先將他們跟群體分開。用甜言蜜語就能輕鬆地誘惑對掠食者態度天真的中學生。

發展中的青少年多半是在上下學途中遭人誘拐。罪犯會讓小孩搭便車，給他們糖果或飲料，讓受害者幫忙尋找寵物或找人。罪犯常常會假裝自己的小孩走失了。根據統計，百分之二十的罪犯只讚美了受害者幾句就成功了，百分之三則是藉口問路讓受害者上鈎。有時候，歹徒會跟虎斑烏賊一樣，假裝成無害的模樣，模仿權威人物，如醫生、護理師或警官。這些策略能讓犯案者避免被發現，減少時間、精力及潛在的暴露風險。

研究結果顯示，對掠食者態度天真、年齡範圍介於中間——八到十五歲——的學生特別容易成為手到擒來的獵物，因為他們比較不會大聲喊叫。畢氏虎鯨善於以致命一咬撕裂青少年獵物的嘴唇和喉嚨，這項絕技或許還有一個可怕的次要功能——讓獵物無法發出求援的叫聲。對被掠食者鎖定、各物種的青少年來說，無聲似乎也會致命。

幸運的是，美國很少發生強行綁架事件。然而，其他犯罪的統計資料證實了我們的想法：對掠食者態度天真的青少年和年輕人容易碰到危險。比方說，人口販子偏好鎖定在成年人世界裡仍覺得不確定、還沒站穩腳跟的受害人。在二〇一七年的紀錄片《販賣女孩》（*Selling Girls*）裡，幹過人口販賣的罪犯告訴採訪記者，「我不會把時間浪費在有自信的女孩身上。[13] 皮條客會特別注意天真的目標，因為她們不會注意到事情不對勁。」動物掠食者的技巧對這些性剝削者來說也同樣有用，能讓他們辨認出最單純的受害者。

在野莽期期間，天真和缺乏經驗會招來危險。青少年時期的動物確實會在這段日子中學習對抗掠食的各項技能，若能多加練習，就能提高成功機會。對此，我們會在後面的章節詳細討論。但野莽期還有另一個值得關注的特色，是野莽期放諸四海皆準的弱點，雖然沒那麼血淋淋，但也可能致命。不論是人類或是動物，青少年所面臨的世界不但試圖將他們拿下，還對他們充滿敵意。

行為要符合年紀（但其實不用）

青少年時期其中一個奇怪的特徵，就是年輕人會覺得他們是第一或唯一一個做某件事的人。但每當有一群青少年自覺獨特，也會有相應的一群成年人因為他們過剩的青春而感到厭煩。據信，名作家馬克．吐溫（Mark Twain）曾說：「在小孩子十三歲的時候，」他語帶俏皮，你應該「把他裝進桶子，把食物塞進蓋子上的洞裡餵他。」十六歲的時候呢？「把洞堵起來！」馬克．吐溫建議。儘管這段話應該不是他說的，卻廣為流傳，想必有幾分真實性。

從音樂到運動，從寫作到表演，年輕人在人類文明的許多領域非常重要。但細看青少年們的共同體驗，便能看出依賴年輕人所招致的缺點：一觸即發的矛盾心理。成年人常常受不了青少年，藐視他們，甚至有種特別的憎惡。英文中甚至有個專有名詞 ephebiphobia，意思是「青少年恐懼症」。

病況最輕微的青少年恐懼症可能就是姿態高傲地搖搖頭，用陳腔濫調來說則是「年輕人就愛揮霍青春」或「現在的年輕人啊……」。很多人常用這種亞里斯多德式的抱怨語氣，說年輕人「寧可總是做些高尚的行為，卻不做正經事。他們錯在什麼事都做得太過，太意氣用事。[14]他們不懂得拿捏分寸——愛得過火，也恨得過火。」

亞里斯多德的這幾句話很容易聽出他對青少年的喜愛，但一心恐懼青少年的人絕對不是因為「愛之深，責之切」。在英國和其他地方，有一種磁音波裝置名叫「蚊子」(Mosquito)[15]，會利用青少年聽得到，但成年人已經聽不到了的生理弱點，發出超高頻的爆炸聲（大約是十九到二十千赫）。這種裝置可以放在公園和店舖附近，讓年輕人受不了，避免他們在外遊蕩而自然離開。這是一種不友善的電子訊號，告訴青少年「離我家遠點」。

恐懼青少年的人也有可能會傷害他們。跟掠食者一樣，他們認定青少年好欺負。在很多國家，青少年恐懼症已經深入地方，隱藏在社會機構的掠奪行為之後，這些機構可能是銀行、醫院，也可能是運動經銷組織和軍隊。

金融機構看準青少年對金錢的無知及衝動——或許只是經驗不足——而使他們亂花錢。信用卡公司常刻意把行銷焦點放在年輕人身上，有的甚至還在念高中。[16]在美國，有一成的大學生在畢業時，信用卡債已經超過一萬美元。遊戲和賭博產業也以青少年為目標，他們病態賭博的機率是成年人的六倍。

青少年的生理潛質及年輕的理想主義，也使他們容易被選入其他競技場。美國大學的運動學系利用青少年對受教育的渴望，從他們身上賺了數十億美元。[17]在警隊中，菜鳥警察常被指派到最危險的巡邏路線上。[18]根據法新社（Agence France-Presse）二〇一五年的報導，在北京，十七歲到二十四歲的年輕人由於不諳世故，又有金錢需要，即使缺乏專業的安全訓練，也會從事約聘消防工作，因此這些年輕人死傷的人數高到不成比例。[19]

強制徵召青少年和孩童加入軍隊很明顯是對青少年的剝削，今日跟過去一樣，在世界各地仍能見到這種情況。在羅馬兵團裡，最年輕、最窮的士兵就是青少年，這些輕步兵（Velite）和青年兵（Hastati）沒有經驗，不能用最好的武器，卻被派到最危險的陣地，因此傷亡率也最高。在十八世紀，幾千名青少年，最年輕的只有十一、十二歲，被徵召加入英國皇家海軍，在船上擔任服務生。[20]這些青少年沒有資源，也沒有社會地位，除了加入別無選擇。在羅伯特．史蒂文生（Robert Louis Stevenson）的著作《金銀島》（*Treasure Island*）中，年輕的主角吉姆．霍金斯（Jim Hawkins）才十三歲，在父親過世後到船上當服務生。從天真的小孩變成能幹的年輕人，他的成年儀式被描繪得相當正面樂觀，不像一般青少年受到剝削後的結局。而史蒂文生的另一本經典作品《綁架》（*Kidnapped*）取材自彼得．威廉森（Peter Williamson）的真實故事，他十三歲，來自蘇格蘭，在一七四三年跟另外七名男孩被誘拐上船，賣到美國費城當了七年的奴隸。[21]

被迫加入街頭幫派則是另一種剝削的形式，研究發現十三歲是關鍵。幫派老大會尋找青少年，承諾讓他們跟群體或理想緊密連結，因為他們渴望被接納。毒販知道毒品能為青少年顧客創造一種地位似乎提升了的假象，或讓青少年感覺自己有地位，因此也以青少年為目標。

就像獵鹿者想辦法保護容易受害的一歲幼鹿，社會也會想辦法保護青少年。一九八八年，雷諾菸草公司（R.J. Reynolds）推出一項活動，把駱駝牌（Camel）香菸賣給青少年，用卡通人物駱駝老喬（Joe Camel）來吸引他們。[22]儘管香菸散發出令人不愉快的感覺，也立刻引起公共衛生和家長團體的憤慨，駱駝老喬嘴上的香菸仍叼了將近九年才撤掉廣告，可能是為了因應聯邦貿易委員會（Federal Trade Commission）的施壓。跟二〇一一年相比，美國高中生在二〇一八年吸電子菸的比例成長了九倍。[23]美國疾病預防管制中心（Centers for Disease Control）指出，二〇一一年，使用電子菸的高中生有二十二萬人，二〇一八年則躍升到三百零五萬。美國食品藥物管理局（Federal Drug Administration）警告零售商，販賣電子菸裝置給未成年人將處以罰鍰，各州和聯邦立法單位也開始制定法律，不可販賣調味電子菸給青少年。

成人中心主義

有時候，青少年恐懼症並不是真的害怕或痛恨青少年，而是不願意看到他們。更糟的是，看到有一副成年人的身軀，就將對方認定為成熟的成年人。「成人中心主義」（Adultocentrism）就是描述這種趨勢，它貶低或完全忽視生命過程中尚未成年的階段。義大利生物學家亞力山卓・米內利（Alessandro Minelli）認為，成人中心主義會妨礙科學進展。[24]他呼籲科學家「為所有的生命階段賦予類似的地位」，而理由非常重要：「了解非成年人的生命階段可以重新建構生物學家對演化的了解。」

科學家和醫生做決策時也避不開成人中心主義，導致對生病的青少年產生無心的歧視，他們應該要客觀一點。青少年和年輕人是世界上最脆弱的族群，如果得了癌症，跟得了類似癌症的孩童及成年人相比，存活率更低，且更容易復發。這主要是因為沒有專為他們設立的癌症專科中心。在美國，青少年跟年輕人是缺乏醫療保險的族群中，人數成長最快的一群，因此即使診斷出得了癌症，他們也不太可能去國家級研究中心接受專家治療。

但這個族群的癌症存活率和其他族群相比有如此悲慘的差距，主要仍是因為青少年和年輕人參與救命臨床試驗的比例是全世界最低的。大多數臨床試驗會排除十八歲以下的病人。讓青少年參與兒科試驗感覺年紀太大，參與針對成年人的試驗又覺得太年輕，這使他們彷彿進入癌症的無人地帶，兒科腫瘤學家約書亞．席夫曼（Joshua Schiffman）將之稱為癌症轉診的「蠻荒之地」。[25]

關於排除青少年和年輕人有很多解釋，但簡單的事實是：青少年不符合成年人或兒科研究的「模範」受試者條件。他們的差異會讓結果一團亂。（幾十年前，這種想法則套用在另一個「不合格」的族群上：女性。據說，女性的生殖週期會讓研究變得很複雜。[26]因此在前一個世紀，醫學調查大多以男性為中心，他們也是主要的受益者。）

看到長成的體型就假設他們也應該負起成年人的責任，在決定誰能接受寶貴的器官移植時，醫學倫理委員會甚至會被這個傾向而影響做法。青少年得不到移植，因為委員會認為他們不會遵守術前和術後的規定。[27]

成年人犯錯時

青少年恐懼症指對人類青少年的懼怕，但有些人會無意識地把這種不耐延伸到很多物種的青少年身上。例如，鳥類進入青少年時期的時機各有不同，但對月輪鸚鵡來說，是介於四個月到一歲之間。[28]如果你養了這種美麗、色彩鮮豔的鸚鵡，可能會發現牠似乎在一夕之間，從乖巧的小鳥變成會發出嘶嘶聲、愛咬人、愛反抗的青少年。其他的寵物鳥進入青少年時期時，會不停唱歌或大聲講話。有些物種的地域性和侵略性會變得更強，或者根本不理自己的主人。對喜歡展示心愛寵物的飼主來說，更不能接受的是青少年鳥兒的性變化，例如拔毛和尖叫——另外，還有自慰。

儘管這種行為對發展來說很正常，有些飼主卻沒有心理準備，也無法容忍。他們再也不跟寵物玩，或想辦法把牠們送人。在美國，最受歡迎的寵物——狗，也有類似的現象。如果你看過正值青少年時期的犬科動物，你就知道牠們有多討厭。牠們亂咬鞋子跟家具、嬉鬧到過動的地步、在不合適的時候吠叫咆哮，或者在應該從公園回家時亂跑。根據亞里斯多德的說法，牠們愛得過火，也恨得過火。

進入青少年時期的寵物狗最有可能被放逐到後院、綁在柱子上數個小時，或者乾脆棄養。這個年紀的狗兒因為行為問題而被送去動物之家的比例較其他年齡的狗多很多。

美國動物之家裡的狗有一半以上是青少年，介於五個月到三歲間，也就是幼犬到成犬之間。[29]由於棄養的狗兒大多數會被安樂死，這意味就算只是進入青少年時期，也有可能致命。專家指出，這些年輕的狗只是「展現出有可能被解決的行為問題，但飼主缺乏處理的能力」。從被棄養的狗有百分之九十六沒有受過服從訓練可以知道，飼主基本上沒有給牠們生存的機會。

但儘管有些人類因為無知或冷漠，用了不適當的方式處置年輕動物，同物種的成年動物卻會瘋狂剝削青少年。在芬蘭，研究人員曾看過歐洲北部和亞洲原生的野生年長山雀會用威嚇或強迫的方法，妨礙年輕山雀獲取食物。[30]剝削青春期的鳥兒對成鳥來說有雙重好處。第一，占優勢者能得到比較多營養。第二，讓年輕鳥兒吃不飽，對占優勢的成鳥來說也比較安全。如果鳥兒在進食時看到掠食者，會飛進樹叢裡躲起來。牠們雖不能百分之百確定掠食者什麼時候離開，但也不能等太久再繼續進食，不然會吃不到足夠的食物。因此，飢餓的鳥兒會第一個從安全的藏身處出來，冒險返回原地。已經吃比較多的鳥兒則有餘裕再等一下。居於弱勢的鳥不僅容易被趕出藏身處，也比較可能進到這些掠食者的肚子裡，進一步保護占優勢的鳥兒。

這些處在劣勢的青少年時期鳥兒之所以冒險，並不一定是出於天性，而是因為別無選擇。青少年動物和各種年紀的動物一樣，得不到生存所需的資源就更容易拼命，這也讓牠們成為被剝削的對象。就像我們從逃家和受疏忽的兒童身上看到的，他們為了生存而冒的風險可能很嚴重，令人心碎。

小狗許可證

很多物種中，年輕的動物都享有特殊地位，這是由群體裡比較年長的成員所賦予的緩衝權。

動物行為學家觀察到，狗群中有所謂的「小狗許可證」，能讓個體豁免於階級制度之外。此外，不少物種也展現出這種家庭動力，例如靈長類動物也有自己的「猴子許可證」。[31]有些動物會展現出不屬於自己的優勢。如果牠們夠年輕，還搞不清楚狀況，年長的動物會容忍，或溫和地予以糾正。小狗許可證也包括嬉戲的權利：年長的狗似乎很喜歡小狗愛玩鬧的樣子，也會給予鼓勵，例如扭打時不會用盡全力、咆哮時放輕聲音，以及有時候放水讓小狗獲勝。

但當小狗的青少年時期來到某個時間點，牠們的小狗許可證就失效了。幾天前還能輕鬆容忍的行為，現在卻遭到成年動物回擊。儘管該年紀的狗仍非常年輕，也沒有經驗，卻被當成成年的狗，面對同樣的挑戰和待遇。在人類世界和狗的世界中，當幼年期進展到野莽期，小狗許可證就會失效，原本忍讓的世界變得急躁不耐。這些剛進入青少年時期的動物發現自己進入了不熟悉的地域，有煩惱、攻擊，甚至還有犧牲。牠們再也不能豁免，再也得不到第二次機會。這就是長大。

有些現代的青少年確實能暫時不用負起成年人的責任。家人可能會提供經濟支援；法律制度或許能原諒某些違法行為；犯了錯也可以解釋成年輕人的輕率。發展心理學家艾瑞克·艾瑞克森及人類學家瑪格麗特·米德發現，小狗許可證對人類來說也很重要。[32]他們相信青少年時期應該有一段「心理社會延宕期」（psychosocial moratorium），讓青少年可以體驗不同的角色和行為，而不需要擔憂成年人面對的結果和義務。

不熟悉的地域，變化莫測

企鵝許可證可能跟小狗許可證不一樣，因為哺乳類跟鳥類有不同的社會結構。但擔任雙親的國王企鵝能容忍青少年子女的討食和嘎嘎叫。不過，一旦離家，年輕的企鵝通常也就離開父母了。烏蘇拉之前從來沒進過開放的水域，突然來到不熟悉的地方，不論豹斑海豹會不會來追趕，都使她的存活率下降得更低。對沒有經驗的青少年和年輕動物來說，新環境充滿風險。

想像這是一個涼颼颼的秋天早晨，賓州的森林又黑又冷。一隻青少年白尾鹿突然驚醒，牠感覺頭部很重，剛長出來的犄角還軟軟的，覆滿絨毛。轉變的時刻到來：這是第一次早上醒來時，母親不在牠身邊。過去一年半以來，這頭年輕的雄鹿跟母親在森林裡移動，學習哪幾條路可以走，哪幾條路要避開。當母親甩動白色的尾巴示警時，牠會跑走或動也不動。如果母親停下腳步，轉動耳朵確認聲音，牠也會照做，學習聆聽是否有小樹枝被踩斷了。母親檢查空氣中是否有不祥的氣味時，牠也跟著聞聞嗅嗅。在母親的引導下，牠學會避開郊狼、車輛和獵人，也學會辨認有哪些營養的植物可以吃，而危險或不夠營養的食物就不用管了。

不過，好景不常。前一天，這隻小鹿因為遷徙焦慮引發本性中的流浪癖而離家，漫步到離出生地五英里的地方。因此從今天開始，牠要負起成鹿所有的責任。這隻小鹿得應用從母親那裡學到的知識，加上自己的反覆試驗，牠必須完全靠自己預料和避開危險、自己找食物，並找到晚上歇息的地方。如果這隻年輕雄鹿識字，或許會聯想到《夏綠蒂的網》（*Charlotte's Web*）這本童書裡的一景，小豬韋伯（Wilbur）正要離開熟悉的農場，離開溫暖的泔水和友善的朋友們。正要離開時，小豬韋伯突然轉身，回到穀倉裡。在稻草鋪成的床上，牠心想，「我還小，不該獨自出去冒險。」牠蜷著身子，在安全的家裡過夜。

喬・漢米爾頓（Joe Hamilton）是創立品質鹿群管理協會的野生動物學家，他向我們描述年輕小鹿面對的挑戰，以及獨立生活後為什麼需要保護。

> 母親把牠們踢出家門，牠們像彈珠檯裡的彈珠四處亂跳，想在一個區域裡建立活動範圍，但避免觸怒其他動物……有時候會離出生地兩、三英里，或者四、五英里……牠們被強行推入不熟悉的棲地，對該處的地形一無所知。
>
> 這些年輕小鹿很容易因此惹上麻煩。牠們必須到處移動，熟悉新的地方。如此一來，撞上掠食者的機率就提高了，比方說截尾貓或郊狼。
>
> 就像年輕人來到新的城鎮，他們會碰到無法應付的麻煩，然後累積一些經驗，學習一些規則：哪裡可以去，以及哪裡不能去……[33]

漢米爾頓補充，「在初秋之際，如果在白天看到小鹿出來活動，基本上都是年輕的雄鹿。牠們只是好奇心很重。這些雄鹿想找個新家，但也讓牠們比較容易成為獵人和掠食者的目標……在這裡（美國南卡羅萊納州），如果牠們到小溪或小河裡游泳，才會因此知道短吻鱷的厲害。」

從錯誤中汲取教訓通常很有用——只要他們挺得過來。青少年對危險的認識增加後，也會學到一件很重要的事：危險的事物不一定總是那麼危險。舉例來說，人類青少年的主要死因是交通事故，但機動車輛同時也是日常生活必備，通常也有既定的規則要遵守。

當危險沒那麼危險的時候

在野外，掠食者有時候很危險，有時候則特別無害。首先，牠們不是一天到晚都在獵食，也沒有那樣的體力。讀者可能沒想到，牠們也有打獵的時間表。有些專門在黎明或黃昏時分突襲；有些只在一年間的某些時候，或者特定的天氣或光線條件下打獵。有時候如果剛吃飽，其實一點也不危險。

例如，剛飽食了一隻加州地松鼠的眼鏡蛇。一個飽飽的肚子，讓這條蛇在生理上沒有空間裝下更多地松鼠，或許也提不起獵食的動機。有經驗的地松鼠已經有能力辨別饜足和飢餓的蛇。[34]若碰到在正在覓食的蛇，牠們會提高警覺；若碰到吃飽的蛇，牠們會比較放鬆。

麋鹿可以分辨得出狼隻餓不餓；[35]襪帶蛇也知道老鷹究竟是在捕獵，還是只是剛好飛過。[36]烏蘇拉如果能躲過豹斑海豹的襲擊，就會學到這種企鵝主要的掠食者會在中午暫停捕獵，休息兩個小時。

學會如何跟飢餓的動物共存，是地球上數億年來的生活現實。交戰的規則逐步形塑掠食者和獵物的行為。對掠食者而言，理解規則與否會決定牠是可以飽餐一頓，或是得餓肚子；但對獵物而言，卻是生死之差。

因此，青少年學習安全與危險的重點在於了解互動的雙方。烏蘇拉與其他的國王企鵝儘管是豹斑海豹虎視眈眈的目標，牠們自己也會變成技巧純熟的掠食者。牠們能加速追逐魚兒和磷蝦，精準度不遜於設定好目標的飛彈。

除了要知道豹斑海豹一天的獵食節奏，烏蘇拉也要學會掠食者古老的行為祕密——「掠食者順序」（Predator's Sequence），也就是所有掠食者使用的一連串可預測攻勢，幫助掠食者成功地獵殺其他的動物。[37]認識掠食者的順序就像窺看對手的攻略，獵物或許能得到救命的預告，預知掠食者的策略。

掠食者順序

豹斑海豹追逐企鵝時採取的一連串步驟，和打倒羚羊的獵豹，或猛撲攫取田鼠的老鷹相同。暴龍狂奔捕捉鴨嘴龍的時候，也用同樣的順序。就連瓢蟲也用一樣的步驟獵取蚜蟲。人類為消遣而獵殺雉雞和野鹿時，也會遵循掠食者的順序。

在掠食者心中，這個順序簡單易懂，由四個簡單的步驟組成：**偵測**、**評估**、**攻擊**、**屠殺**。每一天的每一場殺戮，掠食者必須按著正確的順序完成這四個步驟，每次都要很完美，或者近乎完美。偵測。評估。攻擊。屠殺。

就如古典芭蕾，獵殺的每個舞步都要恰到好處，每一段舞步都要無縫接到下一段。跟芭蕾舞一樣，獵殺的舞步可分解，也可以被預期。肉食動物必須跟充滿抱負的年輕舞者一樣，竭盡全力練習技巧，卻又不改變舞步嚴謹的結構。

如果掠食者的角色很簡單，在這段帶有死亡意味的高風險雙人舞中，獵物扮演的角色就更簡單，那就是：**盡快終結互動**。

但是，這個明確的答案之下卻有著複雜的真相及無限的變化。掠食者會嚴格遵循舞步：偵測、評估、攻擊、屠殺。獵物則必須臨機應變——改變節奏、跳過中間的舞步、忽然停止，或者偶爾隨之起舞。

獵物可以用選擇性回應、欺騙、過度反應或干擾來打亂掠食者的預期和步伐，讓牠們無法按部就班執行掠食者的順序。就跟其他厲害的即興創作者一樣，獵物並不是一邊逃跑才一邊計畫。最棒的即興創作——以及從掠食者身邊成功逃脫，不論是在大草原、海裡或天上——都是勤加練習技巧後，密切注意當下的情況。愈常演練動作和順序，你就能愈明白自己什麼時候該上場。另一個即興和成功逃離掠食者的祕訣則是從專家身上學習。最厲害的即興創作者和最懂得保命的獵物會觀察群體裡年紀較長、技能更高、更有經驗的成員，向牠們學習。

細看掠食者的順序，你會發現互動的前半部其實對獵物有利，後半部則對掠食者有利。這表示如果獵物能避開襲擊前的偵測和評估，就更有可能逃過攻擊和屠殺。這個道理雖然看似顯而易見，卻是所有對掠食者抱持天真態度的青少年和面對新恐懼的成年動物必須學習的功課。對此，有個還不錯的普遍策略，那就是避掉前兩個步驟：偵測和評估。

掠食者順序的後半場，攻擊和屠殺，則恐怖得多。一旦攻擊開始，獵物就更難擊退掠食者。事實上，大家最熟悉的抵禦掠食者策略——戰鬥或逃跑——可說是「萬不得已的行為」，動物學家在描述野生動物的策略時，用了這個說法。青少年缺乏經驗、比較孱弱、沒有自信，有的尚未長出成年動物用來抵禦攻擊的全套配備（獠牙、爪子、尖刺），如果掠食者順序進展到下半場，牠們將比成年的獵物更居於劣勢。在退無可退之前，野生動物自保的行為不勝枚舉。

掠食者的順序第一步：偵測

躲避攻擊、不要被吃掉的第一個竅門就是打從一開始就不要被掠食者發現。動物已經發展出令人難以置信的行為及生理特徵，能避開偵測，因為掠食者尋找獵物的工具十分巧妙。狩獵中的眼睛和耳朵能察覺人類無法感知的感官範圍。有些掠食者會聞嗅或品嚐空氣和水，這種技能叫做「化學感測」（chemo-sensing）。牠們會感受中流體流動時洩露出的獵物舉動——並且告訴牠們下一頓大餐在哪裡。很多動物具備人類沒有或沒有使用的感官。鯊魚能透過特化的皮膚細胞察覺獵物發出的微小電流；蝙蝠用超音波聽覺當作黑暗中的「眼睛」。

在對抗這些偵測技術時，獵物也不是束手無策。假設你是一隻青少年的帕氏犬吻蝠（*Molossus molossus*），也叫做絨毛游離尾蝠（velvety free-tailed bat）。你在黃昏時分飛來飛去，尋找晚餐。蝙蝠是唯一會飛的哺乳類，帕氏犬吻蝠則是蝙蝠當中飛得最快的。事實上，在地球上的哺乳類中，帕氏犬吻蝠的速度數一數二。[38]儘管機動性不強，打獵時卻能飛越很長的距離。

此時，你在空中飛著，聆聽可以抓來吃的飛蛾和甲蟲。但在你尋找餐點時，碰上了正在打獵的倉鴞。蝙蝠也是倉鴞的獵物。在你渾然不覺的時候，牠看到你們這群蝙蝠。不論你知不知道，你的掠食者剛剛完成了掠食者順序的第一步：偵測到獵物。

讓我們先倒個帶，回到前一刻。動物若能防止被偵測到，就可以在掠食者順序開始前將其終止。其中一個最直覺的方法就是躲起來，而且如果能保持靜止不動，躲藏的效果更好。由於掠食者能追蹤極度驚恐獵物的心跳聲，有的動物為了避免被偵測，演化出能緊急停止運作的心肌。無聲、靜止，你甩掉了正在聆聽動靜的掠食者。這叫做迷走反應（vagal response），是一種古老的心臟伎倆，人類跟其他哺乳類、鳥類、爬蟲類和魚類都有。你或許已經有過幾百次的經驗，在碰到恐怖的事情時，會有種噁心的感覺，例如差點被高速行駛的巴士撞到，或者發覺你發了會讓名聲掃地的訊息。你的胃和喉嚨裡感覺泛著液體，這是因為與動物救命能力有關的神經系統突然放慢速度，讓心跳減緩，免得被掠食者發現。

除了躲藏，如果動物夠警覺，也能增加自己的保障。不夠警覺的動物可能會完蛋，但警覺性太高可能會讓動物麻痺，不敢覓食、交際、交配，以及完成其他生活中的必要事務。因此，成長中的動物必須具備適當的警覺性，不能太多也不能太少。動物可以加入群體，和其他動物輪流警戒。有更多雙眼睛提防掠食者，也是團體生活能夠發展的原因之一。事實上，當團體壯大後，動物也更安全。首先，個體的風險被團體中其他個體稀釋了，因為掠食者不能一次吃掉所有的獵物。另外，「混淆效應」（confusion effect）也降低了掠食者襲擊的成功率。在一群一模一樣的生物中，掠食者很難追蹤特定一隻動物，因為真的混亂。當眼前有一群椋鳥或沙丁魚時，你可以試著只盯住其中一隻鳥或一條魚看。真的很難。無論是球場上穿著相同制服的足球員、操槍隊裡穿著T恤難以分辨的舞者，還是雜貨店裡一堆熟透了的柳橙，在你試圖挑出其中之一時，都會碰到混淆效應。這對團體中的個體來說有非常好的保護效果——尤其是對沒有經驗、想躲在群體裡的年輕動物，因為牠們得到了自衛的力量和經驗。

混淆效應的反面是「反常效應」（oddity effect），威力同樣強大。[39]因為在看似許多複製品的群體中，要追蹤某個個體很困難，因此使得個體特別突出的細節變得更加吸引掠食者的目光。畸形的魚鰭。不同顏色的翅膀。不成熟的行為或聲音。比群體其他個體更大、更高，或更小、更矮的軀體。變質或跟其他個體不一樣的氣味都會引起注意。

比較顯眼的個體在群體中更容易成為掠食者的目標，這表示當動物的外觀和行為與其他個體一致時，牠們會比較安全——尤其是防禦技能還不成熟的青少年。奇特的外在會讓動物面臨比較高的風險，鳥類、魚類和哺乳類都不例外，人類當然也包括在內。

一九六〇年代，一位野生動物學家為了研究反常效應，把坦尚尼亞一些牛羚的角漆成白色。[40]接著，他把牛羚放回群體裡，而其他牛羚的角並沒有上色。戴著與眾不同的頭飾，白角牛羚成了鬣狗攻擊的目標。動物學家藉著控制其他因素發現與眾不同、炫目的特徵會吸引掠食者的目光。

在另一項研究中，科學家把一些密西西比突頜魚染成藍色，並發現當牠們跟一群黑色的魚同游時，掠食者會先抓到藍色的魚。[41]

同樣地，科學家研究白化鯰魚的社會排斥現象時，發現牠們比較容易被攻擊。[42]但科學家也注意到另一個趨勢：白化的鯰魚不只容易被吃掉，群體中的其他魚也會避開牠們。白化個體因為看起來不一樣，被殺的風險比較高。此外，所屬的群體也會排斥牠們，剝奪牠們從群體中獲得保障的利益。

群體迴避這件事指出反常效應中一個引人注意的面向。調查人員相信白化的鯰魚之所以被同伴「抵制」，是因為不正常的魚兒會提升整群魚被掠食的風險。少了顯眼的怪魚，群體就更有機會用混淆效應讓掠食者不知所措。團體裡出現外表不一樣的魚，除了會吸引掠食者注意這條魚，也會吸引掠食者注意到整群魚。

反常效應可以解釋魚兒為什麼喜歡跟其他和自己看起來很像的魚一起游泳，顏色相同的鳥兒為什麼會聚在一起。相似的行為——以一致的速度、敏捷度和角度游泳或飛行——可以降低被攻擊的風險。

擁有奇怪的外表對獵物而言很危險。要避開危險，就要避免變得太過醒目。我們人類不和獸群一同生活，在現代社會中，愈來愈不容易死在掠食者的利齒之下。但當我們與其他人在一起時，有些反應卻很像成群生活的動物。魚貫進入足球場的人類跟越過狹窄河道的牛羚，都遵循類似的動作模式。一群鳥、一群魚、一窩蜜蜂和一群人的群體決策會遵照普遍的形式。[43]

人們傾向和與自己相似的人組成群體，這或許是文化的因素，或者是與生俱來的偏好，但反常效應可能也是原因之一。這是一種古老的動物本能，設法讓想傷害自己的個體不注意到自己。

人類會因為外表而霸凌他人，這種行為或許也出自動物的反常效應。因外觀引起的霸凌常發生在青少年時期，尤其是剛上中學的時候，外表或行為特異的人會成為眾人躲避的對象。[44]即使群體面對的危險並非被掠食者攻擊，但外型奇特的個體或許會吸引不必要的注意力，或危害群體的地位等級。青少年動物與眾不同的外觀、沒有意識或沒有能力融入群體，都顯示出他們沒有經驗。一名十四歲的少年曾對我們坦承在中學裡的生存祕訣：「不要怪裡怪氣。」

要融入、不要太顯眼、低頭垂肩縮小自己的身體、避開目光接觸（用帽兜或頭髮蓋住），人類用這些方法躲進團體裡，尤其是青少年。這些方法或許能不讓他們成為目標。倘若明白這一點，爸媽或許就能有同理心，了解家裡的國三生為什麼嚷著要和大家穿一樣的名牌球鞋、T恤或牛仔褲。

躲藏、警覺、混淆效應——這些行為都能幫助動物避開掠食者的偵測。此外，還一個方法似乎不言而喻，那就是根本不要進入殺戮地帶。掠食者會在某些地方尋找容易得手的獵物，或去那些曾經成功捕到獵物的地方，可能是河流的某一段、公園、俱樂部或校園，避開這些地方就好，保障安全的效果極佳。

但沒有經驗的動物不可能避開所有風險，因此當牠們被迫（或選擇）進入危險區時，加州大學洛杉磯分校的演化生物學家，同時也是研究動物恐懼的專家丹尼爾·布朗斯汀（Daniel Blumstein）指出，動物會「高估風險、減少曝光，並且非常謹慎」。[45]於是，我們來到掠食者順序的第二個步驟。

掠食者的順序第二步：評估

再回頭看前面提到的蝙蝠和貓頭鷹。記著，在這個場景中，你是一隻帕氏犬吻蝠，世界上飛得最快的哺乳類，但仍可能成為貓頭鷹掠食的對象。有隻倉鴞剛發現你們這一群蝙蝠。現在掠食者順序來到第二個步驟：評估。

當你在空中翱翔時，貓頭鷹也一邊打量著你和你的同伴。牠會判斷、衡量、計算並估測你們的體型和行為。面對你們這群蝙蝠大餐，牠不可能一次全部吃掉，牠會怎麼挑選呢？這是對掠食者態度天真的動物來說很重要的初級課程。掠食者順序的第二步，也就是掠食者如何選擇獵物，充滿各種可能性，但也有可能充滿心碎。不論是獵捕哪一種動物，掠食者都會尋找不太需要費力、能力不足以反抗的個體，例如幼雛、無警戒心者、察覺力弱者及毫無抵禦能力者。

這一點對青少年及雙親來說都是極為寶貴的知識。前面提過，掠食者會計算每次攻擊的成本與效益，決定要不要投資。生物學家會說，倉鴞在評估獵捕你的獲利率。

如果獵物能讓掠食者知道掠食者順序最後兩個步驟——攻擊和屠殺——的成本很高，或許會讓牠改選擇其他獵物。這麼做既能勸退掠食者，讓牠完全離開你們的領域，甚至能挽救整個群體的性命。

動物會用一套令人驚豔的行為，讓其他生物知道獵捕自己的成本——「無利可圖的訊號」（signals of unprofitability）。這種行為會傳送特定的訊息給掠食者：追我的話，你會用盡貯存的精力，浪費寶貴的時間。

掠食者順序的攻擊步驟非常仰賴速度、祕密行動和出其不意。尤其是埋伏突襲型掠食者，牠們躲起來慢慢等待，出其不意或許是牠們最重要的武器。但就算是會追趕獵物的追獵型掠食者，例如狼和虎鯨，不讓獵物看到牠們的行跡也非常有利。如果出其不意的優勢被破壞，獵物就能阻止襲擊，這對牠們來說極為有利。讓掠食者知道你發覺牠在一旁，能有效促使掠食者移地獵食。

發出訊號很簡單：「我看到你了，你沒辦法突襲我了。」舉例來說，加州地松鼠偵測到眼鏡蛇的話，會用後腿站立。[46]歐洲野兔會用類似的姿勢告知潛伏的紅狐，牠們已經暴露行蹤。表示警戒的姿勢足以勸退眼鏡蛇或狐狸該走了，去找警覺性沒那麼高的獵物。

「我知道你在那」的訊號也可以是叫聲，而且相當複雜。科學家曾錄到象牙海岸的黛安娜長尾猴會根據不同的掠食者，發出不同的警戒聲。[47]如果黛安娜長尾猴發現花豹或非洲冠鵰，會發出可傳播很遠的叫聲，警告其他的猴子，並讓花豹或冠鵰知道牠們無法攻其不備。警戒聲是習得的發聲行為，動物的學習高峰期也落在野莽期。

另一種訊號又比無利可圖訊號更進一步，而不僅是告訴掠食者牠被發現了。「彰顯優質訊號」（quality advertisement）能通知想發動攻擊的掠食者，獵物的生理狀態一流，很難追上跟宰殺。換句話說，獵物發出的訊息是，「追我只會浪費你的精力，而且還吃不飽。去選別的獵物吧。」

面對霸凌，丟出「我很強壯，而且我不怕」的無利可圖訊號，基本上也是青少年心理學及勞倫斯·史坦伯格給人類青少年的建議。雖然被掠食者盯上和面對霸凌者有很多地方不一樣，但史坦伯格在著作《你和你的青少年時期孩子》（*You and Your Adolescent*）中的建議很相似：「如果可能，直視霸凌者的眼睛，走過去，但不跟他打交道。」[48]

跟掠食者已被偵測的訊號一樣，彰顯優質訊號也可以很簡單。看到蛇的時候，跳囊鼠會用大大的腳掌拍地，[49]當蛇聽到聲音，便會放棄偷偷跟蹤。斑點臭鼬則會重踩前腳。跳囊鼠跟臭鼬的學習高峰都在青少年時期，在學會蹬腳前，牠們的生存地位居於劣勢。

另一個無利可圖的訊號叫做「四腳彈跳」（stotting或pronking），它結合了偵測到掠食者（「我看到你了」）跟彰顯優質訊號（「我很強壯、很健康，可以跑得比你快，我比你聰明」）。[50]湯氏瞪羚就是四腳彈跳的經典實例。想像有一隻長腿的棕色羚羊，身體兩側都有黑白條紋，頭上冒出兩隻線條優美的脊狀螺旋羊角。你有看過大草原上，直直跳起來的羚羊嗎？牠的腿會繃得緊緊的，好像站在彈跳桿上。這種奇怪的步態就是「四腳彈跳」，似乎是湯氏瞪羚獨有的絕招，告訴獵豹最好不要追趕牠們。這個動作展現出牠的年輕氣盛，中年的掠食者如果只想來點輕食，就會覺得興趣缺缺。

另一個例子是雲雀，逃開遊隼的追擊時，牠們會大聲歌唱複雜的歌曲。雲雀獨特的逃命歌持續十三秒，而且只在開始費力往上飛的時候唱，然後飛到兩百英尺的高度——牠們棲息的時候絕對不唱。[51]為什麼雲雀要選在逃走的時候唱歌呢？那不是正需要全神貫注的時候嗎？況且為什麼牠們要盡其所能地唱得那麼大聲又那麼完美？因為遊隼聽到歌聲，通常就會放棄追逐。如果聽不到歌聲，或唱得不盡如意，遊隼就更有可能繼續追下去。研究這個現象的生物學家指出，那是因為「只有非常健壯的雲雀才能在掠食者的追逐下高聲唱歌」。青少年的雲雀沒有這種優勢，因為牠們的體魄不如成年雲雀，歌曲也還沒練到完美的程度。如果你是雲雀，有美妙的歌聲就更有籌碼，但如果你不會唱歌，就該蜷縮身體躲起來，不要妄想高飛逃走。

雲雀的逃跑歌就像短跑名將尤塞恩・波特（Usain Bolt）在百米賽跑的七十公尺處突然加速，非常令人振奮。在看到尤塞恩・波特這種舉重若輕的態度，腦袋正常的人怎麼會想去追他呢？山羚這種非洲羚羊也會四腳彈跳，牠們主要的掠食者是胡狼。跟雲雀一樣，當山羚感覺到附近有掠食者，會開始唱歌。不過山羚不會獨唱，牠們是單配偶制，成對棲息，並用二重唱警告掠食者：「這兩隻羚羊很健壯，有氧代謝能力強，也有後援，去別的地方找獵物吧。」這種行為能保護這兩隻羚羊，也能維繫牠們的配偶關係。山羚伴侶幾乎一生都待在一起，從青少年時期就開始學習並練習唱歌。

四腳彈跳、防衛歌唱、警戒二重唱都是野生動物跟掠食者溝通的方法，以保障自己的安全。青少年動物用四腳彈跳等行為來凸顯自信，或許牠們的動作還沒培養到位，只能先假裝，直到動作純熟。

對人類來說，四腳彈跳的意思是，追逐你太費事了，不符合期待，甚至會有大麻煩。就像遛著兇狠的護衛犬、在門口張貼房屋已裝警報系統的告示，或者亮出武器。皮博迪「戰爭的藝術」特展裡的盾牌和嚇人的頭飾也帶有和四腳彈跳同等的概念——戰鬥的服裝不只是為了保護身體。成年人的做法可能是找律師，或聯合勢力龐大的團體。電腦加密則是今日特有的「四腳彈跳」。

駭客都說，碰到特別有效的加密時，他們會轉移目標。門上的鎖、窗戶的門，即使不是萬無一失，也能告知有心的盜賊，這家沒那麼好偷。

青少年可以用的無利可圖訊號很多，例如不再像其他青少年那般呆頭呆腦地傻笑，或是讓自己看起來更高大老成，或抽出能發出警示鈴聲的手機。壓抑驚嚇、表現出臨危不亂或無懼的模樣能讓想攻擊你的人覺得在你身上得不到好處。一群趾高氣揚的青少年能可能會惹怒或威脅到成年人，但這些青少年可能也是在遮掩自己的恐懼。不管表現得多笨拙或多誇張，他們的行為可能是出自自我保護，這是人類版本的四腳彈跳。

掠食者的順序第三步：攻擊

你這隻蝙蝠不夠幸運，被偵測、評估後，被視為了目標。你是一隻飛得超快的蝙蝠，仍有戰鬥的機會，但掠食者順序已經來到危險性更高的下半場，掠食者占了上風。第三階段是攻擊，身為獵物的你快要無計可施。

要應付掠食者順序的這個階段，雙方都要有體力、體型和腦力。獵者的體魄要可以跟選定的獵物扭打或使其失去行動力，他的體力必須匹配得上獵物奮力求生時的心理韌性，克服獵物的竭力掙扎。

飢餓的倉鴞飛撲而來，但你很有可能什麼都沒聽到。倉鴞是地球上最安靜的掠食者，如天使般的翅膀十分壯觀，操控性異乎尋常，還有特殊的超軟羽毛能消除聲音。你的攻擊者悄然無聲，在空中的動作滑順如波浪，跟其他猛禽一樣，不會顛簸或啪嗒亂拍翅膀。牠圓盤般的臉就像衛星接收器。[52]在臉盤裡有雙一高一低的耳朵，能接收聲音，在腦子裡產生立體的影像與位置。一旦貓頭鷹的收音設備鎖定在你身上，就很難把牠甩掉。

身為獵物，你的使命就是盡快終結互動。但現在該怎麼辦？感受到即將到來的襲擊，你的蝙蝠心跳加速，提供動力給肌肉，有兩種可能的戰鬥或逃跑反應：用盡全力反擊貓頭鷹，或者加速逃之夭夭。但獵物可能還有第三種反應，在哺乳類、鳥類、爬蟲類和魚類身上都能看到：突然戲劇性地放慢心跳，本質上就是讓自己昏倒。[53]這種看似矛盾的心臟反射會突然減少送往大腦的血流，讓身體無法動彈。掠食者如果用聲音和動作來追蹤獵物，靜止不動就是完美的聲音偽裝。人類還保留著這個反應，在恐懼時讓心跳變慢，青少年和年輕人也最常因為這個原因而昏厥。[54]

攻擊開始了，貓頭鷹加速朝著你飛來。你的心跳會加速，好讓你對抗貓頭鷹或飛走嗎？還是你的心跳會急降，讓你停止動作或昏倒？你的命運待會就會揭曉，但你的運氣通常不太好。倉鴞的掠食成功率令人嘆為觀止，約莫有百分之八十五。[55]反之，大多數掠食者成功的機率都遠遜於貓頭鷹。老虎要試二十次，才能成功獵殺一次。北極熊好一點，每十次能成功一次。花豹和獅子的成功率比較高，但也要試三、四次才能成功一次。知道這些統計數字後，身為獵物的生物或許會覺得比較安慰，引用知名棒球捕手尤吉・貝拉（Yogi Berra）的名言就是：未到最後，不算結束。

掠食者的順序第四步：屠殺

要結束掠食者的順序，掠食者必須殺死獵物，這需要熟練的技巧。一擊必殺所浪費的能量最少，獵物逃脫或被其他動物救走的機率也會降低。獵物沒有機會反擊，攻擊者也就不怕受傷。對獵物來說，屠殺基本上等於遊戲結束，因此在動物節目中，觀眾特別喜歡年輕動物逃脫的情節——只是非常少見。

倉鴞會用爪子抓緊你這隻蝙蝠。通常下一步就是用爪子把你夾死，同時飛到其他地方去，再用喙把你撕裂。不過這一次，你很幸運。襲擊開始後，你狂跳的心臟突然減速了，導致大腦失去血液供應，全身無力。貓頭鷹因此放鬆了爪子。而你的心臟突然又加速，完美利用最高時速一百英里的飛行能力加速飛走。安全了。你雖然受傷，卻學到倉鴞獵捕的方法，這是非常重要的知識。

野莽期的動物是如此脆弱，在掠食者順序中特別容易被當成目標。但大自然也賦予年輕生物保障安全的方法。有些是與生俱來，有些是從團體中學來，有些則必須倚賴學習，例如四腳彈跳和其他無利可圖的訊號，以及，彰顯優質訊號。

熟悉掠食者的動作、能力和弱點是必要的，但對你這隻年輕的蝙蝠來說，要冒險離開安全的地方才能學到這些功課。蝙蝠跟其他的動物如果只是躲起來，便無法深入學習，了解風險。由此，我們來到青少年進入刺激新世界最讓人激動，也是最危險的時刻：面對你的恐懼。

第四章
信心十足的魚兒

對青少年的國王企鵝烏蘇拉來說，要怎麼離開家，基本上沒有太多選擇。天真地跳進深海、靠著反覆試驗通過豹斑海豹的考驗，這個做法已經傳了好幾千代。嘗試並從錯誤中學習，是很有效的教學工具。透過獨自面對威脅獲得自信是野莽期很重要的一環：在成年之前，必須先學習如何在這個世界上保護自己的安全。而且，若不經過嘗試及偶爾的失敗，就會有很多事情學不到。

但對個體來說，沒有被失敗擊潰，學習才有意義。最重要的就是能活下去。在人類世界裡，社會風險通常會取代肉體上的風險，諸如犯罪、毒品，甚至是社群媒體的濫用或錯用所帶來的打擊，都可能造成嚴重傷害。失去名聲或在法律上站不住腳會毀了你的一生，因此在這些領域盲目嘗試，並從錯誤中學習也有風險。現代的人類青少年跟動物一樣，需要被允許嘗試，也要被允許偶爾失敗。然而，今日的試驗風險很高，社群媒體可能會留下無法消除的傷害，使得這種學習法更加危險。

有些爸媽會因為想到剛進入青少年時期的孩子被丟進危險的處境裡，而覺得焦慮難安，但他們若知道許多動物的親代也是戒慎恐懼時，或許會鬆一口氣。羚羊和猴子不會直接把牠們的青少年孩子丟給獵豹跟蛇。在野外，親代或其他可靠的成年動物有時候會先示範，再讓孩子嘗試錯誤。

生物學家小班奈特・加列夫（Bennett G. Galef, Jr.）和凱文・拉蘭德（Kevin N. Laland）指出：「天真年輕的動物剛加入群體中必須面對種種……考驗，牠們應該要好好利用跟同種成年動物互動的機會。」[1]

避開掠食者訓練

動物一來到這個世界上，就要開始學習掠食者是生活中的事實。儘管烏蘇拉的爸媽無法教她怎麼應付豹斑海豹，應該也示範過被海鳥攻擊時該怎麼反應。

親代有時候就是透過以身作則來訓練孩子。子代會觀察親代如何應對特殊的風險，吸取教訓。以環尾狐猴為例，牠們會把子代揹在背上，跟敵對狐猴群爭奪地盤，從特殊的腺體對著敵人排出臭氣。[2]因此狐猴從年紀很小的時候就懂得這種成年狐猴交鋒（沒有掠食者，衝突卻升高）時的氣味、聲音、景象和動作。

灰狼攻擊美洲野牛媽媽時，後者會迂迴行進並猛撲，保護小牛。此時，小牛會在一旁觀察掠食者的模樣、聲音和氣味，以及母親回應掠食者的動作——同時受到母親的保護。[3]就算結局慘烈（主要會造成外傷），野牛媽媽也會有所學習，牠們會變得更兇猛。如果親生的小牛曾經遭到灰狼殺害，野牛媽媽會提高警戒，其警覺度是子代未曾遭受攻擊野牛媽媽的五倍。悲劇的體驗讓牠們更懂得保護自己，也讓牠們成為更有見識的母親。

發出警戒聲

動物看到掠食者的時候，會發出聲音，稱為「警戒聲」。在動物界，警戒聲有三種功能：警告團體內的其他成員、召喚協助，並讓掠食者知道自己被發現了，進入戒備狀態。前面說過，如果無法出其不意，掠食者的攻擊計畫就會一敗塗地。

子代會聆聽雙親的警戒聲，學習分辨聲音通告的是哪種風險。日本大山雀的雛鳥用警戒聲分辨掠食者是巨嘴鴉還是錦蛇。[4]如果母親發出的訊號是，「小心！是巨嘴鴉！」雛鳥會就地蜷縮身體。如果是，「嘿！有蛇！」牠們會逃出鳥巢。

當然，年幼的動物也會向年長的動物學習怎麼發出警戒聲，以便嚇走掠食者，並向其他個體求助。前面提過的NCMEC孩童及青少年綁架研究結果指出，成功防止綁架的戰術之一是尖叫和發出聲音。研究發現，年輕人發出聲音更容易引起附近成年人的注意，伸出援手——在這些案例中，罪犯多半會被逮捕。

然而，青少年動物在學習不同警戒聲的細微差別，以及何時該發出警戒聲時，可能會造成虛驚一場。因此，成年動物通常不太搭理青少年和年輕動物發出的叫聲，甚至乾脆忽視。青少年發出警戒聲時，成年海獺根本不為所動，但若是其他成年海獺警告有大白鯊來襲，牠們就會立刻回應。跟人類父母一樣，動物爸媽必須弄清楚孩子究竟是真的需要幫助，還是只是在練習將來可能會用上的救命聲音。

群聚滋擾[5]

對危險發出警戒聲是很合理的防衛策略，但野外最佳的防衛有時候是強力的進攻。一群鳴禽向著貓咪俯衝、烏鴉攻擊老鷹、地松鼠怒視壓服蛇，甚至一群狗兒在在門鈴響起時一起狂吠。如果你看過這些景象，就表示你目擊了很有效的抵禦掠食策略：群聚滋擾。一群動物齊心協力，製造混亂威嚇掠食者便是如此。這項禦敵策略連動整個群落，非常引人注意。懂得群聚滋擾的鳥類、靈長類和其他哺乳類會對著入侵者尖叫、怒轟、嘎嘎叫和咆哮。牠們奔向、俯衝或襲擊掠食者。直接來真的。

掠食者有時候會受傷或被殺死，有時候則會反擊。當掠食者往死裡攻擊時，群體裡的某些個體可能會被傷害或殺死。但群聚滋擾策略最常見的結果是掠食者放棄，快速溜走，到別的地方尋找比較容易得手的獵物。

發動群聚滋擾是告訴掠食者「我偵測到你了」很有效的訊號——當掠食者正在評估攻擊幼獸的獲利率時，一群氣憤的成年動物對著掠食者咆哮大叫，朝著牠衝過去，絕對能破壞牠的好事，讓牠無法出奇不意。另一方面，群聚滋擾也是很好的「無利可圖」訊號。只有餓到受不了或強健到無人能敵的掠食者才會在找不到無助青少年的時候，選擇繼續攻擊一群成年的動物。

如果能仔細看發動滋擾群體中的每一隻動物，大多會發現其中有些青少年和年輕的動物。就像在職訓練，參與群聚滋擾能讓動物學習真實世界的危險。獲准進入群體的防衛儀式後，青少年和年輕人會學到很寶貴的實務經驗，包括識別掠食者以及如何對抗他們。因此，群聚滋擾能脅迫掠食者，保障自身安全，但也有教學功能。魚類、鳥類和哺乳類的研究指出，年輕的動物若有機會和父母及年長的群體成員一起滋擾掠食者，存活率會遠超過沒有經驗的同類。

對年輕的人類來說，發動群聚滋擾也是很重要的學習工具，例如許多人聚在一起抗議威權。甘地的鹽的長征（Salt March）、法國大革命時巴士底監獄的猛攻、一九六五年從美國阿拉巴馬州塞爾瑪（Selma）到蒙哥馬利（Montgomery）的遊行，以及一九八六到一九九一年間愛沙尼亞的歌唱革命，都是弱勢個體聯合起來變成一股力量的例子。事實上，集會自由就是群眾力量的實踐。不論是滋擾眼鏡蛇的青少年狐獴，還是在華盛頓遊行的青少年，如果他們跟著爸媽和祖父母一起，就會學到很重要的東西：能幹的大人們怎麼有效抵禦強大的敵人。

同儕壓力和冒險

大西洋鮭兩歲進入青少年時期時，就必須展開一場磨人的旅途。[6]這些所謂的幼鮭離開熟悉的河流，游過數百英里，進入海洋。旅程中，飢腸轆轆的掠食者連續不斷，牠們要小心避開攻擊，不要被吃掉。水面下潛伏著鱈魚和鰻魚。空中有鳥類掠食者向下飛撲，尤其是秋沙鴨，牠的尖嘴就像標槍一樣刺進水裡。而在河岸上，還要避開那些撥動鮭魚的巨大熊爪。

若是順利完成河流的旅程，這些大西洋鮭將碰到新的掠食者。在寬闊的海洋裡，還有餓著肚子、等候牠們來到且體型更大的條紋鱸、鱈魚、鯊魚和齒鯨類。*年輕的鮭魚最多會在海洋裡待四年，不斷長大成熟。在這段期間，以及在生命末尾回到出生地河流繁殖時，牠們特別容易被一種掠食者攻擊，而且所有掠食者結合起來的智力和殺傷力都還比不上他。如果你喜歡吃燻鮭魚或鮭魚排，那麼這種掠食者就是你。鮭魚的商機相當龐大。

養殖者要賺錢，就要幫助鮭魚避開自然界的掠食者，長成誘人的大魚，讓人類捕捉、販售和享用。在研究怎麼保護鮭魚不被自然界的掠食者侵襲時，養殖業者與科學家也領悟到了很有趣的知識：年輕的鮭魚怎麼在野外自我防衛。

常見的養殖做法是從河裡舀起剛孵化的野生鮭魚寶寶，把牠們移到水槽裡飼養兩年，直到牠們即將開始青少年的旅程。這時，鮭魚養殖者會把幼鮭丟回河裡，讓牠們順流而下，游向海洋，同時祈禱牠們平安歸來。

不過，這麼做有一個問題。養殖出來的魚兒完全不懂得掠食者有多危險。牠們這一生從未看過鱈魚或鰻魚。牠們感覺不到頭上出現了秋沙鴨的身影，等牠們發覺時，致命的鳥嘴已經刺穿水面。牠們也感覺不到熊爪劃過水面時產生的漣漪。

因此，人工養殖、對掠食者態度天真的青少年鮭魚在這趟祖先們走過的旅途順流而下時，死亡率高過在野外長大的幼鮭或許也不足為奇。人養大的魚，等同海洋世界裡的溫室花朵，其實很容易抓，一看就知道無法應付野外的生活。掠食的鱈魚、鰻魚、鳥和熊都知道這一點，每年等待

＊審訂註：例如各種海豚。

著牠們被放進水裡時可以大快朵頤。

瑞典和挪威的科學家決定，要研究孵化場養大的鮭魚是否能接受訓練，讓牠們在野外環境中更懂得對抗掠食者。他們把一群幼鮭分成三組。第一組的鮭魚與自由游來游去的鱈魚一起放在水槽裡。幼鮭必須想辦法照顧自己，用科學家的話來說，這是「直接的掠食者體驗」。

第二組同樣放在有鱈魚的水槽裡，但水槽中間多放了一張網子，把鱈魚隔絕另在一邊。幼鮭可以看到致命敵人的模樣，可以聞到牠們的味道，聽見牠們的聲音。牠們的皮膚也可以實實在在地感覺到鱈魚在牠們周圍引起的漣漪和水波。牠們有機會學到鱈魚每天獵食的節奏，但幼鮭不會真的受到傷害。鱈魚無法穿過網子攻擊牠們。

第三組則快快樂樂地住在一般的魚缸裡，沒有掠食者。

在實驗過程中，科學家觀察到年輕鮭魚對掠食者鱈魚的幾種反應。第一組和第二組都跟鱈魚在同一個水槽裡，會離掠食者遠遠的。當年輕的鮭魚不小心靠近鱈魚，或鱈魚靠近牠們的時候，鮭魚們有個共有的反應：游走（第三組對掠食者態度天真的鮭魚就沒那麼好運了——等一下會說明）。

第一組和第二組實驗中「對鱈魚很機警的」鮭魚展現出了三種逃跑策略。

一種是儘快從威脅旁邊游開，不考慮周圍的環境。科學家把這種因恐慌而游開的胡亂舉動稱為「搖擺泳姿」。這個動作會把魚兒推向水面，讓牠們處在暴露的危險之中。搖擺泳姿是未成熟、無經驗魚兒的典型特徵。

另外兩種逃跑策略則完全不一樣。牠們不會錯游到水面上，而是潛到水底保持靜止，這種行為叫做「僵懼反應」。在北歐的研究中，有幾隻魚只要被鱈魚攻擊，就會下潛並靜止不動。

除了上述兩種策略，年輕的鮭魚還會展現非常厲害的第三種做法：與同伴聯合起來。感覺到危險時，每條魚都會突然把頭對著同一個方向，縮減彼此間的距離，如操槍隊一般精確地協調動作。這種行為叫做「群泳」（shoaling），似乎完全出於本能。其他的研究顯示，很多魚天生就有這種反射，但要成功群泳有個重要的祕訣：儘管是本能行為，如果有一條魚從來不跟其他的魚一起練習，就無法激發這個本能。與其他魚分開飼養的個體——以及在飼養過程中從未碰過掠食者來觸發本能的魚——無法發展出這種基本的救命技能。

只有一隻手不能拍手，一隻魚兒也無法群泳。但研究發現，要讓幼鮭安全地訓練——並獲得其在未來的好處——並不需要一大群魚。只要有另外一條魚，就可以激起牠們的群泳行為。

美國海軍的航空小隊，例如藍天使特技飛行隊（Blue Angels），在磨練這種本能時，也有類似的訓練。每一位飛行員都可以在模擬器上自行練習想要的技能，成為班上的第一名。但他們要怎麼在真實情況下學習編隊飛行？他們必須來真的，而且要和其他的戰機飛行員合作。

在各種魚身上都可以觀察到群泳行為。魚兒掌握群泳的技巧後，會開始學習更複雜的組合。這些組合非常獨特精巧，科學家甚至幫它們取了名：沙漏式、飛掠式、特拉法加式、量酒杯式和襪子式。[7]

鳥兒回應危險時，也會有同步移動的衝動。附近有猛禽時，椋鳥群會列出俯衝隊形。危險逼近時，哺乳類會聚成一群奔逃。當海豚群行進的動作完全一致時，比較容易打贏敵對的海豚。

人類也跟其他動物一樣，會展現出協調一致的生理學。研究人員追蹤合唱團裡團員的心跳，發現他們的心律節奏會變得同步。[8]一起跳舞的舞伴、同一隊的足球員，甚至是病患與治療師，都展現出類似的生理同步。加入團體真的會改變個別成員的生理學——把牠們轉化為新的生物體，通常也更強大。

團體的力量

海豚和椋鳥沒辦法告訴我們在水中群泳或空中集體飛翔的感覺是什麼，但人類可以。與其他人一起行動時，人類會產生情緒反應嗎？

丹尼爾．費斯勒（Daniel Fessler）是行為和文化演化的專家，他帶領一組加州大學洛杉磯分校的人類學家試驗人類與其他人協調行動時，感受會不會改變。[9]二〇一三年，他們招募了九十六名男大生，給他們一項簡單的任務：跟另一名男性繞著加州大學洛杉磯分校的保利體育館走八百英尺。其中，一半的參與者被指示要保持步伐與步幅跟伙伴一致；另外一半的人則沒有獲得明確的指示，只要和另一個人一起走就可以了。一起走路的兩人在行進時都不可以交談。

但參與者不知情的是，與他一起走路的伙伴心裡其實有其他意圖。他們是加州大學洛杉磯分校的男性大學生，來自人類學系，跟費斯勒一起做研究。

散步回來後，費斯勒與團隊給這些受試者看一張照片，照片上的男子一臉憤怒。他們要受試者猜猜看，照片上的男人有多高多壯。

費斯勒跟研究小組測試的是男性對強壯的感受。結果很清楚也很有趣。與伙伴同步行走的男性覺得照片裡的人個子比較矮、肌肉不怎麼發達、比較不威風，而跟伙伴步伐不同的人則覺得他的體格會令人感到畏懼。這跟有沒有伙伴沒有關係；與他人動作一致時，會讓人覺得自己更強壯。「能與他人一起行動，表示這個個體屬於高效作戰聯盟中的一員，」費斯勒說。「這很合理。為了讓自己能與團體同步行動，他們必須有協調自身行為的動機──他們必須注意其他人在做什麼，並且擁有技術和能力。這種連結來自我們的大腦深處。」

費斯勒的研究也揭露同步行動的其他效果。行動一致時，男人不只覺得自己更強壯、更所向無敵，連對手也會**察覺**這點。

費斯勒還有一個發現比較令人擔憂，但並非完全出乎意料之外。與群體同步動作會帶來強大的自信，但這種自信有利也有弊。群體所帶來的力量及堅不可摧之感也可能走偏了，變成濫用勢力。與其他人的動作協調一致──例如朝著抗議者前進的鎮暴警察，反之亦然──會讓人更想使用暴力。費斯勒說，同步行動會讓人更容易有「沒錯，我們可以拿下那個人」的想法。

青少年時期的鮭魚學習群泳是為了自衛，保護自己逃過掠食者的毒手。北歐的鮭魚研究並未調查群泳是否會提高魚兒的攻擊性，就像集體移動的人群一樣。但也因此讓鮭魚實驗變得更耐人尋味。還記得在這項研究中，有三組鮭魚嗎？第一組直接接觸掠食者鱈魚；第二組和鱈魚在同一缸水裡，但有網子保護；第三組則完全沒遇過掠食者。結果顯示，不論是在淡水或海水中，第一組的鮭魚群泳能力最強。這些鮭魚跟掠食者有直接接觸的經驗，更懂得怎麼跟其他的魚一起行動。暴露在有掠食者的環境讓牠們學會要遠離可能危及生命的事物，保障安全，也提升了牠們的社會功能。

不同於一般的學術語言，北歐研究人員的說法令人耳目一新，他們說這些年輕的魚兒「自信心十足」。直接接觸過致命敵人的魚兒會更有自信。他們發現「從有威脅性的危險情境中」生還的魚兒未來成年後，能大幅提升牠們的安全保障。

第一組接觸過掠食者——沒有網子隔開的鱈魚——的魚兒，其自信遠超過其他兩組。儘管有些鮭魚還是被吃掉了，存活下來的仍能以最快的速度與同伴合力防衛掠食者，且最有安全保障。

第二組有網子保護的鮭魚在淡水中展現出受限的群泳能力，在海水中則完全失去群泳的本能。這些魚知道掠食者的存在——有過一些體驗，但有網子保護——出了水槽後，只展現出抵禦掠食者行為的開頭部分。

然而，第三組對掠食者態度很天真的魚兒從未碰過鱈魚，在被放回河裡後就有麻煩了，也會碰到最糟糕的結果。這些受到保護的個體在青少年時期前後都很幸福，不知道有些飢腸轆轆的魚兒、鳥兒和熊想獵捕牠們。因為沒有經驗，這些從未碰過掠食者的鮭魚會過度反應，回應的方式也不恰當。跟碰過掠食者的鮭魚比起來，牠們在水中「搖擺」得更厲害，或者一點反應也沒有。科學家結論，沒有反應是一種生理遭受壓力的表現形式，個體崩潰到呆滯。就像被汽車頭燈照到的小鹿，甚至會恐慌發作，讓牠們變成鱈魚最容易得手的獵物。

這個故事有兩個主要的教訓。第一，要保障安全之前，動物必須先認識危險。沒有碰過掠食者的幼鮭，遭遇最淒慘。曾透過網子看過鱈魚的幼鮭命運好一點。不過到目前為止，真正碰過掠食者的魚兒，即使只是虛驚一場——骨骼和肌肉都感受到危險——也已經做好最完善的準備，更有可能安然度過成年期。

另一個教訓則是，在青少年時期絕對不要搞孤僻。同儕可以幫助彼此建立自信。牠們實實在在激發了彼此透過團隊合作來保命的技能。牠們給彼此機會來練習這種技能。與團體隔絕或許能暫時保障安全。但動物在成長過程中，如果沒有同儕，就學不到真實世界中必備的安全技能。你在接下來也會看到，除了魚類以外，其他動物也適用於這項發現。

這些鮭魚有學到和沒學到的教訓，都是這項研究很有力的訊息。與同儕待在一起的年輕動物比較容易逃過危險。理由很簡單：因為牠們可以觀看同儕的成功與錯誤，一點一滴蒐集機會與威脅的訊息。青少年動物集體去冒險，可能會讓成年動物擔憂或哀傷，但冒險卻會成為牠們最有用、最重要的體驗。

第五章
生存學校

在那個決定性的十二月某天早上，沒有人知道烏蘇拉是否是第一批跳進冰冷海水的企鵝。但企鵝通常會成群在水邊等候，看第一批潛進水裡的企鵝會發生什麼事。如果豹斑海豹現身攻擊牠們的同儕，牠們會退縮，延遲入水的時間。企鵝跟大多數的動物一樣，主要從其他一起生活的企鵝身上學到怎麼保障自身安全。與同儕一起社會學習是地球上最強大的教學工具。[1]

在千里達（Trinidad），青少年時期的孔雀魚被從安全、少有掠食者的河川移到滿是掠食者的河流裡。[2]你應該也猜到了，從未接觸過掠食者的孔雀魚表現得很糟，不像熟悉河流生態和掠食者的魚兒。然而，這些天真的魚兒若有機會觀察有經驗的同儕如何對抗或逃避掠食者，一下子就會變聰明。過不了多久，從未直接接觸過掠食者的魚兒也展現出比之前更熟練的抵禦掠食者行為。這些孔雀魚透過觀察，在比較有經驗的同儕旁邊向牠們學習，就更能保障自己的安全。

有機會向經驗老道的同儕學習的動物，在溝通危機相關的訊號時也表現得比較好。牠們本來只會回應父母的呼喊，現在則學會與同儕溝通。當然，從友伴身上也能學到有什麼**不能**做的反面範例。目睹同儕遭遇悲慘命運的魚兒、鳥兒跟哺乳類都會學到其他地方學不到的珍貴教訓。

二〇一七年四月，一群將於二〇二一年從哈佛大學畢業的學生收到一封電子郵件。[3]入學管理處查到他們用Facebook（臉書）的傳訊功能交換「含有露骨性愛畫面的迷因及訊息，其中有些內容甚至針對少數群體」。至少有十名學生被撤銷了哈佛的入學許可。

有些人可能會說，這些懷著抱負的大學生不只遲鈍，可能也太天真了。但當他們在二〇一七年順利從高中畢業時，就應該早已明白在網路上騷擾別人會有什麼後果。可是他們還是控制不了自己。

儘管傳訊息不會危及性命，網路上的行為卻改變了他們的一生。此外，也影響了其他人。滿懷志氣的大學申請者及其他社群媒體的青少年使用者若是知道這件事，都會引以為戒。目擊最糟糕的結果會讓人害怕，但也是很有效的借鑑。

在青少年動物向同儕學習的負面例子中，最戲劇性且最悲慘的就是親眼看見同伴被殺。專門治療青少年的治療師說，在朋友或同學因為車禍過世後，青少年開車會立刻變得更小心。即使再怎麼不願面對這麼嚴重的損失，親眼看見或只是聽說同儕的早逝，都會讓青少年的天真態度因此改變。他們或許因此更知道要謹慎駕駛、小心用火，或者更懂得三思而後行，遠離酒精或毒品。

一項椋鳥的研究結果指出，在看見同儕死於貓頭鷹爪下之後，青少年椋鳥就能學會要避開貓頭鷹。[4]就算只是看見同儕受到驚嚇——即使沒有掠食者——也會讓青少年時期的魚兒更快學會辨認威脅。其他感官也會幫助動物學習。「schreckstoff」（德文，意思是恐怖的東西）是受傷的魚兒從破損的魚皮和鱗片間釋放的綜合氣味分子。[5]當魚兒彼此游得很近的時候，牠們能夠「聞到」

同儕遭遇劫難後的驚恐和悲慘結局。魚兒能從其他魚身上了解什麼可能會讓自己喪命。

難怪人類父母會擔心同儕對子女的影響。同儕壓力確實有可能帶來令人遺憾或危險的決定，但來自同儕的社會學習也能教給青少年非常寶貴、在別的地方學不到的教訓。

有些經驗無法由父母傳授，原因很簡單——他們太老了。父母的年齡和判斷力已經讓他們不太可能走上岔路或去做一些蠢事，因此孩子很難因為看見父母的行為而被嚇著，發誓絕對不再那麼做。對於現代的父母來說，這點需要特別注意。他們的青少年孩子正在探索數位世界，但在父母自己成年之時，數位世界尚未出現，因此同儕學習對他們的孩子來說格外重要。即使是個性天生謹慎、反對冒險的青少年——例如不會騎摩托車，或不會在社群媒體上衝動發文——目擊不當行為的真實結果後，會讓他們更確定自己討厭什麼，繼續保護自己的安全。

對青少年和年輕人來說，同儕壓力常帶來可怕的負面影響。但若換個角度，從動物社會學習的視角來看，同儕壓力就從需要警戒的問題變成普遍的行為，這樣的寶貴策略可以教導青少年動物如何自保。

掠食者視察

動物在野外必定會與死亡擦肩而過。如果處處都有危險，天真、零經驗又沒有抵禦能力的青少年為何要冒不必要的風險，增加自己受害的機會呢？

答案很簡單：為了成為更強壯的成年動物。很多青少年時期動物在生理上都是為了接近危險而準備，有時甚至會刻意尋找危險。動物藉此學習什麼是危險，以及如何避開它。這種有悖常理的行為有個科學術語：「掠食者視察」（predator inspection）。[6]

青少年時期的動物跟低估風險的人類青少年一樣沒有經驗，無法辨別和評估威脅，而透過掠食者視察能讓牠們獲取經驗。

還記得被倉鴞追擊的帕氏犬吻蝠嗎？當蝙蝠發覺自己被掠食者偵測到了，會發出求救的呼聲。大多數蝙蝠在聽到警戒聲時，會為了自保而飛走，但青少年時期和剛進入成年期的蝙蝠反而會「朝著」危險飛去。

在巴拿馬的巴羅科羅拉多島（Barro Colorado Island）上，史密森尼熱帶研究中心（Smithsonian Tropical Research Station）的科學家觀察到了這種行為。他們播放蝙蝠求救的叫聲，目睹了事發經過。這些科學家的結論是，年輕的蝙蝠之所以朝著危險飛去，不是要去幫忙（這不是利他的行為），而是要去視察。這些年輕蝙蝠的目標是要蒐集貓頭鷹的資訊，牠是蝙蝠最可怕的死亡威脅，非常危險，連成年蝙蝠都會發出懼怕和警戒的叫聲。

視察掠食者時，同儕的影響非常重要。此外，與比較有經驗的同儕聚在一起，可能是最安全的學習策略。在一項針對青少年時期真鱥的研究發現，如果年輕鱥魚身邊沒有其他魚，牠們就不太願意靠近假的掠食者白斑狗魚。[7]但如果有一群同伴，牠們會接近，仔細觀察掠食者。

當這群剛學到狗魚知識的魚兒被放到大群體裡時，牠們的察覺力變得更強，更加警覺。覓食行為從原本的魯莽變得更謹慎，活動力也更旺盛。牠們再也不對掠食者抱著天真的態度。而當牠們再次回到沒有經驗的魚群中時，出現了一個更有趣的現象：天真的魚兒開始表現得像看過掠食者的魚兒一樣。儘管牠們沒有親眼見過掠食者，涉世不深的魚兒從返回的視察者身上也得到了知識。在與冒險歸來的魚兒相處後，天真的魚兒也從中得利。

科學家曾經研究魚類、鳥類及許多有蹄類動物的掠食者視察行為：修長的湯氏瞪羚輕巧地跳向飢腸轆轆的獵豹、好奇的狐獴聚集到眼鏡蛇的攻擊範圍裡、加州海獺在水中翻滾，朝著大白鯊游去。[8] 儘管做法不同，對所有的物種來說，掠食者視察都有三個重點。第一，參與掠食者視察的大多是青少年時期和剛成年的動物。第二，掠食者視察很危險，甚至可能讓視察者失去生命。可想而知，青少年的視察者面對的風險最高。一項研究顯示，視察獵豹的青少年湯氏瞪羚，受到攻擊並死亡的機率是四百一十七分之一。另一方面，成年的羚羊比青少年安全十倍，接近獵豹後被吃掉的機率只有五千分之一。最後一點，也就是第三點，即便非常危險，但只要能存活下來，掠食者視察會讓動物在長久以後都能保障自己的安全。

視察掠食者的行為存在於許多物種當中，這表示它有用，也能達到目的。畢竟如果只會讓動物喪命，這種行為很快就會消失。當獵物靠近掠食者時，通常會撤退或離開該區，這或許是視察會增加安全保障的原因之一。但對年輕的動物來說，掠食者視察還有額外的特殊功能：獵物會得到非常重要的資訊，了解環境中的風險。視察行為讓牠們直接接觸到掠食者，可說是一場可操控的模擬練習。

在了解動物會藉由掠食者視察來學習真實世界的風險後，應該就能明白為什麼人類青少年即使尚無應對風險的能力，仍對成年人的活動躍躍欲試，這種動力或許就是人類版本的掠食者視察。不了解掠食者視察的適應優勢，我們就不知道這種行為在自然世界中最初發展出來的目的，也無法充分了解人類青少年的這種行為。青少年所冒的險並非全都出自叛逆、想凸顯自己，也不是所有的危險都得不計一切代價地避開。

即使被警告過絕對不要接近某些危險，青少年仍會靠近並仔細檢視它，例如拿假身分證，半夜偷跑去酒吧和夜店。就跟青少年時期的動物祖先一樣，人類青少年或許就是想一窺在爸媽和社群的努力阻擋之下，掠食者的真面目。在美國，恐怖片的票房蒸蒸日上，觀眾的平均年齡也低於其他片種。

不論是可怕的真實犯罪事件或是俯衝而下的雲霄飛車，青少年對駭人和暴力的東西有種病態的迷戀，深受其吸引，這或許也顯示出現代人類的掠食者視察和社會學習。青少年對恐怖媒體的興趣，在社會科學家以人類學的角度來看，是一種現代的成年禮。年輕人在其中可以展現他們的鎮定以及對虛擬風險的掌握，在同儕面前表現出跟成年人一樣的自我控制。在世界各地，也有要年輕人展現勇氣的成年儀式。在蘇門答臘的明打威群島（Mentawai），年輕女性要忍受把牙齒磨尖的疼痛，在亞馬遜的沙特雷-馬威（Satere-Mawi）部落，青少年要戴上裝了幾千隻子彈蟻（*Hormiga veinticuatro*）＊的手套，忍耐十分鐘的劇痛螫咬。[9]過程中，臉上不能流露出一絲恐懼。

＊審訂註：當地語言的「二十四小時蟻」的意思，指稱被螫咬後會持續劇痛非常長一段時間。

但青少年會受到恐怖媒體的吸引，或許也跟抵禦掠食行為有關。學習抑制驚嚇反射以免啟動掠食者順序，或許能保護青少年自己。但比較有可能的解釋是，對犯罪、血腥及成人內容著迷是青少年的本能，讓他們藉此了解世界上的危險。

不論是在電腦還是電影銀幕上，是透過耳機還是網頁，年輕人可以直接面臨現代人最害怕的事情——連續殺人魔、隨機謀殺犯、氣候災難、藥物上癮、恐怖主義。青少年喜歡身歷其境的電玩遊戲，可能也跟青少年時期動物想要靠近獵豹和貓頭鷹的理由一樣。雖然只是模擬，但現代青少年可以透過遊戲裡的槍擊、爆炸、刑求、舞劍和高速撞擊，與死亡近距離接觸。

掠食者視察讓個體能學習關於危險的知識，卻不用親身體驗危險。青少年對成年人世界的真相有興趣，與其說是為了脫離天真，不如說是為了得到能夠保命的知識。

除了安全，還要活命

「這隻幼年的雄性個體很瘦，狀況不佳，受了輕傷。[10] 後腿上覆蓋著有柄籐壺，這表示牠在海水裡泡了很久。」文中所述是一隻難以捉摸的青少年豹斑海豹，二〇〇六年九月，在南極洲周圍離開童年住所的豹斑海豹中，有幾百隻沒能存活，這就是其中之一。

豹斑海豹一開始也是軟綿綿、毫無防備能力的可愛小寶寶，長大後才會欺負烏蘇拉和她的企鵝同伴。跟別的哺乳動物一樣，牠們依偎在母親的懷裡吸奶，被母親溫暖柔軟的身軀保護著，並學習關於生活的課題。過不了多久，這些小海豹就長成對掠食者態度天真、沒有經驗、易受攻擊的青少年。青少年時期的豹斑海豹一開始也不知道前面說的四種生活技能。牠們體型巨大、沒有經驗、容易被攻擊。要學會保護自己的安全、釐清群體階級、溝通性需求及照料自己，對豹斑海豹來說著實不容易。跟屈服於掠食者的企鵝、蝙蝠、羚羊和白尾鹿一樣，即使是身為掠食者的豹斑海豹、貓頭鷹、獵豹、狐狸和狼，在沒有經驗的野莽期，也會因為體型夠大但知識不足，而容易喪命。

青少年豹斑海豹的命運指出一項很有趣的生態事實。即使被掠食的殺傷力很強，有可能致死，但對大多數動物來說，野莽期的真正威脅反而是餓死。學不會打獵技巧的豹斑海豹活不過青少年，烏蘇拉跟其他企鵝也一樣。飢餓是同樣處於青少年時期的掠食者和獵物共同的敵人。在第四部我們會看到，若能持續避開飢餓，動物就可以好好活下去，第一次獨自成功獵食的技巧將延續一生。在野莽期學會覓食和打獵，至關重要。

飢餓的動物更容易鋌而走險。牠們會因為飢餓冒險離開藏身之處。如果不知道要去哪裡找到比較好的食物，或搶不過群體裡更強壯、年齡更大的成員，就只能吃品質較差的食物。牠們也有可能因為無知而吃下有毒的食物。此外，最飢餓的個體通常也都是青少年時期的動物。

聽了這麼多關於掠食者的事情後，你或許會很訝異追蹤烏蘇拉的企鵝研究並未把重心放在企鵝如何躲過豹斑海豹的攻擊。事實上，這項研究的目的是了解遷移並下海離岸的年輕企鵝怎麼學會覓食，以及去哪裡找食物。科學家指出，在遷移階段，個體的覓食行為尚未成熟，或許死亡率會更高。[11]克雷門斯・普茨帶領的國際研究團隊做出結論，「隨著時間過去，沒有經驗的國王企鵝會逐漸發展牠們的覓食技能。」也就是說，牠們必須學會怎麼餵飽自己。有趣的是，即使沒有成年企鵝在身邊，企鵝會跟同儕一起學習。烏蘇拉、坦基尼、特勞德及其他離家自立的青少年企鵝要學會找東西吃，在同儕間磨練技能才能和成年動物競爭資源。普茨告訴我們，「牠們真的需要學習。牠們必須學習潛水。牠們必須培養覓食和生理上的技能，例如屏住呼吸和浮上水面。」

儘管豹斑海豹會獵捕企鵝，企鵝本身也是出色的獵人。但可能需要數個月的練習才能精通捕魚和迅速撈起磷蝦的技巧。成為成功且成熟的獵捕者，替自己準備美味的食物，並最終餵哺下一代，完全不是一蹴可幾。

每個結局都是新的開始

我們無從得知當烏蘇拉跳進海裡時，她的爸媽有什麼感覺。生態學家兼企鵝專家比爾・弗雷澤（Bill Fraser）說，在他觀察過的企鵝雙親裡，當孩子跳進海裡時，牠們連看也不看一眼。[12]

不過花點時間想一想，這和人類小孩第一次離家冒險不是很像嗎？烏蘇拉曾經和爸爸媽媽住在一起，從父母的嘴裡取食，也曾經緊靠在一起取暖並且躲避飢腸轆轆的海鳥。然後，時候到了，她跳進海裡，游得愈來愈遠。某個重大的轉變就在這兩個階段之間悄然發生。就我們所知，烏蘇拉的雙親不會像人類一樣，充滿驕傲地看著她離開，像是在說，「看哪！看她走路的模樣，她沒問題的！」她爸媽不會用批判的眼光看待她的潛水技巧，人類父母卻可能會批評學開車的孩子，「剛才轉彎的時候你應該再靠近一點。」當然，牠們也不會像子女長大離家的父母一樣，既懷抱著希望又覺得淒涼，站在水邊對著孩子揮手，凝望著烏蘇拉覆蓋著羽毛的肩膀朝著海岸前進，縮得愈來愈小。烏蘇拉的爸媽不會覺得心兒壓得緊緊的，並在心裡默默懇求：**別出事，別出事**。

為人父母的痛苦在於，一旦子女離開自己的監督與保護，就再也抓不住他們的命運。雙親在心理或生理上都沒辦法保護子女一輩子，因此青少年和年輕人為了學會遠離風險、保障安全，必須先衝向危險。雖然很諷刺，卻也更凸顯上述的事實。其實一直保護子女，不讓他們學習掠食、風險和死亡，才是動物或人類父母最嚴重的錯誤。

在過度保護的環境中成長，年輕的動物便學不到成年後能保護自身安全的技能。失去體驗危險的機會會有所損失。雖然長大的過程很危險，但親代和子代都必須順其自然，否則到長大後對掠食者的態度依然很天真，將可能更糟糕。

對人類爸媽來說，要繼續提供關懷和保護，抑或收回支持、鼓勵孩子獨立，兩者之間的拉扯會讓人覺得困惑，或者更糟的，可能以災難收尾。親代的保護程度有的太多，有的太少，這種衝突扎根於放諸四海皆準的事實——青少年孩子的經驗有限，身體卻已經發育成熟。有一點人類父母可以向動物學習：在各種情況下，沒有人確切知道該提供什麼程度的保護，因此理想上必須精確匹配個體的強項和弱點，以及當地環境的狀況。

舉例來說，在極其危險、滿是掠食者的環境裡，動物父母不會鬆懈對幼年子女的保護，已經長大的子女仍在保護範圍內。在資源稀少的環境中，有些動物父母可能會繼續提供棲地和食物給成年的子代。另一方面，如果環境比較安全，或資源比較豐富，就不需要繼續保護和供給食物，否則還會妨礙年輕動物發展，無法取得最佳的角色定位來好好利用豐富的環境資源。（我們會在第四部進一步討論延長的親代照顧及培養自立能力。）

南喬治亞島二〇〇七年畢業的這班國王企鵝並沒有畢業生代表。烏蘇拉的爸媽無法送給她愛心包裹，或傳送鼓勵的訊息給她。但如果可以的話，牠們跟其他父母一樣，希望對掠食者態度天真的子女知道幾件事。

第一：你很引人注目，而且年紀尚小。年輕人有種吸引力，會引來別人的注意。這會使你變成別人眼中容易得手的獵物。

第二：你很天真，也沒有人保護你。經驗不足可能會要了你的命，進入新環境也是最可能致命的原因。

第三：你可以選擇。高估風險、遠離掠食者可能出沒的區域、盡量吸收跟掠食者有關的知識並且舉止合宜就可以避開危險。你可以使用四腳彈跳和無利可圖的訊號，促使可能攻擊你的掠食者去別的地方。

最後：結交朋友、和群體待在一起可以保障安全，並從其他個體身上學習正確的行為，或從牠們的錯誤中吸取教訓。

二〇〇七年十二月的那個星期天，烏蘇拉一躍而下，游向新的生活。她成功活過第一天了嗎？普茨知道答案：是的，烏蘇拉做到了，坦基尼跟特勞德也活下來了。就統計數字來說，在牠們的同齡群中，有三分之一的企鵝會喪命，不過牠們三個第一次嘗試就成功避開了豹斑海豹。普茨可以從電子追蹤資料上看到烏蘇拉接下來三個月去了哪些地方。她一路向南，游向南極洲一處食物豐沛的海域。她每天大約游十公里，與其他青少年一起前進，也一起學習怎麼獵捕魚兒和磷蝦。

三個月後，發報器的訊號消失了。普茨不知道烏蘇拉發生了什麼事，他說很有可能是無線電標記脫落了。此時的烏蘇拉對掠食者的態度已經不再天真，順利踏上了她的成年旅途。國王企鵝會與友伴一起游泳，學習覓食，通常會花四年到五年探索南冰洋，累積經驗，然後才定居繁殖。

對青少年時期的企鵝以及任何物種的年輕動物而言，成長過程宛若廣大的海洋，充滿刺激與危險。牠們生理條件已經設定好要低估風險，甚至衝動冒險。如果不跳進海裡，牠們將永遠學不到成年動物生存所需的經驗，但經驗的成本可能很高昂。這就是在野莽期保障自身安全的矛盾。沒有經驗可能會致命，但為了保障安全而經歷的過程也有可能使動物喪生。在危險的世界裡，經驗不足可能會讓你付出一切，有個聰明的做法或許可以救你一命：盡量從父母和同儕身上學習，最重要的是從環境中學習。最後，當時機來臨，跳吧。

第2部
地位

人類和動物都必須學習在階級制度中找到立足之地，
而階級制度通常對強勢的生物有利。
在野莽期學習團體的規則將決定動物能吃飽或要餓肚子，
能有安全保障或得陷入險境，
以及能被寬容、被迴避、被孤立，還是被接納。

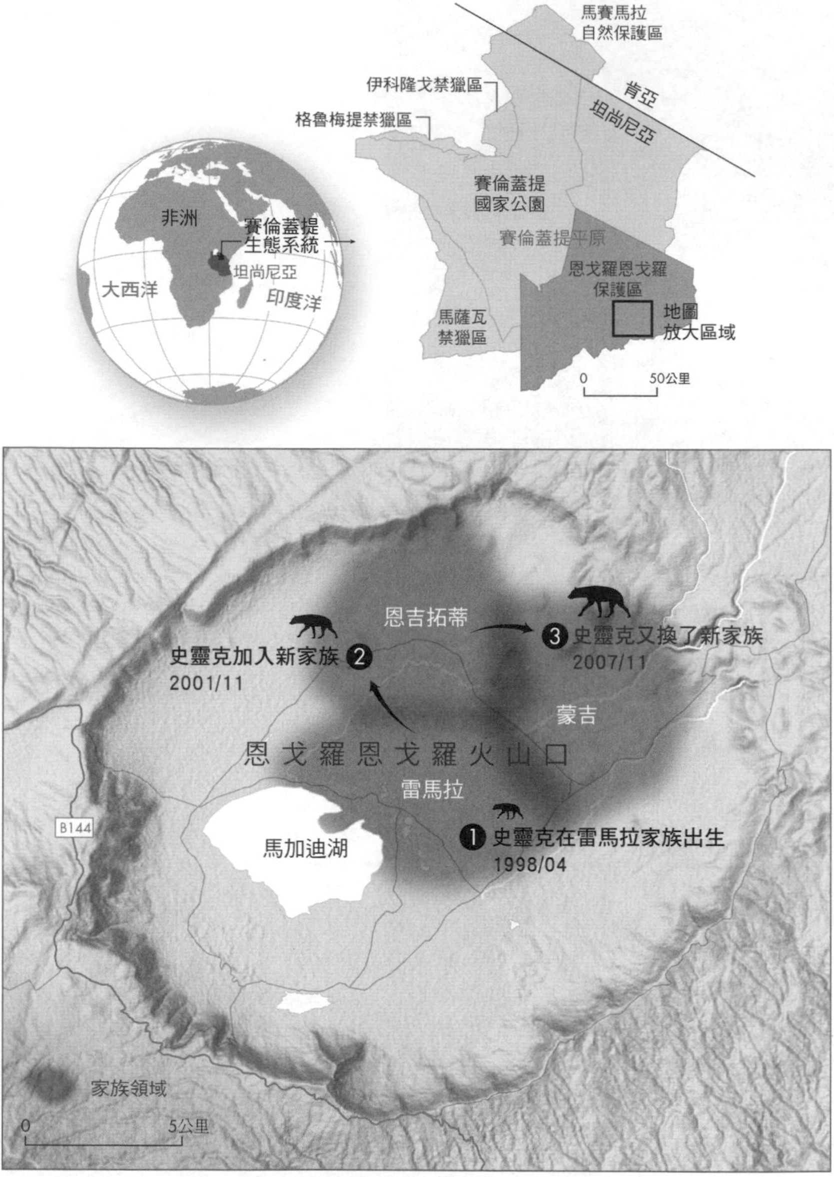

非洲
賽倫蓋提
生態系統
坦尚尼亞
大西洋
印度洋
馬賽馬拉
自然保護區
伊科隆戈禁獵區
格魯梅提禁獵區
肯亞
坦尚尼亞
賽倫蓋提
國家公園
賽倫蓋提平原
恩戈羅恩戈羅
保護區
地圖
放大區域
馬薩瓦
禁獵區
0
50公里
恩吉拓蒂
史靈克加入新家族 2
2001/11
3 史靈克又換了新家族
2007/11
蒙吉
恩戈羅恩戈羅火山口
雷馬拉
B144
馬加迪湖
1 史靈克在雷馬拉家族出生
1998/04
家族領域
0
5公里

史靈克的特權之路

第六章

被評價的年紀

史靈克一身亮黑色的毛皮，雙眼閃亮，看起來有點像拉布拉多幼犬，又有點像無尾熊寶寶。剛出生的時候，他跟所有的小鬣狗一樣——除了一點例外。他的右耳長得很有趣，上面有個小凹，耳朵外緣於是摺成心形。史靈克的耳朵給他一種俏皮、與眾不同的感覺。

然而客觀來說，史靈克一點也不特別。一九九八年，史靈克的母親住在坦尚尼亞恩戈羅恩戈羅火山口的斑點鬣狗群之中，她的地位不高，因此生下來的幼獸也是最低階級。照理說，史靈克會默默來到這個世界，一輩子在鬣狗社會的底部掙扎，到死都沒有人知道他的存在，但情況居然出現了轉折。史靈克憑藉著他的堅強意志、魅力和創意，在地球上最嚴謹、最嚴格執行的地位階級制度中克服了無比的困難，扭轉了自己的命運。

身為一隻雄鬣狗，史靈克一出生就處於社會底層。鬣狗家族大多由雌性統治，女兒會繼承階級高的母親的社會地位。[1]雄性也會繼承母親的階級，但如果移居到其他家族，就會失去與生俱來的權利。在鬣狗社會中，階級最低的成員通常是外來的雄性。

鬣狗在出生時就已經準備好要爭奪自己在群體裡的地位。在所有的肉食動物中，只有鬣狗一生下來眼睛就是張開的，這讓牠們得以看清楚競爭對手。[2]牠們也生來就擁有一口牙齒，可以撕咬食物。當史靈克吸進第一口氣時，他已經準備好要戰鬥。這對他來說是好事，因為在他出生時，他的雙胞胎姐姐正在等他。姐姐占了先出生的優勢，正以最快的速度吸吮母親的奶水，讓自己變強，準備爭鬥。她立刻攻擊史靈克，牠們推打互抓，搶奪最好的位置以吸吮媽媽的乳房。

我們從奧立佛．霍納（Oliver Höner）那兒聽說史靈克的故事，這位瑞士裔的巴西籍生物學家在德國柏林的萊布尼茨動物園和野生動物研究所（Leibniz Institute for Zoo and Wildlife Research）工作。[3]二十多年來，霍納與共事的動物學家每年都花很多時間在坦尚尼亞進行田野研究，主題是鬣狗的社會行為。不同於其他動物行為的研究，他們的「斑點鬣狗計畫」是非侵入性的，不會為了追蹤野生動物的行為和互動而馴服或壓制牠們。[4]他們只會做很詳細的田野觀察，也不使用電子追蹤器。當然，他們會利用科技，例如基因檢測和攝影，但這種觀察的手法意味著科學家會密切注意群體中的每一隻鬣狗。他們會仔細檢查牠們的身體，記錄斑點的圖樣、疤痕和耳朵上的缺口以便辨識出誰是誰。他們會記錄動物的性格特徵，以及這些特徵在數天、數年、數個生命週期，甚至數代後演化成什麼樣。他們從一九九六年開始蒐集這些寶貴的資料，目前已經記錄了好幾千隻鬣狗。

霍納說，一九九八年四月史靈克出生時，他的家族由一位年輕美麗的女王統治，名叫瑪夫塔（Mafuta）。因為母親意外死於獅子的攻擊，瑪夫塔迅速即位。儘管她尚未發育成熟，家族成員也多半比她更強壯，歷練更深，瑪夫塔還是抓住了當女王的機會。她果斷、有魅力，而且天生就懂得追求權力。仰賴著母親的傳承，她與姐姐及其他近親聯合起來，控制了其他的家族成員。當瑪夫塔順理成章地接下王位後，其他家族成員也在女王之下找到了自己的階級。

身為女王，瑪夫塔能優先享受所有資源。當家族成功擊敗牛羚，她第一個填飽肚子，而低階的鬣狗還得碰運氣才可能吃到幾口肉。瑪夫塔可以睡在金合歡樹下最舒服的位置，不用忍受風吹雨打，也不容易受入侵者攻擊。跟所有高階的動物一樣，她享有可以睡得比較久的特權，也睡得比較好。強壯的姐姐和外甥女會保護她，家族的其他戰士也支持她們的聯盟。女王有先選擇伴侶的權利，生產時也可以先選擇巢穴的位置。

另一方面，史靈克的母親貝巴（Beba）則處於家族階級制度的另一端。貝巴一生都處於最底層。階級較高的雌性和牠們的子女老是欺負貝巴，把她推到鬣狗群的邊緣，且在一起獵殺動物後逼著她最後一個取食。貝巴知道自己地位不高，她默默管好自己的事，同時努力尋找基本生活所需的食物、安全和遮蔽。

一九九八年的春天，霍納發現貝巴比平日更焦慮難安。她懷了雙胞胎——其中一隻小鬣狗就是史靈克。很巧的是，瑪夫塔女王也有孕在身，那將是她第一胎的王位繼承人。這隻小鬣狗除了繼承王位，也會繼承母親的財富，得到其他鬣狗無法享有的好處。這兩隻即將誕生的鬣狗——一隻生來是女王，一隻注定是貧民——將會有些交集，並從此改變史靈克青少年時期的生活與命運。

當家作主

時值一九〇一年，在挪威的奧斯陸，一名六歲的男孩在農舍後院玩耍，他將和父母在這棟租來的房子裡度過夏天。那房子裡有一群雞，而小男孩很聰明、被保護得好好的，擁有很強的直覺，他每天都在觀察這些雞。他幫每隻雞都取了名字，也記住每隻雞的怪癖和關係。然而，夏天結束了。必須離開這些雞讓心緒敏感的男孩感到很難過，他整個冬天都在思念牠們。

隔年春天，他央求母親讓他養一窩自己的雞。他母親或許是出於疼愛自己的獨生子，或者只是希望在挪威漫長的夏日裡能讓孩子有事情做，又或者她想把握機會，激發孩子對科學的興趣，抑或是培養他的責任感。不論如何，她答應了。男孩的夏天又有一群雞陪伴。

隔年，男孩養了更多雞，就這樣維持幾年後，他已經花了數百個小時觀察這些雞。心思早熟的他十分注意細節，記下雞隻所吃的食物、食量，以及牠們下的蛋。他也記錄每天的天氣，試著釐清天氣對母雞的影響。但他最有興趣、最喜愛的則是描繪雞隻之間的關係。他畫出一頁又一頁複雜的三角形和示意圖，記錄雞隻在階級制度中的輪替方式。日復一日，他能注意到雞有沒有生病，以及生病與否對群體的穩定性及爭鬥有什麼意義。

這名男孩在十歲時注意到的事情就是「啄序」（pecking order）。[5]多年後，到了一九二二年，二十八歲的索列夫．雪爾德拉普－艾貝（Thorleif Schjelderup-Ebbe）正式發表他的研究結果，他的文章被刊登在德國的《心理學期刊》（*Zeitschrift für Psychologie*）上。即使到了今日，「索列夫對雞隻社會及個體心理學的貢獻」仍然替我們在了解生物階級和地位這個古老而有力的結構時，奠定了基礎。十歲男孩在雞群中觀察到的階級排列本能，在自然界的其他物種中也可以找到，例如大象、浣熊、魚類和爬蟲類，當然還有鳥類。[6]此外，人類也會有階級排列的現象——而且在wildwood時最為強烈。[7]

基本上，個體未來的地位在野莽期時就已經定型。年輕動物在青少年時期的順位和排序會決定牠們在族群中的定位，以及未來一生的歸屬感。[8]有些動物無法決定自己會被評判到何種地位：因為生來便是如此；有些動物可以學習或建立地位，而只有極少數的個體能夠改變它。

所有的動物，包括青少年在內，都會打量彼此的體型、力氣和魅力。牠們會評估對方的年齡、健康狀況及生殖潛力，並用游泳、飛行及打鬥等身體能力互相比賽、炫耀。在成年之前，動物們也會精明地評估家人、朋友和敵人的能力。社會團體的接納或拒絕都會影響到牠們未來的機會。動物在這個生命階段承受著極大的壓力，牠們要好好表現自己。理由非常充分：因為賭注很高。

不論什麼物種，步入成年都意味著動物要接受評鑑。

地位的強烈引力

既然有地位、階級、定位、位置、等級、序位、聲望這麼多種說法，那就直接統稱人氣吧，或者用現在學生直率的語言——「實用度」也不失精確。不論用什麼詞語來形容，社會階級——

即個體在群體裡的位置——是塑造個人認同的強力因素。[9]

對人類以外的動物來說，社會階級的重點或許不在身分認同，但其對個體的生存方式仍有深遠的影響。社會階級決定動物能吃飽還是會餓死、有後代還是無法生育、會受到保護還是會被推到狼群面前。因此，動物寧可選擇忍受折磨、丟下食物、放棄交配及背叛其他同伴，確保自己不會被群體冷落或驅逐。對社會性動物來說，階級地位或許就像重力，看不見卻又影響甚鉅，無法逃避。階級地位的影響力無所不在，不僅決定動物一輩子的生活方式，也決定動物會如何對待其他動物。

自然界中，動物在群體中的地位愈低，活得就愈悲慘。階級較高的動物能獲得較多食物、領域及其他資源。而不懂得運用策略徵召同伙和避敵、不把注意力放在同儕身上，或忽略旁觀者，都可能會讓動物失去原本可能屬於自己的資源、活動範圍和伴侶。

舉例來說，欄舍裡階級最高的公雞享有宣布黎明到來的特權——牠第一個啼叫，在牠報曉前，想與牠競爭的下位者都必須克制啼叫的衝動。[10]占有優勢地位的雌倉鼠不讓下位者的胚胎著床。[11]高階的螯蝦占走溫度恰好是攝氏二十四度的地點，把下位者趕到水溫較高或較低的地方。[12]階級最高的信鴿占領最高的棲木。[13]階級最高的魚能游在魚群的最前面，那裡水中的氧含量最高，魚糞最少。[14]地位低的魚兒則在魚群的最後面。

這還不只是舒適度的問題。被分配到底層就像對動物判下無期徒刑，有時候甚至是死刑。階級高的動物享有群體中最幸運、最安全的位置，所以牠們不太可能被掠食者攻擊、抓走和吃掉。

階級較高的烏魚占有魚群內部的位置，遠離會被掠食者攻擊的危險外圈；階級低的魚則常被推往「危險區域」，但不一定是最外圍。[15]階級較低的動物通常會保持較高的警覺性，查看有沒有掠食者，因此牠們睡得比較少，即使能睡，也睡得不安穩。階級高的動物比較有安全保障，階級低的動物則比較容易碰到危險。

動物能從群體生活中獲得一些益處。[16]在多雙眼睛的共同監視下，群聚比落單安全，個體不用怕被掠食者攻擊。分享資源和資訊能提升效率，餵飽大家的肚子。年輕的成員也可以在群體中先學習成長，再負起責任。然而，當個體聚集在一起時，明確的社會結構和規則可以減少衝突，階級制度也可以維護動物群體的秩序，提高生產力。

階級地位較高的成員能優先享有食物、領域、伴侶和避風港，牠們也會極力防衛自己的位置和特權。為了保命，動物必須認清自己在群體中的位置，大腦系統會隨時警示牠們社會地位的升降變化。[17]神經化學訊息會刺激動物調整行為，回應周圍的混亂不安。就我們所知，當非人類的動物感受到這些神經化學「地位訊號」時，能產生討厭或愉悅，或介於兩者之間的感受。但當人類接收到相同的神經化學地位訊號時，則會出現情緒。事實上，我們的情感生活來自覺察自身地位的生理本能，而這源於我們的動物祖先。動物能意識到自己的地位，而社會地位的變化或許會替牠們帶來機會，也可能造成死亡。

動物若不能深入了解整個社會階級制度有多麼複雜，或許會錯過提升地位的機會，但若搞不清楚自己的位置，引來的卻可能是攻擊，或讓自己被殺或被驅出團體。社會性動物會觀察、評估日常社會生活中所有微小的細節，除了找尋提升地位的機會，也要留意和避免災難性的事故發生：地位滑落。

為了生存，動物必須迅速察覺自身地位的下滑。

天使的啄序

年幼的索列夫注意到他養的雞有啄序，而在很多個世紀前，神學家也為天堂裡的天使安排了階級。[18]他們草擬出複雜的階級制度（hierarchy，字面意思即為hieros＝神聖的，arkhia＝統治），從頂層嚴厲的熾天使和智天使，往下到最底層性情溫和的大天使和一般天使。熾天使有一項特權，就是能坐在最靠近天神的寶座上。另一方面，低階的天使必須花時間照管人類比較沒那麼重要的事務。定義明確的階級制度是有組織的系統，個體在其中的地位有上下之分。

雪爾德拉普－艾貝注意到，啄序的形成非常迅速。當雞隻加入團體，不可見的新秩序便慢慢開展，隨後，每一隻母雞就都知道自己的地位在哪裡。[19]當階級制度面臨變動時，會先中斷幾秒，接著雞群回復（看似）平和且運作順暢的團體。從字面上來看，「啄序」指的是雞隻用嘴喙維持的階級制度。最高層的雞可以隨意啄雞群裡的其他母雞。而比牠低一級的雞，除了最高層這隻，也可以亂啄其他母雞。排第三的雞除了前兩隻，其他的雞都可以啄……依此類推。

動物中有很多不同的階級類型。有的專制，有的結盟，有的呈三角關係，也有的穩定不變或者彈性多變。人類與許多物種的階級制度通常是線性的。人類天生擁有深植在內的能力，能明白自己的階級，以及知道自己適合扮演團體中的何種角色。麥克．貝克夫（Marc Bekoff）是個動物行為學家，他說：「社會性動物，例如人類……天生就會替自己分配階級，有人在最上面，有人在最下面，群體其餘的成員則排在這兩點中間。」[20]

在我們繼續探索地位如何影響動物的生活之前，要先了解「階級」（rank）和「地位」（status）這兩個詞雖然看似可以互換，且常被混用，社會科學家和動物行為學家卻會加以區分它們。

階級是動物在團體中的絕對位置，會盡可能以最為客觀的方式計量。相反地，地位不是客觀的度量，[21]而是對階級的「覺察」。地位高低取決於群體中其他成員的想法和決定。地位和階級可能一致，但也可能不同。以人類生活中的實例來看，就像大家都相信某個家庭有好幾百萬美元的財富，實際的身價卻沒有那麼高。他們的階級（有多少錢）低於他們的地位（公眾所察覺到的財務狀況）。

群體裡的每一隻動物都有自己的階級和地位。這是畜群、鳥群和魚群中極為複雜的差異性，但外行人初看會覺得不明顯。

群體內的多樣化組成

想像有一群椋鳥——數千隻的鳥兒黃昏時聚集成捲雲般的巨大隊形。在我們看來，這些鳥就像一袋花生米，難以區分，但每一隻都是獨立的個體，與其他鳥兒不同。有些是雄性，有些是雌性；有些已經成年好幾年了，有些則加入鳥群不久——雖有一副青少年的身軀，卻缺乏經驗。就像人類有不同的體型，椋鳥也可能或粗壯或精瘦，或高或矮，或僵硬或靈活，或平靜或緊張。

除了性別和體型，個體間還有更多其他差異。每隻鳥的情況都與眾不同，包括飛行經驗、運動能力、生理吸引力和敏感性。牠們的性慾也不一樣，有的性需求很高，有的則比較不注重。動物行為學家現在也會定期度量動物的個性特徵，例如大膽程度和害羞程度——連蟑螂和鴿子等平凡的動物也不例外。[22]當然，鳥兒的繁衍狀況、出生順序和生活經驗結合起來，也讓每隻鳥獨一無二。當夕陽越過田野向西邊落下，鳥兒開始聚集，這時呈現在你眼前的，是個速度極快，且不停變換的椋鳥階級制度組織圖像。每隻鳥都有自己的位置，但每個位置所代表的地位各不相同。

不論是鯷魚、北美馴鹿、雲雀，或是倭黑猩猩，群體裡的每個個體都有自己的位置，而決定這些位置的社會力量也是維繫階級制度的要素。

動物可以透過遞移階級推論（transitive rank inference）來推斷自己與陌生個體的關係，「如果A的階級高於B，B的階級高於C，那麼A的階級就高於C。」[23]對鬣狗來說，這表示如果史靈克打架輸給姐姐，又看著她輸給新來的鬣狗，那麼史靈克可以假設自己的階級也比新來的鬣狗低。他不需要跟新來的鬣狗打架就能知道自己的位置。

遞移階級推論是一種行為捷徑，能減少直接衝突、保障和平並降低受傷風險。對雞隻來說，遞移階級推論意味著地位最高的母雞不需要每次都真的去啄其他母雞才能證明自己的優勢，只要伸伸頭、咯咯叫個幾聲、豎起羽毛就可以讓其他雞隻免於被啄傷流血。停在庭院裡餵鳥器上的鸚鵡只要將羽毛細微地豎起，就能把其他的鸚鵡趕走；專橫的藍鯨來到育幼場，令人生畏的舉止讓牠的姐妹和表親只得放棄繁殖；當占上風的貓咪微微瞇起眼睛，就能使在下位者心驚膽顫——掌有優勢的動物知道怎麼傳達地位訊號，居於劣勢者也懂得這些訊號的意義。

哺乳類、鳥類和魚類都可以利用遞移階級推論決定牠們在群體裡的位置。[24]經過數億年的演化後，各個物種的遞移階級推論能力已經南轅北轍，但這也表示快速察覺社會關係是社會性動物古老而重要的生活技能。野莽期期間，青少年的社會腦系統會增強，因此遞移階級推論也是他們在團體中定位自己的方法之一。青少年時期玩的遊戲，如今變成一連串的力量、技巧和耐力較勁。人類青少年擁有非常敏感的神經迴路，會把讚美當作接納，將輕蔑當作拒絕，他們會非常在意自己在階級制度中的位置。社會地位的引力除了影響他們的行為，也決定他們的感受。地位的改變，不論是在現實生活中還是在螢幕上，都會讓青少年及年輕人產生陶醉感、絕望感，以及兩者之間所有的感覺。

根據公共衛生的資料，截至今日，二十一世紀是個充斥著孤寂與疏離的時代，對青少年來說，感受尤其深刻。[25]焦慮和沮喪如今已與吸菸與營養不良並列，成為世界各地亟需解決的健康問題。父母及教育者認為青少年在學校生活裡的高風險測驗和其他學業評量是主要肇因；心理學家認為是遺傳、荷爾蒙及腦部的神經化學變化；經濟學家和立法者認為是地緣政治學和全球經濟衰退。而所有人都怪罪社交媒體。不論年齡大小，上述因素都會增加壓力及精神痛苦。但我們相信青少年和年輕人的焦慮不安——從單純的情緒波動到比較嚴重的憂鬱症發作——可能來自推動動物階級制度的古老神經迴路。

把動物的階級制度連結到個人情緒，可以幫助我們了解為何人類，尤其是青少年，若在群體裡的地位失利會覺得自己很淒慘，如果很順利則會開心得手舞足蹈。原來，對地位的執著完全出於天性。階級制度源自對地位的追求，我們沒有退出這場遊戲的權利。因此，最好的方法就是學習這遊戲裡的各種規則。

出身良好但無成就

恩戈羅恩戈羅火山口的斑點鬣狗孕期大約一百天。[26]臨盆之際，貝巴跟其他鬣狗媽媽一樣，在遠離鬣狗群的地盤邊緣找了一個隱蔽處，開始分娩。懷著雙胞胎使生產風險提高許多，不過這不是貝巴第一次生產，因此實際過程比想像中順利多了。史靈克跟姐姐順利出世，貝巴毫髮無傷。

約在同時，幾百公里外一個私人洞穴裡，瑪夫塔女王也在分娩。她的生產過程可能比貝巴辛苦多了，因為這是她的第一胎。鬣狗的產道特別窄*，非常沒有彈性，因此第一胎常死於窒息。但王室的新成員非常健康——而且是雄性。霍納和研究團隊把新生的小王子取名為「梅瑞葛許」（Meregesh）。

梅瑞葛許生來就享有特權，注定過著幸福的生活。跟其他出身高貴的小鬣狗一樣，他在出生前就吸收了比較多的營養。他的女王母親能優先享用食物，所以奶水充足。此外，女王的奶水品質也比較好。梅瑞葛許每吸一口充滿能量、能強化表現的靈丹妙藥，就比其他鬣狗更占優勢。出身高貴的鬣狗因為能夠攝取比較多的高級奶水，因此長得比出身低賤的鬣狗更快。牠們吸奶的時間比較短——約九個月，而其他鬣狗則需要長達兩年。[27]貴族鬣狗吃得比較營養，第一年的存活率遠超過地位較低的鬣狗。

除了鬣狗，也有其他動物在出生後就靠著親代提供的營養贏在起跑點上。在一窩剛出生的歐亞猞猁中，獨占母親奶水的新生兒會占有優勢地位。[28]階級高的母金絲雀在蛋上塗上的睪固酮濃度比階級低的金絲雀高，使幼鳥承襲競爭上的優勢。[29]在魚卵的卵黃裡，荷爾蒙濃度的差異也會影響剛孵化魚苗的社會地位。[30]鱒魚群中，占優勢的雌性下的卵含有比較多的睪固酮，使牠們的新生兒在孵化時就比下位鱒魚的後代更有優勢。

穿過火山口，來到貝巴住的洞穴，史靈克還要面對另一項劣勢。貝巴的奶水比較稀，不像瑪夫塔餵給梅瑞葛許的那麼有營養。貝巴的奶水也比較不夠，因為她要哺育雙胞胎。因此，就算史靈克才剛來到這個世界，牠已經得面對種種不利的條件。他是雄性。上頭還有一個姐姐。母親的階級很低，她的奶水品質不佳，而且量比較少。牠在出生前就營養不足，所以個頭又小、又虛弱。不到幾秒，史靈克就被年紀稍長、營養攝取略多的姐姐攻擊。這是牠第一次體會到階級制度，在這個僅有兩名成員小群體裡，史靈克已經在最下面了。

＊審訂註：雌性鬣狗的陰蒂組織是延長的管狀構造，充血勃起後長度可達十七公分，因此又被稱為偽陰莖。這個具有支配功能的器官同時造成了雌鬣狗生產上的困難，分娩時經常會出現大小不等的撕裂傷，甚至有高達百分之十五的新手媽媽會在第一次的生產時死亡。

第七章
群體的規則

某天早上，大約兩週大的史靈克醒來，感覺到母親的牙齒咬著他的頸背。他開始蠕動，但母親緊咬著他不放，把他從洞裡拉出來。他在出生後就只知道那裡是他的家。天色未亮，貝巴銜著他前進，史靈克的身體隨著母親的步伐一起跳動。終於，貝巴停了下來，把他放到地上，史靈克可以感覺到周圍有動靜。他知道雙胞胎姐姐就在旁邊，但還有其他陌生的鬣狗，因為他或許也有聽到一些低聲的吠叫和咆哮。母親留下他，快步離去。

史靈克本來並不知道，但從這天起，他進入了鬣狗成長的下一階段：在公共巢穴中生活。在與母親及同胎幼獸生活兩、三個星期後，斑點鬣狗家族中所有新生的小鬣狗都會被帶到一個共用的巢穴裡，從公主王子到地位最低鬣狗的子女都不例外。所以，史靈克跟姐姐被送來這裡，瑪夫塔女王的兒子梅瑞葛許也是。在這個鬣狗的公共托兒所裡，小鬣狗會開始發展社交生活，同時了解牠們在家族中的位置。

在公共巢穴裡，年幼的鬣狗朝夕相處，沒有成年鬣狗在旁監督。[1]母親每天都會來哺育牠們，但小鬣狗通常就被留在那裡，互相打架、彼此欺負、玩鬧和遊蕩。

儘管已經不需要再一直照顧飢餓且營養不良的雙胞胎，但這個新階段對貝巴來說又是另一種類型的鬥爭。

被迫住到群體外圍的貝巴，被逼著把稀少的資源用來覓食和自衛，她無法像其他鬣狗母親一樣常常去托兒所。即使她去了，也不能像其他鬣狗一樣，提供孩子豐富的營養。她會規律哺乳，但稀少的奶水連餵飽一隻飢腸轆轆的小鬣狗都不夠，更不用說兩隻了。乾渴的史靈克幾乎要餓死，母親來的時候，他時常被姐姐推到一旁。

相反地，瑪夫塔女王一天會來好幾次。她的奶水充足，梅瑞葛許可以吸個不停。瑪夫塔也給梅瑞葛許其他的享受，例如吃肉，這是地位低的鬣狗媽媽做不到的事。

研究這個階段的田野科學家說，對史靈克、他的雙胞胎姐姐、梅瑞葛許王子和其他同齡的小鬣狗而言，剛到公共巢穴的那幾天應該會覺得緊張不安。在被母親丟下後，小鬣狗會遲疑不決，很容易受驚嚇。[2]任何會動的東西都會讓牠們退縮——連在風中搖動的草莖或附近爬過的昆蟲都可以嚇到牠們。但過不了多久，牠們會開始挑戰和攻擊，而不是屈服於干擾牠們的事物——包括其他小鬣狗在內。牠們開始玩打架遊戲，且在最初的幾次交手中，年幼的鬣狗會根據普遍存在於各種動物中的階級特色來累計輸贏。

階級制度的建立

各個物種決定個體在群體中的地位與階級的方法都不同，但自然界中，有些特徵非常普遍。

以下列出的幾項常見準則會影響個體在階級制度中的位置。

體型

在許多動物社會中，體型是階級地位的主要變數。從鳥類到魚類，從甲殼類到哺乳類，甚至是某幾種蜘蛛，體型愈大，階級愈高。[3]而對某些動物來說，體型沒那麼重要。以雌性鬣狗而言，家庭聯繫和社交網路比體重重要；[4]對雄性鬣狗來說，體型的重要性則比不上親族關係、社交網路和年齡。

年齡

許多動物的地位會隨著年紀增長而提高。[5]在野化小型馬、非洲象、雪羊、狐獴、黑猩猩、瓶鼻海豚和人類中，年紀愈大，階級愈高。對成長中的動物來說，體型大小和年齡有關。年紀較大的兄姐通常比年幼的弟妹更占上風，起碼在某個年紀前是如此。年輕人在下個學習或運動階段開始前先安排一年的空檔或者延後入學，或許就是從動物界中常見的地位隨年齡增長得到的靈感。年紀大——混得夠久，且統治者最後因競爭離開或死亡，而以第二年長之姿取代王位者——也能提升繼承勢力範圍的機會。[6]較年輕的個體也可以透過額外的時間觀察年紀較長、較有經驗的動物，學會重要的生活技能。此外，年齡還小是史靈克另一個不利因素。雄性鬣狗的年齡和地位高低密切相關，牠們必須花費好幾年，在地位的階梯慢慢往上爬，除非朋友或盟友可以幫牠們一把。[7]

理飾

吸引力——也就是外表長得美——可以提升人類的地位。[8]但動物也有達爾文所謂的「對美的偏好」。雄性動物展現絢麗的外觀，主要是為了向挑剔的雌性炫耀自己極具性魅力的基因，以及擁有的豐富資源。以紅鶴為例，一身明亮的橘紅色羽毛表示牠們經常吃含有健康胡蘿蔔素的食物。[9]當求愛的對象一看到這身鮮豔的毛色，就會知道這隻雄性紅鶴的遺傳優良，且常吃到上等的蝦子。如果毛色較淺又泛灰，就表示個體營養不良。當然，能否吃到高品質的食物跟環境有關，不是動物個體能掌控的。

在同樣能吸引伴侶的生理特質中，有些同時也是動物在同性之間的地位象徵。黑天鵝翅膀上若有精巧捲起的羽毛，或許能幫助牠吸引雌性，但其他雄性也會因此知道牠的社會地位很高。[10]

另一個看似能提高吸引力和地位的元素是外表。外表打理得最好的鳥兒、魚兒和靈長類，通常階級最高，也是身體最健康的。在群體中，被其他成員打理外表則是高階動物的福利。雪爾德拉普－艾貝曾目睹不同階級的鳥兒之間的外表差距，有的頂著「鮮豔、油亮、美麗且乾淨的羽毛」，在啄序底端的那一群則「羽毛凌亂無章，常常還沾染著汙物」。[11]

階級低的個體會幫階級高的個體打理外表，以便交換資源，例如保護和食物，順便拉拉關係，提升自己的地位。在魚類、鳥類和哺乳類的群體中，觀察誰會幫誰整理外表有助於了解動物之間的地位關係。人類群體中也很容易看到同樣的趨勢，理飾的行為與地位的關係十分密切。人類的語言就像某種社交美容，阿諛奉承所激發的神經化學反應和打扮外表的反應相似。人類可以用讚美和拍馬屁達到動物幫優勢個體拔毛、摩擦和輕咬同樣的效果。當「言語上的美容」延伸到社群媒體，就可以從誰負責發文跟誰負責按讚分辨出階級。

跟其他得到完整理飾服務、階級很高的動物一樣，地位最高的鬣狗身上的瘢痕比其他鬣狗少——或許也是因為階級低的動物不敢攻擊牠們。[12]同時，階級高的鬣狗由於比較常接受其他鬣狗的打理，免疫系統比較強，寄生蟲感染量也比較低。

性別

最後，動物的性別（對人類來說則是性別認同）也會決定某些魚類、爬蟲類、鳥類和哺乳類的地位。[13]有的物種是由雌性主導，有些物種則是雄性較占優勢。成群色彩鮮豔的熱帶小丑魚會構成階級制度，占優勢的雌性一定居於最頂層。[14]位置最高的魚享有很多好處。為了這些好處，如果雌小丑魚死了，空出最頂端的位置，下位的雄魚會變性，爭取頂層的空缺。小丑魚的變性大約需要四十天，過程中，魚的體型會變成原本的兩倍大，並將睪丸組織轉化成卵巢。

決定動物社會是由雄性或雌性統治的因素有很多。生物學是要素之一，環境條件——有沒有食物、掠食者的密度——也很重要。

史靈克無法改變他所繼承的基因——性別、年齡、出生順序、體型、吸引力或父母。但他還是有機會。動物行為中，有些雖然是天生的，但有些可以後天習得並轉化成優勢，這些行為對動物的地位相當重要。對史靈克來說，這些有效的行為技能將成為牠生存的關鍵。

與地位較高的動物建立關係

史靈克跟其他的斑點鬣狗一樣，會花不少時間和家人待在一起，若非如此，牠們偏好和社會階級跟自己一樣，或者更高的動物膩在一塊。

許多靈長類，包括數種狒狒、獼猴、綠猴，當然還有人類，都喜歡階級高的社會伙伴更勝於階級較低的個體。[15]在馬群和牛群中，地位對群體和交友狀況都有強大的影響。畜舍裡，階級高的乳牛會聚在一起，排隊的時候會緊跟在同夥的乳牛後面。動物的階級會讓其他動物更願意接納牠成為聯盟伙伴，有時候甚至比較容易成為交配的對象。例如，雄性美洲野牛對中階或低階的雌性野牛或許興趣不高，寧可和牛群裡階級較高的雌性交配。由於階級較高的動物通常會聚在一起，站在仰慕的對象旁邊吃草或休息，或許可以提升地位。

與地位高的動物建立關係——以及沾這些朋友的光——或許是一種生物性驅力，使人們會在排隊參加時髦派對時上傳自拍照，或者展示出一整排與政治家和名人的合影。此外，推薦信、在對話中提到名人，以及和受歡迎的同學及同事吃午餐，也會達到類似的目的。提升地位的渴望也有可能讓人對備受矚目的公司、名校、獲勝的體育隊伍，以及軍隊和公共服務的菁英部門產生嚮往。

地位的象徵

除了接近受歡迎的群體，有些動物也會用道具賣弄地位。華美的毛皮、迷人的羽毛、精巧而壯觀的角、長到有點不方便的尾巴——都能證明擁有這些特色的動物有多麼富裕。要維護又長又厚的毛皮和巨大鹿角等野趣配件，必須投入精力和時間。生物學家將這些社會記號（social signifier）稱為「地位標記」，動物用此來告訴同伴們：「我與眾不同。」[16]炫示地位標記等於賣弄自己的基因、社會網路以及能被其他動物打理外貌的資源。人類會花金錢和時間撐起地位，同理，沒有資源的動物也有可能亮出虛假的地位標記，讓自己在階級制度中爬升。在打鬥中失去一隻大螯的招潮蟹，牠的階級會倏地下降。[17]雖然牠會長出新的螯，但重量比較輕，打起架來沒那麼厲害。不過，牠仍會揮舞著代用的蟹螯，愚弄其他招潮蟹，讓牠們誤以為自己的武器是真的。除非牠被被迫用假武器打鬥，否則招潮蟹通常可以靠著長回來的大螯回到原本的階級。

在哈佛大學的皮博迪博物館，中美洲展覽廳裡有個雕刻精細的玉製頭像和一只豹形陶碗。而在他們旁邊的櫃子裡，展示著一條黃金吊墜，大小跟拇指指甲差不多。[18]某天，我們在博物館裡尋找高階社會地位的象徵物時，看到了這個墜子。這個展示櫃裡擺的都是馬雅文明古典時期晚期菁英成員鍾愛的物品，這個時期的特色是世襲君主、宏偉的公共建築，和天文思想上的進步。

馬雅人活躍於距今一千年到四千年前，他們很看重地位，就跟現代人和一九八八年史靈克的家族一樣。[19]而這正是吊墜透露出的訊息。那塊黃金上刻著一位青年的側影，他的頭頂著巨大的頭飾，有如光芒四射的太陽。這類頭飾都會裝飾成馬雅人所尊敬的動物，例如美洲豹或隼，並且常會用綠咬鵑的羽毛點綴。馬雅頭飾是地位的象徵，平民不可以穿戴。青年的腰上則配戴裝飾用的盾牌及石斧——「hacha」，據推測，它曾被用在馬雅古典時期的儀式球賽（pitz）中。能參與球賽的人通常也是菁英分子，數千人會聚集在像競技場的運動場裡看比賽。[20]馬雅文化就跟今日的許多大學一樣，很重視運動員，尤其是智慧與力量兼具的運動員。這些標誌代表這名青年在他的社會裡很有地位。他就像第八世紀贏得海斯曼獎的球員*（Heisman Trophy），而這條刻了肖像的吊墜可能是菁英成員葬禮上的祭品。

史蒂芬・休士頓（Stephen Houston）是專精馬雅文明的人類學家兼考古學家。他在二〇一八年的著作《天才段落經典》（*The Gifted Passage*）中指出，或許是因為男性可能成為繼承人，青少年在馬雅社會中享有特別高的地位。[21]在馬雅的陶器、象形文字和壁畫上，常能看到青年的形象。地位高的菁英分子在馬雅社會中擁有不少好處，例如住在周遭交通便利的大宅裡、穿戴時髦的服裝和飾品，並且可以經常吃肉和喝巧克力——這是平民很難得到的享受。

雖然擁有比別人更多的食物、日子過得比較舒適，也擁有較多奢侈品，馬雅貴族卻得面對一項顯而易見的不利因素：馬雅家族的團體間若是發生戰事，根據規定，王室必須第一個上戰場。

*譯註：美國大學每年頒發給美式橄欖球最佳球員的獎項。

同樣地，若家族和別的家族起衝突，或者要保護群體不受獅子攻擊的話，鬣狗女王必須身先士卒。[22]鬣狗家族改朝換代最常見的原因就是首領死於獅子口下。在這些充滿戲劇張力和暴力的時刻，清楚的繼承順位對鬣狗群來說就很有用。由於每隻鬣狗都很清楚自己在階級制度裡的位置，地位第二高、等待繼承的公主或王子就可以在首領死去時立刻即位，無縫轉移。霍納和其他鬣狗專家觀察到，女王如果在戰鬥中死去，牠的女兒會在戰鬥打贏之前就繼位，家族也能接受這樣的權力轉移。

不同地位，不同的舉止和聲音

位於下層的動物比較急躁、警覺和緊張，因為就身體和社會而言，牠們面對的危險更多。地位低的狼隻眼神飄忽不定，卑躬屈膝的模樣洩漏了牠的階級。[23]牠的肩膀下垂，低下頭舔舔嘴唇。相反地，地位較高的狼從動作中就展露出更強的決心。牠一動也不動，無畏而堅定。牠們的舉止可能更大膽、更有攻擊性，例如他們會追逐群體的其他成員，並張大嘴巴撲過去。

史靈克從很小的時候，約莫四個星期大，就開始學習鬣狗地位的肢體語言。梅瑞葛許等階級高的個體會學著豎起尾巴、耳朵朝上；階級較低的個體則應該把尾巴垂到兩腿中間，耳朵朝後，露出牙齒並低著頭。[24]在正式的見面儀式裡表現這些行為能確認地位關係和增進友誼。

在人類姿態的研究中也得到類似的結果。有優勢地位的人姿勢放鬆，眼神穩定；地位低的人則坐立難安，目光閃爍。當階級高的人用語言展示地位時，說話的速度比較快、有自信，且咬字清晰，他們也比較常打斷別人的話。

法蘭斯・德瓦爾是位靈長類學家，他在著作《猿形畢露》（*Our Inner Ape*）中描述人類的聲音如何洩漏關於地位的線索，且這些線索看似隱晦，但大家生來就懂。[25]他在書中寫道，音調高低是種「無意識社交工具」，透露你在階級制度中的位置。每個人說話的音高都不相同，但「我們傾向在對話過程中，將音高同步。」人們會選定一種音高，德瓦爾解釋，「而且一定是地位較低的人負責調整。」德瓦爾也寫道，《賴瑞金現場》（*Larry King Live*）脫口秀就展示了這個現象。「主持人賴瑞金會調整音色，配合階級較高的來賓，例如著名主持人邁克・華萊士（Mike Wallace）或知名女演員伊麗莎白・泰勒（Elizabeth Taylor）。另一方面，階級較低的來賓會把音色調整成跟賴瑞金一樣。」

聲音較尖、年輕一點的青少年可能會一直調整音調，好讓別人注意到自己。而年紀大一點的青少年可能也會注意到，當聲音愈來愈低沉，自己在家裡或班上的地位也會跟著變化。

斑點鬣狗因為會發出尖銳高亢的叫聲、短促的噓笑聲或吃吃的笑聲而聲名大噪，因此得到「笑鬣狗」（laughing hyena）的別稱。[26]儘管一般認為所有的鬣狗都會發出這種獨特的笑聲，但事實上，笑聲是低地位的表現，居於劣勢的動物與群體裡階級高的成員溝通時才會發出這種聲音。柏克萊大學的精神生物學家在二〇〇八年聲學會議上指出，「焦慮或卑躬屈膝的動物會發出咯咯的笑聲。牠們既興奮又矛盾，不知道是要繼續等下去還是要離開目前的處境。例如捕殺獵物之後，階級較高的動物會趕走下位者，但後者仍會在一旁等著分一杯羹。」

雖然獨特的咯咯笑聲幾乎都來自階級較低的鬣狗，所有的鬣狗卻都會發出許多不同的聲音。其中，「呼嘯聲」（whoop）是一種溝通用的叫聲，起初很低沈，接著音調會上下變化，而且非常響亮，可以傳得很遠。每隻鬣狗都有獨特的呼嘯聲，霍納等科學家也學會用它來辨別每隻鬣狗。值得一提的是，柏克萊的小組也發現，「剛移入新家族的雄性會發出比較多次的呼嘯聲，謹慎地通知那些可能會拒絕牠加入的同伴。」

史靈克將使出渾身解數，包括發聲方法。除了結交有地位的朋友、地位標記、肢體語言和聲音之外，史靈克還要在青少年時期培養另一項本領——社會腦網路（Social Brain Network）。

社會腦網路

人類和其他社會性動物必須要能鑑別自己在階級制度中的位置。魚類、爬蟲類、鳥類和哺乳類都有專門的腦細胞和區域，專用於社會覺察與社會功能。這些系統總稱為「社會腦網路」。[27] 哺乳類的社會腦網路位於大腦中六個獨立但相連的區域。[28] 你可以想像一本航空公司放在飛機上的雜誌，封底有一張地圖，顯示這家公司在世界各地的航點。發亮的樞紐和弧線顯示著所有在各地服役的飛機。而大腦就是世界，你的社會腦網路由六個樞紐組成，彼此連結在一起並隨時溝通。這六個樞紐整合了視覺輸入、貯存的社會記憶、對恐懼的聯想、荷爾蒙資訊、因應行為和邏輯決策。

當你和其他人在一起，或想到別人的時候，社會腦網路就會開始活躍，幫助你辨識面孔、了解肢體語言的含意、評估他人的情緒狀態，以及解讀聲調。社會腦網路讓你能體察環境的氛圍、推銷物品、知道何時該走開，以及何時該趕快離開。神經網路對日常人類生活的重要性再怎麼強調都不為過：如果神經腦網路發展異常，可能會造成大腦和社交缺陷障礙，包括自閉症類群障礙症。[29]腦部受傷可能會損害社會腦網路調節社會功能的能力。在不適當的時候笑出聲、公開展示性行為、缺乏同理心，以及個性變得愛發脾氣，都能在腦瘤病人或因腦傷而影響社會腦網路的患者身上看到。

除了人類之外，我們也能理解貓、狗、鳥類和馬，並與牠們建立關係，這顯示出我們和這些動物的共同祖先擁有社會性動物的特質。狗用社會腦來解讀自己在狗狗公園裡的階級，或許也藉此決定自己在人類家庭裡的階級。[30]近期針對人犬溝通的研究指出，在聽到其他同伴帶有情緒的聲音時，狗和人啟動的社會腦區域是相同的。經驗豐富的女騎士能感受到馬兒的情緒狀態，反之亦然。已經有證據顯示，馬匹也能察覺騎士的心思，這表示馬和人的社會腦能彼此互動。

地位圖

嬰兒的社會腦已經蓄勢待發，等他們進入社交世界後給予引導。[31]出生的幾個月後，人類嬰兒就會用微笑來社交，也會凝視和打量其他嬰兒。六個月大時，他們能分辨周圍的人，並且特別喜歡某些人。到了九個月，他們會想加入其他人的活動。一歲大的時候，他們知道優勢和權力有關，能開始正確分辨出誰是優勢者，以及誰是下位者。到了兩歲，玩在一起的幼童之間出現地位階級。從這些互動的結果看來，在他們短短的人生經驗中，最早的線性階級制度已然形成了。接下來的幾年內，不論是和其他小朋友一起玩遊戲還是在遊樂場上玩耍，階級和排序仍會繼續。雖然年紀還很小，這些幼童的心裡卻已經建構出自己與同伴的地位圖。[32]四歲的時候，他們能察覺到哪些同伴的地位比較高，也會展現出明顯的偏好，想跟地位高的小孩一起玩。他們對優勢同儕的一舉一動感興趣，會花不成比例的時間觀察這些人。而特別喜歡關注有地位個體的特質會延續到成年期——這解釋了為什麼八卦小報和狗仔隊能歷久不衰。成年人和恆河猴在這點上很相似：猴子會為了在螢幕上看見地位高的猴子，放棄非常喜愛的香甜果汁。[33]相反地，如果螢幕上出現的是低地位的猴子，觀看者就會意興闌珊。科學家必須多給一些果汁，牠們才願意認真看，但集中注意力的時間也不長。

當人類跟和動物進入野莽期時，發展社會能力非常重要。在人的一生中，社會腦網路最活躍的時期絕對是青少年時期。莎拉－潔妮．布雷克摩爾是位作家，也是英國倫敦大學學院（University College London）的神經科學家，她用影像和其他方法顯示出同儕對青少年的決策及冒險有什麼重大影響。與成年人和小孩相比，她寫道，「青少年比較喜歡交際、會形成更複雜及更有系統的同儕關係，也對同儕的的接納和拒絕更加敏感。」[34]作家兼天普大學（Temple University）的心理學家勞倫斯．史坦伯格認為，青少年大腦不成熟的認知控制以及對獎賞逐漸提高的敏感度，是這個年齡層容易受同儕影響的兩個主要因素。他與研究團隊指出，「同儕關係在青少年時期時最為顯著。」[35]

走進餐廳、教室、派對或工作場所時，青少年從嬰兒期就開始接線的社會腦網路會開始輸入，展現無比的活力。社會腦網路會協調六個參與的腦部區域，同時判斷社會景觀。透過觀看或上下掃視，視前區（preoptic area）匯入所有的視覺資料，進行最完整的評估。[36]中腦（midbrain）負責關於被忽視和遭受冷落的記憶；杏仁核（amygdala，大腦的恐懼中樞）讓恐慌或畏懼的情感閃現。下視丘（hypothalamus）發出訊號，釋放皮質醇（cortisol）等壓力荷爾蒙或是催產素（oxytocin）等紓壓荷爾蒙時，側中隔區（lateral septum）會促進因應壓力刺激產生的主動行為。前額葉皮質（prefrontal cortex）則負責決策、判斷、協調及規畫下一步。大腦非常忙碌，六個區域來回快速傳遞訊息，確保個體了解階級制度，以及知道該怎麼應付。只要有社會腦網路，不論是人類還是魚類，當動物碰到其他有社會腦網路的個體，或甚至是家庭成員時，每天都會經歷這些事，而且整天不停。

進入野莽期後，大腦的重組更加明顯，在所有過程中最重要的，就會讓社會腦網路變得更敏捷。社會腦網路校準時，多半會一直留在青少年往後的人生中。這也就是為什麼幾乎每個人都能記起青少年時期時非常丟臉或開心的時刻，此外，青少年對階級的覺察可能也同時內化了。成人腦在這敏感的幾年內被形塑，讓我們能順利處理友誼、商業、政治和社會互動，成年人也可能會一直記得自己剛進入青少年時期時的社會階級。到了青少年時期的末尾，社會腦網路幾乎已經發展完整。[37]就像無所不在的眼睛，一輩子引導我們走跳在社交領域之中。

為什麼會愈來愈好

在很多動物群體中，都能看到位階支配制度，而這個制度可以透過侵略、暴力或武力威脅來調整。位階繼承制度已經深入人類的歷史和現代生活，我們用它控制廣大的人類群體，例如整個國家，或單一的個體，例如配偶。而獨裁政權、軍事占領、監獄和肢體暴力關係也都是例子。

但對人類來說，地位會根據個人的某項特長而提升，而這些長處不像暴力那麼殘忍。如果個體擁有群體看重的某項技能、屬性、技術知識或特質，就能獲得「聲望」。如果某人不需要用武力威脅就能得到別人的尊敬，就代表他擁有聲望。[38] 麥克阿瑟基金會「天才獎助金」得主（MacArthur Genius）、奧斯卡金像獎得主、YouTube明星、諾貝爾和平獎得主馬拉拉（Malala Yousafzai）、大提琴家馬友友、知名作家J. K. 羅琳和你最喜歡的奧運運動員，都擁有「聲望」。他們地位崇高，因為有很多人崇拜他們的科學、藝術、人道主義、運動能力，以及貢獻。擁有聲望不一定要很有名或者很有錢。總能正中紅心的神射手；做出好吃布朗尼的家庭烘焙師；轉瓶子技巧高超的三年級生；打贏過許多官司的律師；病人受孕率最高的婦產科醫生；每次都能讓寶寶停止哭泣的叔叔——人類看重的聲望有很多種形式。

在人類的階級制度中，位階和聲望很容易互相影響，我們在歷史上也一再看到，兩者都能用來提升權力和掌控。但對青少年來說，了解其中的差異能讓他們看見真相，因為在青少年發展的某個關鍵時刻，平衡的狀態改變了。在小學、中學和初上高中時，決定某人是否受歡迎的標準，通常由不得個人來決定，例如：體型、異性緣、年紀、運動能力、家境。但到了青少年時期的中段，以基本能力為重點的階級制度（聲望）突然爆發，「利基選擇」（niche picking）啟動，學生會尋找能發揮特定技能和特質的團體。[39]這樣一來，他們的地位就能提高。基本能力或許是某方面的能力（音樂、學業），或是共同興趣（政治、冷門電影、時尚、運動、電玩）的高階知識。

如果高中生本身的特質不符合典型的風雲人物，他們寧可接納以這些基本能力為基礎的聲望階級制度。以受歡迎程度來決定階級高低相當苛刻，於是苦苦掙扎的青少年傾向超越這種階級制度，改尋求團體來展現自己的長處、提高地位，且會常常聽別人勸告他們：「日子會愈來愈好。」

依照能力來制定的聲望階級也證實了會受到環境影響。當局勢改變，曾經不被看重的特質會變得很重要。就像過去認為的宅男，如今也能變成應用程式設計師和電腦工程師。

鬣狗寶寶跟人類嬰兒一樣，出生之後，社會腦網路就準備好在複雜且凶殘的社會中找到自己的位置。這對史靈克來說是好事一樁。儘管面對這麼多不利的條件，對社會的理解能力將在最後成為牠最重要的長處。

第八章

享有特權的生物

恩戈羅恩戈羅火山口是一座巨大火山的遺跡，這座火山在大約三百萬年前，於今日的坦尚尼亞爆發後坍塌，而恩戈羅恩戈羅恰好就是「大洞」的意思。今日，火山口床綠草如茵，草木繁茂，這一帶十分富饒，加上有河流經過，滋養了不少動物。

然而，對史靈克來說，一九九八年還沒有鬱鬱蔥蔥的環境。他在公共巢穴中過得很辛苦，每次與其他小鬣狗互動都是一場戰爭。當史靈克想跟其他幼犬一起玩，牠們會欺負他。史靈克個子小，年紀輕，又是雄性，幾乎每隻小鬣狗都會挑他毛病。即使是其他鬣狗的媽媽們也會用力打他。

母系階級繼承

當小鬣狗在公共巢穴裡群體生活幾個月後，階級制度會重新洗牌。一開始，牠們的階級會根據動物地位中常見的標誌來排序——年齡、體型、外型和性別。[1]但到四個月大時，會出現近乎線性的階級制度，母親階級最高的小鬣狗排在最上面，其他的則歸為下位。這種新的階級制度不考慮年齡、體型、性別和外表。反而完全複製小鬣狗母親所具備的階級。階級最高的雌鬣狗的孩子排在第一，階級次高的後代則接在牠們後面，依此類推。梅瑞葛許是女王之子，因此在階級制度的最頂層，史靈克則在最底層。

鬣狗的社會洗牌來自一種古老而強大的力量，稱為「母系階級繼承」。母系階級繼承是「銀湯匙效應」的實例，確保地位最高母親的子女能獲得最高的階級——以及所有相關特權——那是牠們與生俱來的權利。[2]你可能沒想到，在野生動物的階級制度裡，個體的位置必須根據家族淵源，贏得體能競爭和競爭力並沒有幫助。裙帶關係（nepotism）的說法有點太專對人類了。

但只要想一想，也就不會覺得那麼驚訝了。後代能夠存活並且繼續繁衍，從演化的觀點來看就是成功。爸媽自然會希望子女能繼承優勢，因此更加提高了階級傳承的機率。母系階級繼承能確保高階級動物親代的子女們擁有頂層階級，即使那些孩子或許沒那個能耐。

鬣狗家族並不是由功績最多的個體領導。小鬣狗一出生，就自動接受比母親低一層的階級。整個群體也都曉得這條規則，會往下移一階，讓出空位給新生的鬣狗。這種社會習性就像成年人旅客站到一旁，讓頭等艙乘客的小孩先登機一樣。

階級的傳承既不限於鬣狗，也不限於由媽媽傳給孩子。從紅鹿到日本獼猴，高階級親代的孩子很幸運，牠們能獲得令人垂涎不已的階級位置，基本上就是不勞而獲。[3]對有特權的生物來說——例如抹香鯨、家豬、野生蜘蛛猴等——地位階級不光是好處，也是牠們應得的權利。[4]繼承的階級將成為牠們的生活方式。

倘若父母階級高，且和其他個體關係良好，子女也會繼承這些社會連結，享受到這些已經建立好的成年網路所帶來的好處。[5]年幼的鳥類、魚類和哺乳類從小在父母的朋友間長大，因此會繼承這些延伸出去的社交網，並常和親代友伴的後代交配繁衍。

在父母角色比較平等的物種中，父親的階級也會提升子代的地位，尤其是鳥類。[6]但對哺乳動物來說，母親要負起照顧幼兒的大部分責任，父親階級的影響力就不如母親的階級。在坦尚尼亞的貢貝國家公園（Gombe National Park），研究黑猩猩的科學家觀察青少年黑猩猩的衝突事件，發現「如果母親的階級比對手母親的階級還要高，則子代比較有可能獲勝。」[7]對黑猩猩來說，在遊樂場上的嗆聲會比較像是「我媽能打敗你媽」，而不是「我爸能贏過你爸」。

母親的介入

所有的鬣狗媽媽都會為了孩子起衝突，沒有例外，但高階小鬣狗的母親占有優勢，在衝突中最容易獲勝。而位階較低的鬣狗媽媽，例如史靈克的母親貝巴，則會用身體擋住敵人來解決衝突。或者，她們也會想辦法分散對手的注意力，期待衝突不用解決就能自然結束。這些低階的鬣狗母親無法有效解決衝突，部分原因是牠們寧可走和解路線。[8]鬣狗中階級較低的母親並非對孩子岌岌可危的社會地位渾然不覺，她們只是用比較溫和的方法干預，因此沒那麼有效，也可能牠們從小就只學到這種解決衝突的方法。或者也可能是因為，如果牠們用更激烈的方法來護衛小孩，會被階級更高的家長處罰。

另一方面，階級高的母親可以為所欲為——直接出手攻擊孩子的敵手。牠們在群體面前展現的行為證實牠們的子女比較優越。牠們也會教導子女如何掌握權力和攻擊。母親會先與小鬣狗一起行動幾次，由母親領頭，讓孩子感受勝利的高昂情緒，再退到一旁觀看。接著，就像灰姑娘的繼姐模仿她們母親的殘酷，年幼的子女自行展開戰鬥。牠們會選擇容易擊敗的目標，也就是那些少了爸媽或其他盟友在身邊、沒有能力反擊的個體。

母親介入戰局不保證一定能成功。密西根州立大學的鬣狗專家凱・霍爾坎普（Kay E. Holekamp）說，有時候年幼的雌鬣狗生來就擁有很高的階級，卻沒有掌控的能力。[9]如果碰到這種情況，就算母親再怎麼努力，牠們仍無法繼承母親的位置。但這並不表示牠們必須離開群體，或會跌落到階級制度的底層。牠們通常會安逸地留在中間階級，不需要費盡力氣展現優勢，又能享受團體獵殺的成果，也能受到保護，不用害怕掠食者。

當母親觀察到子代開始加入戰局，就會後退，需要時才助子女一臂之力。這時，母親也會開始招募其他成年動物來保護牠們的青少年子女。沒有後援的小鬣狗要抵禦的對手如果有母親和其他成年動物當作靠山，通常就不太可能打贏。挑戰者很可能會體驗到「敗者效應」（loser effect）——讓失敗帶來更多失敗。[10]最後，失敗的小鬣狗甚至不敢去挑戰階級高的同伴。我們會在下一章更仔細地探討敗者效應。

當出身高貴的雌鬣狗精通了霸凌同儕的技巧，也因仗著母親和盟友的支持而無後顧之憂之後，就得開始學習下一堂課：如何在低階級的成年鬣狗前確立地位——也可以說是霸凌牠們。同樣地，一開始仍由母親領頭，鼓勵並支持成長中的女兒挑起戰爭。過了一段時間（這段期間，家族的其他成員都在觀察他們的互動），這些階級較低的成年鬣狗會明白，不論牠們的年紀、資歷和體型為何，階級都低於擁有特權的年輕雌鬣狗。到最後，即使階級高的母親不在場，群體其他的成員也會承認她們女兒的位置，予以尊重。

劍橋大學的行為學家提姆·柯拉頓－布羅克（Tim Clutton-Brock）舉了一個生動的例子，他以低階的雌性靈長類——斯里蘭卡獼猴——在森林裡採集水果的模樣，說明這種訓練行為。[11]一隻老獼猴把食物塞到兩頰裡，這時突然來了一隻比較年輕、母親階級很高的小猴子，牠撲通一聲跳下來，伸出手，扯住老獼猴的下唇，直到能把手伸進去，掏出對方嘴裡嚼過的水果。居於下位的成年猴子不敢反抗，於是放棄牠的食物，牠發現自己必須順從這隻繼承母親優勢地位的小獼猴，不然會被處罰。此時，那個地位高尚的母親坐在五十公尺外的樹上觀看，確保這場老少的相遇一切都按照計畫進行。

不過，母親的介入不只是出現在哺乳動物身上。介入的方法也不一定帶有攻擊性，或一定得暴力相向。靈長類、鳥類和魚類的親代會送禮給社群裡的成年動物，讓牠們幫忙自己的子女。這些禮物有可能是實體的禮物，比如食物，也有可能用行為表現，例如幫對方打理外表。階級較低的裂唇魚（一類住在珊瑚礁裡，會幫忙吃掉其他魚身上寄生蟲的隆頭魚）和狒狒皆會表現輕咬階級較高的個體或挑除牠們身上寄生蟲的行為，藉此能夠加強或提升牠們子女的社會地位。

但對史靈克這樣的青少年鬣狗來說，母系階級繼承和親代的介入是不得不忍受的屈辱。其他的物種，包括人類在內，從出生到死亡都必須吞下這樣的苦果。不論你多厲害、多強壯、準備得有多周到，如果你要對抗高階級個體的子女，就得打一場硬仗。高階級鬣狗的女兒（就像自然界其他強勢母親的子女）所占有的優勢或許是你無法想像的：牠們享有更好的營養，或許也有更強的免疫系統。也可能更有侵略性——習慣想要什麼就有什麼——因為牠們早就被訓練成向其他個體勒索自己想要的東西。牠們的機會更多，犯錯不用承受後果。雙親也從小就訓練牠們去欺負別的個體，並且訓練牠們如何贏得勝利。

魚類、爬蟲類、鳥類和哺乳類中都有特權分子。牠們生下來就強勢，會表現出特定的行為。到了野莽期，這些行為開始發揮影響力，個體繼承的優勢會大幅影響動物的性格。

在人類社會中，嬰兒期和孩童期是兩個比較不在意社會等級的時期。但當孩子進入青少年時期之後，等級、階級、地位和位置就變得比較凸顯。青少年有一項重大的挑戰，就是進入成人世界，而成人世界對出身較低的動物比較不友善。了解自然世界裡的特權，例如從親代而來的階級繼承，才能了解人類社會。

領域繼承

動物世界的特權也包括領域的繼承，幸運的動物或人繼承土地，就等於占得先機。跟人類的統治者一樣，優勢歐亞河狸的親代若有安全、資源豐富的勢力範圍，孩子會在父母死後繼承這塊領域，包括裡面所有的水壩和建築。[12]青少年時期的鼠兔、紅狐和灌叢鴉也會在父母死後繼承牠們的領域。[13]北美紅松鼠媽媽會犧牲自己，把土地全部送給青少年子女，接著尋找其他住處，展開她中年的旅程。[14]如果子女還無力接手，親代可能會繼續保護領域，直到子女有能力繼承為止。

自然界並不存在公平的競爭環境，處處都可以看到流傳已久的動物特權。美洲野牛、鳥兒和能都有特權階級，優勢的昆蟲能占領群集裡的最佳位置，強勢的牡蠣則可以嵌在更舒服、更安全與更舒適的河床上。花田裡，強勢鬱金香的後代得以生長在陽光比較充裕、水氣比較豐富的地方。進入林地深處，碩大的松露在大樹腳下活得輕鬆愜意，而它們的同類和其他蕈菇若有情緒，恐怕也只能憎恨或覬覦。

即使是最微小的世界，特權仍能發揮它的影響力。有些細胞得到的優勢遠超過其他的細胞。舉例來說，在鉛筆橡皮擦大小的惡性腫瘤裡，有幾十億個細胞共同競爭資源。[15]就像群體中的燕子，腫瘤裡每個細胞都有獨特的長處和短處。有些比較容易得到血液供應，便利用血液貪婪地複製；有些在腫瘤中心比較安全的位置，化學療法或免疫療法都殺不死它們。有的在發展初期就承受壓力；有的一開始就過得很輕鬆。有一項關於癌症轉移的假設指出，被剝奪資源的細胞為了保命，會離開原本的腫瘤——也就是它的家鄉——到別處碰碰運氣，尋找更豐美、更翠綠的草地。或者，在T細胞的窮追猛打下，它們往身體各處跑，離開癌症的源頭，建立起自己的家園。

有些動物群體就跟人類一樣，比其他群體還要強勢，只因為牠們生在特定的地區。或許環境比出身更能決定命運。在草木繁茂、食物豐富、獅子很少的環境裡，資質普通的鬣狗們有可能過得很好，但在乾旱、食物不足或有掠食者的地區，可能連最強壯、最聰明的鬣狗也要苦苦掙扎。

雖然史靈克的條件不利，但跟恩戈羅恩戈羅火山口外的鬣狗同類比起來，他已經算是幸運的了。在大多數的鬣狗家族中，如果有雙胞胎出生，其中一隻會獨占食物的來源，讓另一隻餓死。但是恩戈羅恩戈羅火山口的情況不一樣。那裡幾乎整年都有豐富的食物——研究結果指出，這些鬣狗每平方公里有兩百一十九隻可以捕獵的動物，這是相當高的數字。[16]相較之下，附近塞倫蓋提國家公園裡的鬣狗貧窮許多，每平方公里只有三點三隻潛在獵物。環境的優劣也決定了存活率。如果是在塞倫蓋提國家公園，雙胞胎中可能一隻都活不下去。但在恩戈羅恩戈羅火山口的雙胞胎幾乎都能存活。根據霍納的研究，比雙胞胎更少見的三胞胎，在恩戈羅恩戈羅火山口也有機會生存。因此，能生在這裡，史靈克可說是得天獨厚。

用正確的眼光看待特權

人類社會中的特權始於我們的動物祖先，而且無處不在，只要我們懂得觀察就能發覺。從演化的觀點來看，這確實有道理。親代動物希望子女占有優勢，能享受更多資源，過得更安全以提高生存和繁殖機會。某些動物享有許多不勞而獲的優勢，某些則得不到，這些都會影響牠們的互動。

在注重結果的人類社會裡，青少年被教育成：最努力的人才會有收穫。我們從大學校友的子女能優先入學、獲得實習和工作機會，以及能被引介進入強大的人脈就能看見，特權會不斷延續下去。但就全球的規模來看，很多人出生時的條件——健康、環境和家族；財富、種族和性別——對未來的命運比較有影響力，而不是他們的長處。不只如此，特權還能決定青少年是否貧困、有沒有乾淨的水，以及活得安不安全。特權能決定青少年是否能享有生育保健服務，也決定他們是否有受教育及就業的機會。

在自然界，從單一癌細胞到野生動物們的生活史，特權的影響無所不在。然而特權絕對不是分化人類社會階層的背書或藉口。相反地，特權的古老動物性根源對現代人有非常重要的意義，即使這點乍聽之下可能會讓人覺得不安，甚至感到沮喪。

據信，有些物種的階級只根據一項因素來決定：能否贏得戰鬥。[17]但獲勝的動物通常是因為數代以來都是贏家，使優勢不斷累積。不了解情況的旁觀者或許只看見戰鬥看似公平的表面，但特權無孔不入，會決定競爭的結果。當我們承認特權在大自然中無形的力量，就能了解特權對年輕人的人生中為什麼有這麼重大的影響。進入野莽期後，頻繁的競爭與評量看似是以個人的功績為基礎，特權原始而隱而未現的本質卻讓情勢更加複雜。

要造出會飛的飛機，人類需要了解重力的定律；要發展出對抗感染的抗生素，我們必須研究病原的致病機轉；如果要成功建立公平合理的社會，就必須挖掘自然世界裡的特權，深入了解它。

特權在自然界中很有影響力，卻不一定能決定青少年的命運。我們在前面也已看到，天氣、疾病爆發或其他意外事件改變環境之後，可能會讓某些個體的劣勢轉變成優勢。當青少年和年輕人碰到和特權有關的阻撓時，設法改變而不是等待改變，就能重整情勢。對某些人來說，變換環境或許會是個契機。

奧立佛．霍納告訴我們，跟階級較高的斑點鬣狗相比，低階級的鬣狗更容易離開社會情境，到別的地方另起爐灶。事實上，早期面對的災難讓牠們的行為表現比階級高的鬣狗更靈活。狐獴和野化的天竺鼠研究結果也指出，青少年時期遭遇的苦難事實上能激發創意和決心。[18]對鬣狗來說，由於高階雌性享有豐足的食物，牠們通常會待在家裡，不太可能去其它地方找機會。另一方面，階級較低的雌性和雄性則經常離家探險，也常第一個發現哪裡有新的領域。霍納解釋：「我們看過低階級雌性成功搬到沒有被其他動物占領的區域，過得非常順利。在完整的生態系中，沒有被動物占領的區域非常少見，但仍可能出現，或許是因為疾病爆發，或由其他力量造成的。在肯亞有一個案例，盜獵者毒殺了整個家族，所以整塊領域完全沒有動物。有隻低階級的雌鬣狗搬進去，在那裡過得幸福快樂。但她如果待在原本的家族裡，就不可能這麼快活了。」

雖然出生地、資源和家族關係對每一種動物的生命都很重要，但這些不一定是決定命運的要素。早年的困苦環境不一定會致命，也有可能幫動物累積實力。聯盟可以重新建立，比賽可以再贏回來，環境也可以改變。年輕的個體若有動機，了解特權的運作方式，也有一點運氣的話，牠便可以改變原本注定的命運。

當然，現實不一定會這麼容易，史靈克馬上就會親身體驗到。

第九章

社會地位下降的痛苦

一九五〇年代，美國有五個人得了嚴重憂鬱：一名寡婦、一位退休警察、企業主管、家庭主婦和一個大學教授。[1]在當時的時空背景下，憂鬱的人當然不在少數，但這五個人的情況都和心理健康毫無關係。當他們陷入憂鬱時，恰好也都是他們治療高血壓的時候。這五個人服用的藥物是蛇根鹼（reserpine），這種藥能藉由降低神經傳導物質單胺類（monoamines）的濃度來降血壓，但單胺類的濃度下降，似乎也讓這五名患者的情緒低落。報導這些案例的《新英格蘭醫學雜誌》（*New England Journal of Medicine*）在該期也指出，患者停止服用蛇根鹼後，憂鬱立即消除，回復到正常的心情。這項研究因此激發了影響力極大但不完全正確的假設——單胺類濃度降低會導致憂鬱（或起碼是一部分的原因）。[2]

爾後的六十年內，雖然持續有人針對這項關聯研究並琢磨，基礎卻沒有改變——單胺類仍舊在影響人類的情緒上扮演了重要的角色，就算人類的憂鬱症十分複雜，無法簡化為一群分子造成的結果。單胺類中最有名的是血清素（serotonin），這種神經傳導物質的濃度能由百憂解（Prozac）、喜普妙（Celexa）、立普能（Lexapro）、賽樂特（Paxil）和樂復得（Zoloft）等SSRI（選擇性血清素回收抑制劑）抗憂鬱藥物控制。[3]多年累積的證據顯示，服用SSRI會讓人類大腦某些部位的血清素上升，因此現代人或許能用它來改善情緒。

現在，讓我們從動物行為的觀點思考這個知識。波士頓龍蝦剛出生時，是隻體型迷你、能夠自由泳動的幼體，在外觀和行為上完全不像是未來會長出巨大蝦螯的鬥士。[4]但不到三個月，幼體會變成成熟螯龍蝦的縮小版——稚蝦，並在接下來的幾年躲起來，慢慢長大成熟。大約到了六到八歲，這些螯龍蝦進入青少年時期，體型也接近成年的個體。到這個時候，波士頓龍蝦就跟鬣狗和人類一樣，開始區分階級，也像雞群會建立啄序，野生螯龍蝦會根據幾場戰鬥建立階級制度。個體可以藉由觀看其他螯龍蝦的行為或聞牠們的尿，來判斷和記憶哪些螯龍蝦的階級比自己高，哪些比自己低。階級高的螯龍蝦會把階級低下者從原本的洞裡趕出去，或者抓住他們的附肢或鎖住觸角來攻擊牠們。階級較低的螯龍蝦則會順從地拍拍尾巴，從洞裡退出。螯龍蝦的祖先出現時，地球上正被野火覆蓋，三億六千萬年來，牠們不斷戰鬥，爭奪地位。

但有種物質可以改變一切。科學家研究甲殼類動物的階級關係時發現，階級較低的挪威海螯龍蝦如果得到這種物質，比較不容易展現出低階級者特有的行為。[5]面對挑戰比較不會退縮。牠們更願意戰鬥，而這在下位螯龍蝦身上並不常見。這些螯龍蝦會擺出優勢個體的姿勢，最明顯的就是螯龍蝦經典的武力展示——「張螯」——把前半部的身體抬高，兇狠地揮舞著蝦螯。換句話說，儘管環境沒變，但牠們因為那種物質，表現得再也不像低階級的螯龍蝦。

一項類似的研究在淡水螯蝦上也有同樣的結果：下位螯蝦在獲得這種物質後，不會因為威脅或戰鬥而退縮，這表示牠們的地位提高了。[6] 牠們不需要真的參加打鬥和獲勝，姿勢、姿態和行為就足以替牠們建立優勢。跟螯龍蝦一樣，其他螯蝦同類也會認為牠們的地位提高了，而用相應的方式對待牠們。個體對階級的感知（地位）如今成為了現實。而在魚類和哺乳類中也有相同的效果：用了這種物質之後，階級低的動物表現出階級較高的模樣，牠們的同儕開始把牠們當成較高階級者來看待。

這種物質當然就是血清素。在動物身上，血清素主導著與社會階級有關的大腦活動，尤其是地位的升降。而對人類的情緒起伏來說，血清素也有同等的重要性。當這兩個想法被放在一起時，可以看到動物行為學家和人類心理學家之間的重要連結：情緒調節與動物地位之間的關聯。

無助與無望

前面已經看過，社會性動物都可能遭遇社會地位下降，沒有哪隻動物能一直留在最頂層。我們知道社會腦網路和遞移階級推論等腦部系統會偵測地位的改變，送出神經化學訊息——地位訊號——促使動物採取能提升生存機會的行為。但這些訊號「感覺」起來是什麼樣子？動物不是人類，無法用語言告訴我們，但科學家在低階級動物的行為中看到，如果這些動物能說話，或許會說感覺一點也不好。

二十世紀初，索列夫．雪爾德拉普–艾貝用擬人化與他細微的客觀觀察，把家禽描述成從「權力無限」的位置墜落，牠們「精神極度沮喪，感到卑微，把翅膀和頭下垂埋到土裡。」[7] 失去王位的家禽「被徹底被擊倒，即使我們沒有看到什麼生理上的傷害。」雪爾德拉普－艾貝也注意到，如果那隻雞曾經「擔任統治者很長一段時間，」這種反應會更為惡化，他也說，如果社會地位下降到極低，「幾乎會要了牠的命。」

其他鳥類學家也證實了雪爾德拉普－艾貝的觀察。二十世紀的英國動物學家溫－艾德華茲（V. C. Wynne-Edwards）指出，與其他同類爭奪領域失敗、導致地位下降的蘇格蘭紅松雞有時候「會抑鬱而死。」[8]如果這些松雞是人類的話，應該會被診斷得了憂鬱症。牠們為什麼會憂鬱？因為社會地位下降。

四十年前，比利時一位鳥類學家兼心理學家指出，患者與他喜愛研究的鳥兒有類似的行為。亞伯特．德馬黑（Albert Demaret）發現，擁有領域的鳥兒會驕傲地昂首闊步[9]，讓他想起人類患者興高采烈時，也會表現出一副神氣活現的模樣。另一方面，憂鬱症患者的行為就像鬼祟潛入其他鳥兒領域的鳥，牠們偷偷摸摸，步伐細碎並保持緘默，尤其不敢盡情歌唱。

在鳥兒失去眾鳥渴望、受到保護的最頂層位置，而被推到危險的邊緣後，我們無法問牠有什麼感覺——同樣地，我們也不能問魚兒、蜥蜴或非人的哺乳動物。

但我們可以從人類身上得知。謾罵、羞辱、財物損失、失戀——這些會令地位下降的經驗都會讓心情低落。我們會覺得難過。甚至光是想到可能會讓自己不舒服的評論或處境，就會感到痛苦。在一些極端的例子中，痛苦可能非常強烈，而使某些人考慮極端的做法，例如藥物濫用和自我傷害，來降低痛苦的感覺。

或許只有人類才擁有對生活的情緒體驗，但情緒腦並不是人類獨有。許多驅動人類感覺的腦部過程與化學物質也會出現在其他物種也有的腦部獎勵報償系統（brain reward system）裡。這些系統的運作是典型的賞罰分明。簡單來說（或許過度簡單），能提高存活率的行為就能獲得愉悅感做為獎勵。我們的身體會釋放神經化學物質仙丹，例如多巴胺、血清素、催產素和腦內啡來告訴我們，「做得好！你剛才的做法很棒。繼續做，你就會一直感覺很不錯。」[10]

反過來說，令人不快的化學物質（例如皮質醇和腎上腺素）一起釋放時，會造成情緒低落。當產生愉悅感的神經傳導物質消退，上述這些化學物造成的討厭感覺會加劇。我們不知道其他動物有什麼感覺，也或許永遠不會明白。但對人類來說，這稱做低落，嚴重一點則是悲傷。化學物質的獎懲會刺激動物改變行為，以便復原和提高自己的位置。

地位提升會增加動物的存活率，同時讓牠們獲得化學性的獎賞。地位提升的感覺很好。

另一方面，地位驟降會降低動物的存活率，也會讓動物受到化學物質的懲罰，那種感覺很悲慘。

一份更新的科學報告指出多種動物的地位和血清素的關聯，變色蜥、藍帶血鰕虎、螯龍蝦、螯蝦、虹鱒等動物中，血清素有可能不會「控制」動物的心情，而是和其他神經傳導物質一起發出訊號[11]，告訴動物：「地位」改變了。

地位和情緒間的連結就像強大的透鏡，能解釋青少年和年輕動物的行為、情緒起伏、焦慮和憂鬱。公開羞辱和其他形式的地位驟降甚至會讓動物脆弱到想要自殺。失去地位階級真的很痛苦，年紀輕輕卻只能待在社會階級制度的底層也很痛苦。

野莽期期間，對社會地位愈發敏感以及社交上的困擾增加，都可能讓青少年走上憂鬱之路。[12]社交壓力造成的心痛（social pain）極為痛苦，不能等閒視之。因此，問青少年為什麼那麼在乎別人的想法是非常麻木不仁，甚至非常無知的。畢竟從人類到鬣狗再到螯龍蝦，每種社會性動物的青少年都是如此。這些青少年時期動物在自己的世界裡尋覓和地位相關的線索，密切留意習得的事物。當地位改變時，牠們的感受也非常強烈——有時歡欣，有時痛苦。

社交疼痛

地位下降會伴隨日漸惡化的負面感覺，即所謂「社交疼痛」，美國加州大學洛杉磯分校的神經科學家娜歐蜜・艾森柏格（Naomi Eisenberger）針對這個現象做了廣泛的研究，把動物遭到排擠時的生理和情緒痛苦連結在一起。

其中一項研究中，青少年玩著模擬社會排擠的網路遊戲，由她帶領的團隊記錄青少年的大腦活動。[13]艾森柏格發現，身體上和社交上的疼痛共用相同的神經路徑，此外，被排擠的感覺對青少年來說特別痛苦。也就是說，不在意地位的父母無法理解孩子的行為，他們不懂被排除在外真的很傷人。

艾森柏格也認為社交疼痛會造成鴉片上癮和用藥過量。[14]值得注意的是，藥物的使用和濫用是青少年和年輕人的主要健康風險之一，且通常發生在青少年剛進入危險的社會分類競技場的時候。[15]此時，社會腦網路對地位下降和社交疼痛的敏銳度來到高峰，青少年可能會借助於毒品，因為這些東西能減少痛苦的感覺。

在相關的研究中，艾森柏格指出，在美國，乙醯胺酚（商標名：泰諾〔Tylenol〕*）不只能減輕身體疼痛，也能治療社交問題造成的疼痛。[16] MRI（磁振造影檢查）的結果顯示，社會排斥的痛苦所啟動的腦部區域和路徑，基本上和生理疼痛一樣。乙醯胺酚其中一種減輕疼痛的方法就是活化μ型類鴉片受體，這種受體對大麻中的活性分子THC（四氫大麻酚）也有反應。

自行用藥除了能紓解心痛，藥物和菸酒或許還能讓青少年覺得地位提高了，或者讓其他人誤以為自己的年齡比實際大。我們前面說過，在階級制度中，年長的成員通常是其他人聽從的對象。

由於社會地位下降會造成痛苦，照顧青少年的成年人可以考慮跟青少年攤開來討論相關話題。人緣好壞和地位高低深深扎根於人類演化的歷史，也是很多年輕人執著的事物。比起直接詢問心情，詢問關於人緣和交友的問題更有可能讓你得到有關社交疼痛的資訊。

目標動物

在公共巢穴待了八個月後，史靈克、雙胞胎姐姐、梅瑞葛許王子和同儕一起進入了另一個發展階段，得變得更獨立。牠們要開始自己覓食，跟家族內其他成年鬣狗建立關係。你可能會以為進入青少年晚期之後，鬣狗在階級制度中會更自由，不用受到成年鬣狗的干預。但事實上，母親介入的情形在此時更加嚴重。

階級高的母親會繼續調解子女的衝突——即使子女早就已經能自行戰鬥了。[17]優勢的鬣狗媽媽會把下位者趕走，讓子女先大快朵頤。子女跟年長成年鬣狗打鬥時，她們會急忙跑去幫子女打勝仗。

瑪夫塔女王的介入除了確保梅瑞葛許可以得到所有想要的東西，包括最好的食物、睡覺的地方，和最受歡迎的朋友，也確保梅瑞葛許不會遇到糟糕的敗者效應。鬣狗媽媽天生就懂得敗者效應。個體一旦勝利，就有每次都獲勝的傾向；要是打了敗仗，也會有類似的模式，而且一直輸下去。因此，避開敗者效應同時提升勝者效應，就能訓練發展中的青少年（以及牠們發展中的大腦）習慣在同儕之上的感覺。

尋找容易擊敗的目標來練習，可以達到上述目標。青少年容易成為「目標動物」，也就是優勢者選來凌虐的個體。[18]低階級的個體或許會因為外型或行為與眾不同而被當作目標，但如果沒有盟友來幫忙，牠們會變成主要目標。被當作目標的動物會頻繁地經歷社交挫敗，有時可能持續不斷。

科學家在小鼠社交挫敗的研究中發現，吃了敗仗之後，小鼠會降低牠們在下一場攻勢的攻擊力，使牠們更容易被打敗。[19]過了一段時間，敗者效應會讓低階級的動物完全放棄嘗試，甚至不跟其他動物來往——不加入階級戰爭或其他社交。而在波士頓龍蝦鬥爭優勢的研究中也顯示出類

＊審訂註：在臺灣，此藥的商品名即是非常常見的普拿疼。

似的趨勢。[20]

變成目標動物會讓史靈克跟其他地位低的青少年容易受到驚嚇，且隨時保持警覺，一直處於緊張狀態。如果沒有地位，牠們就交不到朋友；如果沒有朋友，就很難提高地位，更遑論維持。如果低階的鬣狗是十三歲的年輕人，可能會感到憂鬱。

嚴重憂鬱的青少年和年輕人常會覺得自己沒有價值、很無助、絕望，[21]覺得做什麼都無法改善或改變他們的心境。事實上，這就是敗者效應對魚群、鳥群、哺乳類和甲殼類動物造成的影響。

被打敗的螯龍蝦和鬣狗如果能說出感受，或許會覺得自己很沒有價值（與占優勢的侵略者相比，地位很低）、很無助（沒有同儕來幫忙），也很絕望（覺得自己既然贏不了，為什麼要繼續嘗試）。

美國精神醫學學會出版的《精神疾病診斷與統計手冊》（*Diagnostic and Statistical Manual*）中列出了幾項重度憂鬱的標準。其中，無價值感就是症狀之一，其他憂鬱症的相關資料來源則引證了絕望感。[22]一九三五年，雪爾德拉普－艾貝在另一份有關鳥兒的文章裡寫道，下位鳥兒似乎「因為絕望的預感而變得遲鈍」，階級較高的鳥兒則「因為優越感被滿足而極為歡欣」。[23]

不像成年人比較有能力讓自己跳脫不良的階級制度，青少年和年輕人只能在階級的泥淖裡動彈不得。法律規定人類青少年必須上學，但他們在學校可能遭人恥笑或霸凌；在社交和財務上則離不開鄰里或家庭，但他們可能完全不受重視。青少年就是無處可逃，或者覺得自己逃不了。

持續有這種感覺的青少年和成年人會覺得難過，有時候甚至真的陷入憂鬱。人類內在的自我認知可能跟別人眼中的他們很不一樣。青少年時期的社會經驗會塑造個人對地位的看法，有時候還會延續到成年之後。青少年時期的社交挫敗可能會留下長遠的影響，使個體即使在成年後成功了，快樂的感覺也不會那麼強烈。

有些行動確實會改變動物的階級，父母、老師、心理健康專家及青少年自己應該都對此有興趣。階級制度穩定性的實驗結果顯示，把魚兒或猴子先移出團體，再讓牠們回去，有時候會讓分級和社會地位重新洗牌。[24]以人類來說，則可能是學生暑假結束，回到學校後發現自己在階級制度裡的位置改變了。在團體底部掙扎的青少年或許會覺得這是好事，因為他們發現自己有了更好的位置。（另一方面，幾乎每個經歷過的人都可以證實，如果在青少年時期時錯過團體活動，有時候會導致自己的地位掉到最底層。）

當實體空間變大，有時也會放鬆既有的階級制度。二〇一四年夏末，我們到加拿大的薩斯克其萬省（Saskatchewan）觀察一群加拿大美洲野牛，牠們在艾伯特王子國家公園的開放牧地度過夏天後，被帶進非常大的畜欄裡。我們費力穿過泥濘的牧區，在這些巨大的美麗生物中間聆聽牠們發出的咕嚕聲。突然間，牠們全都秩序井然且服從地排好隊，往飲水槽移動。

這些牛在水槽前的順序並不是隨機的。愈占優勢的愈先喝，階級愈低的排愈後面。參觀獸醫學校和乳牛場時，我們也看過類似的牛隻線性階級制度，一群群乳牛仍舊有秩序地朝著擠乳間前進，且由專橫、占優勢的個體帶頭。

照顧這些薩斯克其萬美洲野牛的獸醫告訴我們，在夏末和冬天，動物住進穀倉時，喝水的階級制度就會出現。[25]但到了春天，在國家公園廣大的土地上，階級制度就沒那麼死板。優勢個體和下位者可以同時在天然的湖邊喝水。放鬆僵化的階級制度可能就像走出戶外那麼簡單。重點是，當資源稀少，階級制度會變得嚴格，連足夠的空間都是很珍貴的資源。

不過，即使實體空間可以擴大，或是青少年可以逃離不良的團體，低地位的自我認知仍有可能揮之不去。小學生在評估自己的階級時，多半很正確，但科學家研究憂鬱的青少年時，發現他們所認知的地位通常遠低於同儕的看法。[26]很多人內心深深覺得自己就是在階級制度中比較低的那端。敗者效應一開始時，青少年或許真的在與另一個個體競賽，但當輸家無法擺脫它，便會連試都不試就覺得輸了。敗者效應會形塑成身分，一種持久的印記。這種效應在野莽期時可能特別強烈，階級、社交經驗和腦部都大幅重組。

感受失敗的滋味：霸凌

說到霸凌，可想而知一定會加重青少年的憂鬱症。有好幾項研究顯示，被霸凌和產生憂鬱或焦慮的感覺之間有密切關聯。[27]二〇〇五年的一項研究比較了二十八個國家中，十一歲、十三歲和十五歲青少年的霸凌問題，顯示的結果數字落差很大，立陶宛男孩之間的霸凌盛行率最高，瑞典的女孩之間則最低。[28]在美國，從九年級到十二年級約有百分之二十的學生表示曾經遭人霸凌，這項數據來自美國國家衛生院的反霸凌單位，專門照顧青少年的健康。[29]美國國家衛生院將霸凌定義為「個人或團體對他人的不友善攻擊行為」，包括身體攻擊，例如拳打腳踢和推擠，或行為攻擊，例如故意藏匿、偷竊和損害財物。霸凌可能是言語上的人身攻擊、嘲弄、散播謠言或謊話，也可能是脅迫或間接的——「拒絕與某人交談、讓他人覺得被排擠，或者鼓勵其他人去霸凌某人。」

儘管過去十年來，我們對霸凌有更進一步的了解，但先仔細調查動物霸凌的功能和形式，才有可能完全明白人類霸凌的複雜性。[30]我們發現，將動物行為學家從其他物種身上累積下來的階級制度知識套用到人類行為上，可以大幅增加目前對霸凌的想法——甚至包括治療霸凌問題的線索。藉由跨領域的研究，我們找出三種與人類有關的動物霸凌。我們稱之為「優勢者霸凌」（dominator）、「從眾者霸凌」（conformer）及「轉向者霸凌」（redirector）。

霸凌類型一：優勢者霸凌

說到動物間的霸凌，首先要知道動物之間的霸凌幾乎都是為了得到或維持地位。階級高的動物亟欲維持地位，而在群體前公開霸凌其他動物來展現優勢可以再次強調自己的地位比較高。別忘了，地位是一種感覺，而且，為了獲取和維持地位，強勢的霸凌者需要觀眾。如果旁觀者接受某個體或團體展現的優勢——牠們通常也會接受——霸凌者就會繼續占上風。

強勢個體會慎選受害者。牠們不會挑戰社交同儕或威脅性強的對手，而是去挑釁地位比較低的個體。強勢的動物和人類在霸凌其他個體時存在一項差異：人類的攻擊不一定是身體上的攻擊，用言語羞辱讓受害者覺得情緒受到傷害也是壓迫他人的武器。

我們在鬣狗和其他動物（包括靈長類在內）身上看過，強勢的霸凌者，不論雌性或雄性，有時候是由同為霸凌者的親代養大的，牠們從小就被訓練要奪取權力，而且如果有對手抵抗，則必須威脅、斥喝或者加倍懲罰牠們。霸凌者的養成從小就開始，是個自我強化的過程：當動物表現出愈強的優勢，其他個體愈有可能認同牠們擁有較高的階級。強勢的年輕動物會攻擊目標動物當作練習，並藉此讓團體中的其他動物知道，相對於愈來愈強大的年輕菁英，牠們的地位正在下滑。

優勢者霸凌可能很駭人，而且出乎意料之外，因為牠們需要持續展現自己的力量。如果群體掉以輕心，這些霸凌者會毫不猶豫地找弱者開刀，利用觀眾來得利。

在沒有社群的支持下，軍隊或學校裡強勢的霸凌者會把統治權一代一代傳下去，難以去除。值得注意的是，群體成員的行為也會讓這種世代傳承的霸凌不斷持續下去。低階級動物的親代通常很想得到優勢家族的庇蔭，於是成年動物有時候會聯合起來，欺負同樣階級的青少年成員，希望藉此提高自己的階級。旁觀者不敢對抗霸凌者可能是因為害怕自己變成目標，但也可能是因為被欺負的動物跟其他個體不一樣，可能會拉低團體的地位或帶來危險。其他動物袖手旁觀或許是因為自古以來團體會避開與眾不同的個體，以及反常效應造成的影響。

霸凌類型二：從眾者霸凌

我們不知道史靈克地位低下是否是因為他的耳朵形狀「特殊」——上面的凹陷讓他看起來跟其他的年輕鬣狗有點不一樣。我們問了奧立佛·霍納，他說那隻耳朵當然不會影響史靈克在團體裡的位置，但可能有其他影響，例如史靈克的個性，甚至牠的聽力。霍納強調，即便兩者的可能性都很低，但因未經研究，所以他也不能斷言。然而霍納也說，他發現鬣狗的階級與耳朵的狀況有關，我們聽了非常驚訝。「稱后的雌鬣狗，」他說，「她的耳朵比低階的鬣狗好看多了。」他解釋，鬣狗打架時，會先攻擊對方的耳朵，使這個脆弱的附屬器官很有可能被撕裂或整個咬掉。必要時無法控制耳朵表現出順服姿態的鬣狗在社交上居於劣勢。霍納說明，他只找到耳朵凹陷數目和階級的關聯，但兩者並非因果關係。

我們在前文提過，很多處於優勢地位的霸凌者會因為個體與眾不同而將之視為目標動物。同樣地，因外表而起的霸凌——例如排擠、羞辱和迴避外表或行為不一樣的個體——在人類青少年間相當普遍。根據非營利組織 Youth Truth 在二〇一八年發表的報告，百分之四十的中學生表示他們曾經遭受霸凌，最常見的就是因為外表。[31] 通常，強勢者為了保住權力和地位，會用這種方式霸凌他人。

但還有另一種霸凌也是因為差異而起。從眾者的霸凌武器是利用迴避，也就是社交排斥來威脅個體，但其潛在的目的與優勢者不同。從眾者霸凌其他個體的攻擊行為並不是為了展現和提高自身地位，而是有意無意地想除去不合群的人，保護自己和團體。因為團體裡出現「奇怪的」成員可能會引來不必要的注意。

就像優勢者的行為一樣，從眾者的行為有強大而古老的演化基礎，群體成員會避開群體中特異的個體。在本書的第一部裡提過，如果團體中有成員的外表或行為與眾不同，可能會讓魚群、鳥群和哺乳類動物們陷於較危險的處境。動物如果站在顏色或行為與眾不同的個體附近，或者在牠附近游泳或飛行，可能特別危險。牠們或許會覺得這是生死關頭，得遠離那些太顯眼的個體，因為牠們害怕只要一靠近，自己也會變成容易被攻擊的目標。

人類雖然不會成群居住，但我們跟群居動物確實有一些共通的行為模式。反常效應可能使顧及大局者發起霸凌，因為個體想避開這些成員免得陷入另一種危險：可怕的社會地位下降。

團體或許本來就偏好某種一致性，所以中學和高中的霸凌加害者會凸顯被害目標的差異（或許是真實存在，但也可能誇大或虛構）。散播與性有關的謠言或排斥同性戀的毀謗是很常見的手法。這種以強調別人的差異降低他人地位，製造差距的過程，社會學家稱為「他者化」（othering）。一旦個體被「他者化」，整個團體就不太可能支持他，[32]還可能加入霸凌的行列。團體成員會因為害怕被「他者化」而寧可順從群體——在青少年和成人社會中都能看到這種現象。

有些政治領袖非常狡詐，會利用他們對「他者化」的認知（這似乎是出於本能），以及「他者化」與反常效應的關聯來霸凌他人，就像青少年的霸凌一樣。舉兩個經典的實例，納粹德國把猶太人描繪成傳播斑疹傷寒的害蟲；盧安達的胡圖族（Hutu）四處宣傳圖西族（Tutsis）是有病的蟑螂。[33]目標團體被「他者化」，因為他們會威脅團體的安全。

霸凌類型三：轉向者霸凌

說到霸凌，有些人認為這些恐嚇別人的人其實才是受害者。因為他們或許是自尊心低落，才把挫折的感覺發洩在他人身上。然而，由於動物間的霸凌多半是強勢者對弱勢者展現優勢（低階級的動物去欺凌高階級的動物非常少見），我們相信霸凌者即為受害者或許是第三種類型，稱做「轉向者」。

與優勢者霸凌可能源自高度的自信不同，轉向者霸凌出自焦慮和恐懼。為了了解轉向者霸凌如何影響人類社會，或許可以先看看狗的例子。

作家詹姆斯．何（James Ha）是華盛頓大學的動物行為學家，他花了四十多年研究動物的行為，幫助客戶處理寵物令人困擾的行為。他告訴我們，狗兒有一種攻擊的形式看似莫名其妙。平日行為良好的狗如果感到焦慮，或被人類家庭的成員嚴厲處罰或管教的時候，偶爾會出現這種行為。這些狗兒很恐懼，尤其在牠害怕的人類面前，牠們有時會吠叫、猛撲和咬人，但絕對不會攻擊牠們真正害怕的人事物，而是攻擊無辜的旁觀者，通常是家裡最年輕的成員，或是體型較小的動物。

而詹姆斯提出的「觸發事件堆積」（trigger-stacking）會讓這種行為更加惡化。當平常的焦慮觸發事件開始累積，會使狗兒覺得除了攻擊外別無選擇。犬隻的焦慮觸發事件可能如不絕於耳的鞭炮聲和雷聲那麼普通、響亮，也可能如時間或不熟悉的氣味那樣細微且難以察覺。但當觸發事件不斷累積，狗兒會愈來愈焦慮，直到牠控制不住開始攻擊。

轉向者無法好好回應外力，過度粗暴的管教會讓牠們的恐懼和焦慮加劇，進而惡化成侵略行為。馬匹行為專家羅賓．佛斯特（Robin Foster）常說，「我們不處罰恐懼」，因為心生害怕的動物無法應對當下的處罰，而且處罰牠們只會加深恐懼與攻擊之間的連結。[34]這會使得動物在一碰到日常的焦慮時，便透過霸凌他人來排解，尤其是青少年時期的時候，因為動物在這個發展階段特別敏感。這些狗兒已經將恐懼與攻擊連在一起了。詹姆斯．何解釋，「牠們學到，如果覺得害怕，我就攻擊，可怕的事物就會消失。」

詹姆斯指出，對狗狗來說，發展出這種行為的主因是缺乏社會化——在發展的關鍵時期沒有其他狗和其他人在牠們旁邊。[35]最容易因焦慮而攻擊的狗狗多半都住在收容所，其中風險最高的是在青少年時期進入收容所的犬隻。如果住進收容所後又被其他狗攻擊，「這些動物會發展出『收容所犬隻症候群』。」（kennel dog syndrome）詹姆斯說道。這些狗因為害怕而攻擊的行為幾乎無法改正，很難被人領養。青少年時期時被隔絕、攻擊或重重處罰的犬隻可能一生都有行為問題，很難跟其他狗共居，連靠得太近也不行。牠們通常無法過著快樂平靜的生活，就算吃藥，或被樂觀、有耐心、想幫牠們復原的飼主領養，也無濟於事。

這就是關鍵所在。如果在重要的發展時期出現焦慮，例如青少年時期，焦慮的影響會更加惡化，可能會延續更久、扎根更深，甚至有可能導致腦部或基因改變。

低地位的大腦

地位和情緒的連結讓我們看見許多應用的潛力。遭遇霸凌會降低動物的地位，並且可能帶來傷害。小鼠的研究結果證實，地位下降會削弱學習能力。[36]科學家先分別測試十八隻小鼠走迷宮的能力。接著，強迫牠們與另一隻小鼠相處三天，使兩隻小鼠形成優勢與劣勢。重新測試時，科學家發現優勢小鼠的表現提升，下位小鼠的表現下降。這或許是因為優勢小鼠的睪固酮升高（勝者效應），或者下位小鼠因為壓力荷爾蒙升高，使其能力受到影響。不論機制如何，下位動物降低的學習能力和測驗表現或許對青少年來說最相似，一邊學習，一邊面對教室和學校的地位戰爭。

恆河猴的研究結果指出，地位高低會透過不同的方法影響才能的展現與學習能力。[37]有兩群獼猴接受了一系列的測試——其中一群全都是高階級母系的成員，另一群則是低地位團體的成員。首先，牠們要靠近陌生的盒子，學習找到花生，藉此評估牠們的能力。接著研究人員開始計時，看牠們能多快選出哪些顏色的盒子裡有花生，哪些顏色的盒子放了石頭，並且計算牠們找到的花生數量。

這些獼猴共接受了兩種測試：一種是只有牠們的同齡群，地位有高有低，另一種則是與其他群體的猴子一起。高地位家族的獼猴在兩種情況下都表現優異，低地位的獼猴則只有在現場沒有強勢猴子的情況下才能表現良好。

研究人員得出結論，地位較低的獼猴會「裝笨」，故意降低表現。這可能是典型服從行為的延伸，用來降低衝突，讓優勢者不會萌生攻擊的念頭。然而，這種回應可能也嵌入了我們的社會腦。如果有名人或霸凌者在場（或者對手正瞪著你，讓你有服輸的心理壓力），而你想把專注力放在對話上，就會了解這個效應多有強烈。

各個層級的教育者和學生都必須了解，地位差異可能會減弱學習能力和學業表現。如果小學老師一直不明白聰明的孩子為什麼抓不住某個概念，那麼上述的說法就有幫助，或者也能讓中學生或高中生明白為什麼明明有讀書，卻在測驗時表現不出來。學校社團如果用種族、性別和社經地位來排除其他人，那麼學校也應該討論這類社團創造出的階級制度是否會影響被排除成員的學習能力、學業表現以及未來的發展機會。

第十章
結盟的力量

青少年遭到霸凌不一定會憂鬱。有些青少年比其他個體更有抗壓性。以人類來說，支持者和朋友是很重要的緩解因素。亞娜．尤馮南（Jaana Juvonen）是研究青少年霸凌的專家，任職於加州大學洛杉磯分校，根據她的說法：「朋友的力量真的令人難以置信。小孩只要有一個朋友，就能直接降低成為受害者和被霸凌的風險。此外，受害者只要有那個朋友在身旁，就能減輕痛苦。」

霍納證實，同樣的道理也適用於鬣狗。「朋友的數目能確保你的社會地位。」他說。[1]

史靈克在幼年時期就居於劣勢，但在觀察史靈克和公共巢穴裡其他鬣狗的互動後，霍納與他的研究小組看到一件很有趣的事。史靈克特別擅長「社交聯盟步行」，就像人類會找朋友喝咖啡或打籃球。[2]鬣狗這種迷人的行為還有更口語的說法，稱做「與朋友散步」。

霍納向我們描述，「兩隻雄鬣狗可能一碰面就決定，『一起去走走吧。』」他語帶愛意地笑著說。霍納還告訴我們，史靈克會接近其他雄性，接著兩隻鬣狗一起快步走，身體不時接觸，尾巴自信地高高舉起。每走幾公尺，史靈克跟朋友就會停下來仔細聞聞草莖，即使一切看似稀鬆平常，沒什麼好留意的。一邊與朋友散步，一邊嗅嗅聞聞，是鬣狗的溝通方式，就像人們會為了交際談論天氣、體育賽事或政治。散步可能持續好幾個小時，兩隻鬣狗會不時停下來，東聞西嗅。成年鬣狗也會有這種行為——事實上，這是成年鬣狗維持社交連結的主要方式。而像史靈克這樣，在青少年時期多和朋友出去散步，也會讓牠在長大之後比較容易投入社交圈。

對史靈克來說，擅長與其他鬣狗建立友誼，並且有能力也願意邀請其他鬣狗建立關係，對牠很有幫助。霍納並未研究為什麼對某些動物來說，這種行為就是比較容易，這或許和個性、氣質或機會有關。但在野莽期學會吸引朋友和維繫友誼顯然非常重要，而且並非理所當然。青少年必須練習交朋友，透過不斷接受和付出來建立關係。尤其同儕之間的關係不像家人那麼緊密。青少年會透過玩耍互相練習，來磨練自己。

玩耍時的地位

大自然是座巨大的遊樂場，從魚兒和爬蟲類，到鳥兒和哺乳類，年輕的動物在河川、草原、海洋和天空中跑跳嬉戲。德國哲學家和心理學家卡爾・谷魯司（Karl Groos）在一八九八年的著作中指出，「我們不能因為動物年輕、在打鬧，就說牠們在玩，而要考慮到……這些都是為了……讓他們能應付未來生活中的考驗。」[3]

谷魯司的說法的確降低了玩耍的趣味，但「應付未來生活考驗」的能力，確實就藏在許多動物和人類的玩耍行為中。年輕的掠食者得模仿打獵動作，練習偷襲、猛撲和撕抓，將來才能自行覓食。一般來說，親代會送「玩具」給子女，幫助牠們學習：例如小豹斑海豹得到受傷的企鵝，小狐獴得到無法動彈的蠍子。[4]

動物行為學家戈登・伯格哈特（Gordon Burghardt）說，藪貓（一種野生的非洲貓科動物）會玩「釣魚遊戲」。[5]牠們會讓「抓到的小老鼠和大老鼠逃進大樹殘幹或地洞裡，再用前腳掌把牠們抓回來……藪貓會小心地抓住獵物背上的毛髮，把牠們抓到裂縫附近並放開。如果獵物沒有逃進洞裡，藪貓通常會用前腳掌把牠們趕進去，再把牠們撈出來。」

青少年時期的虎鯨會故意到淺灘嬉戲，模仿成年虎鯨乘著浪花到海灘上，迅速抓住獵物，再溜回海裡。[6]青少年時期接受過這種訓練的虎鯨，成年後的掠食能力似乎更強，技巧也進步得比較快。

同樣地，人類青少年也該早點學習怎麼談戀愛（我們將在本書第三部詳細說明），長大後才能成功找到對象，並跟伴侶有適當的互動。白頭海雕交配前會進行一段非常可怕，也可能致命的空中舞蹈儀式，稱做「死亡螺旋」。青少年白頭海雕玩耍時，會朝向彼此飛去，互碰利爪——同時，在飛行中練習瞄準和抓物，準備在某一個時間點勾住伴侶的腳，把對方猛甩出去。[7]

最明顯的玩耍行為就是打鬥遊戲，例如袋鼠有模有樣地相互揮拳，或年輕公羊用頭互撞。澳洲的袋熊和袋鼬會彼此追逐、跟蹤和扭打。[8]紅頸袋鼠有二十一種不同的打鬧方式，包括蹦跳、抓扒、拍打、出拳和踢腿。

從人類的角度來看，打鬥遊戲就像在為將來抵禦掠食者做準備。乍看是為了保障安全，事實上自我防衛跟打鬥遊戲不一樣。後者是讓年輕的動物學習不同的戰鬥類型，以爭取在群體內的階級。要注意，不論是天竺鼠還是捲尾猴，小時候常跟同儕混戰的年輕動物並不會變成好鬥的仇敵，而會變成更好的朋友。牠們成年後的社會階級較高。透過打鬧，年輕的動物可以試著不傷害彼此來協調衝突。此外，低階動物如果不喜歡優勢動物的作為，也可以藉由玩耍來學習怎麼溝通。

麻州大學阿默斯特校區（University of Massachusetts Amherst）的生物學家茱蒂絲・古迪納夫（Judith Goodenough）說，「沒占過上風，年輕的猴子在成長過程中會過度服從；不曾居於下位，長大後可能只會霸凌他人。[9]遊戲也可以幫助年輕動物學習理解其他動物的意圖。對手是否在虛張聲勢？對方有多積極？這些社交和認知技能或許比身體能力更為重要。」

我們問霍納，史靈克是否也有學到這些？他說，所有鬣狗都必須學習面對遊戲後的輸贏——就算是稱后的雌鬣狗也一樣。他說，女王有時候會闖入其他家族的地盤，變為侵入者的她就必須順從領域中的其他居民。「鬣狗都懂得如何服從。這是存活的關鍵，否則你會被揍得很慘。」他說。而這些服從行為多半是在野莽期早期，跟同儕們玩耍時學來的。

年輕的雄性白尾鹿會跟不同年齡的同類一起度過夏天，基本上就是從「玩耍」當中學習和重新學習團體生活的規則。[10]每到夏天，所有雄鹿的鹿角會脫落。這時，群體行動能有更多雙眼睛和耳朵保護這些少了鹿角、比較容易被攻擊的個體抵禦掠食者。這相當於鹿將防身武器放在門口。沒有武器後，鹿隻也不容易因為玩打架遊戲而受傷。

跟很多動物一樣，這些雄鹿打鬧不只是為了練習打退掠食者，或彼此競爭資源或伴侶，而是有個隱而未宣的目的：學習如何「避免」互相打架。因為穩定的動物群體不會彼此爭鬥。打架遊戲能訓練年輕動物理解社會階級中的不同位置，[11]讓牠們成為更靈活、更成功的領袖，或在群體裡成為更有生產力、更可靠的成員。

對社會性動物來說，這類訓練非常重要、不可或缺。人類青少年跟年輕人有很多方式可以練習階級制度中頻頻發生的分級和重整。在健全的體育、戲劇和音樂體系中，人們能藉由特殊技能在可靠的環境裡改變自身地位——而不用靠外表、體型、力量或家族人脈來獲取優勢。這使青少年能在階級制度裡移動，也能對現況有些許主控權。聰明的教練、編舞家和指揮家會讓參與者有機會當主角，也有機會當配角。

有個絕佳的策略能讓人類青少年在分級的戰爭中存活下來：在大的階級制度裡創造出規模較小的階級制度。在群體中擔任地位較低的角色是個體非常重要的成長經驗。例如，擔任實習生和學徒，或者是夾在九年級生和十二年級生的同儕領導關係之間。但在不同的群體裡享受較高的地位也能讓人有所收穫。加入學校、在地社區的不同團體或甚至多個線上社群，都能達到兩個同等重要的目的：青少年可以一面累積社交技能，一面學習接受這個階段的挑戰變得更具抗壓性。

儘管動物的打鬧遊戲僅限於真實世界，我們不妨也思索一下現代人類青少年在虛擬世界的打鬥是否能取代猴子、鹿、大象和鬣狗的行為，例如鬥鬥頭、摩擦鹿角、以象鼻互觸及結盟步行，或者與之有無相似之處。動物的肢體接觸似乎是牠們為成年後的交友狀況而做的重要準備。多位玩家的電玩遊戲不太有實際接觸，卻能鼓勵青少年花時間了解彼此——有時甚至是了解世界各地的人。在遊戲虛擬的階級制度裡，不同的玩家通常占有不同的位置。兩人以上的電玩遊戲不同於單人遊戲，基本上就是一種社交體驗，很多玩家表示，遊戲帶來的集體利益就和真實的遊戲沒有兩樣。新的研究證實，電玩不一定會造成社交孤立。[12]然而，其他的研究結果跟普遍的想法一樣，認為長期打遊戲對社交技能的發展確實有負面衝擊。如果青少年遊戲上癮，會降低他們合作、負責任、利他行為及表達能力等社交技能。

評估超載

青少年時期的野生動物跟現代人類青少年相比有兩個優勢。牠們同樣要面對高風險的試驗和隨之而來的壓力，但這一切有始也有終。有玩耍的季節，也有繁殖和遷徙的季節。另一方面，今日的人類青少年始終無法獲得喘息，因著網際網路而起社群媒體並沒有淡季。

此外，青少年時期的野生動物只須著眼於眼前的競爭。史靈克不需要在白天向其他家族成員證明自己的能力，晚上還得思索自己在其他家族中的相對階級（恩戈羅恩戈羅火山口有其他八個家族，附近的塞倫蓋提國家公園有幾十個，歐洲、美洲、澳洲和亞洲的國家公園及動物園裡則有更多）。他不需要思考如果他是胡狼、獵犬、灰狼或豹斑海豹的話，日子會是什麼模樣。

社群媒體上的年輕人從頭到尾都無法完全了解自己面臨的競爭——也無法完全逃避。現代的社群網路大到我們不可能認識當中的每一個人，但也讓很有距離感的名人或政治人物，無論刻薄或友善，都感覺離我們很近，即使他們的優勢或聲望根本不是來自他們個人的日常生活。當然，這並不完全是最近才出現的問題。隨著城市發展及通訊、無線電和電視的興起，這個問題也愈來愈嚴重。網際網路雖然沒有使社交連結強大、自我覺察能力比較強的人們互相競爭，卻因為增加了同儕的數目，讓青少年間的得失比較來到了前所未有的程度。

與其他個體比較並不是人類獨有的習慣。還記得嗎？社會腦網路能幫助動物處理並分析社交資訊，採取相應的行動。社會腦網路的關鍵功能是幫助動物與他者比較，進而評估自己。動物的這套系統並不是持續不斷，而是有週期性的規律。但現代人的生活時時刻刻都受到他人的檢視評斷，甚至在進入野莽期前就開始了。

對很多人來說，青少年時期已經演變成一場殘忍的競賽，年輕人被無止盡地分級、評價和排名。中學就像賽場，無情的評斷一直持續著，青少年身心靈的每個面向都被拿出來檢視：高矮胖瘦、運動能力、飲食習慣、性魅力和交往經驗、社交技巧、學業成績、外向程度、財力和外表，這些始終是年輕人在意的事物，但過去並不會把這些特質攤在陽光下，讓大家公開評斷。

在遭受同儕、老師、父母、教授、上司和伙伴一整天的檢視後，學生回到家。原本到家之後可以拋開所有和地位有關的事物。但在今日，評斷的壓力透過筆記型電腦和手機等數位方式長驅直入，湧進許多青少年的臥室、餐桌和通勤時間，打擾他們讀書、看電視、玩遊戲、閱讀或休息。評估的壓力到晚上仍在持續，地位高低跟著電子裝置發光的螢幕規律地起伏。

二十一世紀社群媒體問世後，評斷的次數變得難以控制，也不健康。我們的社會腦網路基本上已經超載。片刻不停的評價塞滿了青少年的社會腦網路，造成焦慮和痛苦，我們為此提出一個新說法：「評估超載。」（assessment overload）

演化生物學家把評估超載稱為不匹配失調（mismatch disorder），其發生的原因來自現代人所處的環境與過去差異甚大，造成演化而來的身體和心智無法匹配。[13]現代流行的肥胖症即是一種不匹配失調——人類和動物的代謝系統是從食物稀缺的環境演化而來，我們今日所處的卻是個熱量過剩的世界。

青少年時期增加的壓力和焦慮或許也可以解讀為不匹配失調。社會腦網路演化自哺乳類，這些動物間不時會有競爭。但現代青少年生活中無止盡的評估——考試、運動表現，以及現在的社群媒體排名等——讓社會腦網路無所適從，因為在社會腦網路演化的環境中，評估並非一直在進行。我們可以推測這種連續不斷的評估就像過剩的熱量，也是現代人類世界獨有，而且比年輕的社會性動物所能應付的更加強烈，也持續更久。

精神避難所

解決演化不匹配失調問題的最好方法，或許是讓生理與環境配合得更好。我們可以設法恢復原本的環境條件，也就是生理上（或行為上）原有的演化環境。就肥胖的例子而言，我們可以減少食物，恢復現代飲食的季節性；而面對太多的評估，則可以在青少年的生活中加入幾段不會被評價的時間。與其讓青少年落入分數和排名的滾滾洪流中，成年人可以留給他們沒有評斷的時間和空間，暫時遏制評斷的壓力。這樣的空間可以用它的實際功能來命名，不叫做遊憩區，而是「精神避難所」。

青少年可以在精神避難所中參與非競爭性的運動、讀閒書、享受私人的休息時間，但不被社群媒體騷擾。如此一來，青少年（與他們發展中的社會腦網路）可以暫時抽離現實和網路虛擬的階級制度。對青少年來說，被他人評估很正常，也很重要，但過度的評估將會招致疾病和煩惱。

儘管每個人都需要朋友，但幸好社會腦網路本來就有跨越物種藩籬的特質，青少年也能從與動物建立關係得到幫助。馬匹、貓狗和其他寵物都有精密的社會腦網路，能給人類意想不到的回饋。寵物治療愈來愈受歡迎，因為有愈來愈多人知道寵物治療對人類的心理健康有益。凱西・克魯帕（Kathy Krupa）是通過證照考試的馬術治療師，她告訴《紐約時報》：[14]

「馬兒不在乎某人是否坐過牢，是否有學習障礙，牠們會只用你當下的狀況來評判你。即使你在馬兒身邊覺得害怕也沒關係，只要你承認你很害怕。我看過一匹馬直接走到嚇壞的小孩面前，把頭靠在他的胸口。」

在美國費城，一家叫做Hand2Paw的非營利組織會幫危機青年和庇護所裡的流浪動物配對，雙方都非常脆弱。[15]創辦人是一名就讀費城大學的十九歲學生，她在二年級時想建立自己的社交關係。人類／動物互動的社會救濟能兼顧人類和動物的需要。Hand2Paw的年輕志工在這個方案裡獲益良多，而他們照顧的貓狗也能得到數百個小時的關心、打理和社交——消除「收容所犬隻症候群」，提高被收養的機會。

分級不代表一切

對大多數的鬣狗來說，如果從小就像史靈克這麼倒楣，可能一生都會活得很悲慘，或者早就餓死或被掠食者殺死。但史靈克和大多數的鬣狗可不一樣，他沒有向遺傳、環境以及社會秩序低頭。他的故事因為一項令人意想不到的決定而有了劇烈的轉折。

某天，或許是因為肚子太餓，加上膽子也變大了，史靈克直接走向家族中最有權力的鬣狗，也就是瑪夫塔女王，請她幫忙。女王斷然拒絕了他。他再求一次。她又拒絕。他一再向她乞求，過了幾天，瑪夫塔終於答應了。（奧立佛．霍納到現在還不完全明白到底為什麼。）史靈克的決心加上瑪夫塔不尋常的默許改變了這隻鬣狗的一生。

史靈克想喝她的奶，瑪夫塔也願意餵他。

一連幾個星期，史靈克和梅瑞葛許，一個乞丐一個王子，靠在一起吸吮瑪夫塔的乳房，她的奶水營養豐富，乳量也足，史靈克很快就長成一隻身形魁梧的鬣狗，或者照霍納的說法，「他很英俊」。

鬣狗願意接納非親生的小鬣狗實在很不尋常。我們永遠不知道瑪夫塔女王最後為什麼首肯，但霍納說她跟史靈克的關係很特別，因為史靈克有魅力，也有很高的社會智能和決心。儘管鬣狗的智慧幫了史靈克一把，但他建立的強大聯盟，以及他的勇氣跟本事，當然再加上運氣，最終才讓史靈克提升了自己的階級。霍納說，或許更重要的是，機會出現時，史靈克能看見並且立刻抓住。與其他雄鬣狗一起散步、翻滾扭打和角色翻轉的經驗，都讓他學到寶貴的一課，懂得與同類相處。

自從與瑪夫塔結盟的那一刻開始，史靈克的生活改變了。他得到更豐富的營養，也與地位高的動物建立關係。碰到其他家族的成員時，瑪夫塔開始保護他。這些因素再加上他的社交技能，使他在遷徙、進入了另一個家族時，得到很好的位置。他變得很受歡迎，與雌鬣狗生下許多子女。後來，史靈克再度離開，加入第三個家族，且又在剛加入新團體的那段期間發揮了他的社交技能。

你可能以為這個故事結束了，有個簡單又快樂結局，但並不是每隻鬣狗都樂見史靈克的地位上升。有時地位的改變需要犧牲才能換得。在這個故事裡，史靈克為了自救，犧牲了與母親的關係。在他乞求、誘騙和要求瑪夫塔接受自己的時候，他的母親想盡辦法不讓他離開。霍納告訴我們，貝巴「對史靈克去吸瑪夫塔的奶水感到很不高興。她甚至想把史靈克從瑪夫塔身邊拉走，但他堅持不肯。」

在人類的歷史上，也有許多人拋下了痛苦、難堪，或者是他們深愛，卻沒有實質幫助的過去。史靈克知道母親無法好好照顧他，且那會阻礙自己的生存，因此他抓住機會去了別的地方。

在世界的各個角落中，每天都有人在原生的環境中受苦，掙扎著進入他們渴求的環境。歷史學家兼作家泰拉・維斯托（Tara Westover）就是一個很好的例子，她在二〇一八年出版的回憶錄《垃圾場長大的自學人生》（*Educated*）描述她在愛達荷州鄉下長大的過程。她的父母是生存主義者，堅信末日即將來臨。[16]由於她的父親不相信公立學校，維斯托直到十七歲才入學，野莽期期間則「在父親的垃圾場工作，或幫自學成為草藥師和接生婆的母親燉草藥。」[17]在維斯托決心要唸大學後，她便開始自學，最後從楊百翰大學（brigham young university）以優等成績畢業，又從劍橋大學取得歷史博士學位。即使鬣狗的動機當然跟人類很不一樣，但維斯托跟史靈克都有超群的毅力，這可能是來自她的性格和目標，她曾告訴《泰晤士報》（*Times of London*），「我現在覺得那或許就是我的個性：固執、自信，甚至可能還有一點好勝。」在同一場訪談中，她分享了她對家庭失和的看法：「你可以愛著某個人，但仍選擇離開他們；你可以每天想念某個人，卻很高興他們不在你的生命裡。」[18]

對索列夫．雪爾德拉普－艾貝來說，他的青少年時期和成年生活並不順遂。[19]缺乏社交技能的他無法推廣自己的研究結果，也無法提高學術地位。為了得到認可，他苦苦掙扎。儘管身為研究動物階級制度的先驅，在自己的人生裡，艾貝卻無法成功找到啄序中的位置。

史靈克的故事教了我們很多事，了解特權、環境和個體的積極程度如何塑造人類青少年及年輕人的命運。史靈克的一生很有可能就跟他的母親一樣——住在社交團體的底層，被嘲弄、騷擾、剝削和傷害。但母親的命運不等於孩子的命運。小鬣狗以及其他幼年動物有時能將未來掌握在自己手中。

要在地球上活得幸福快樂，必須先認清幾項殘忍的現實。自然界不存在公平競爭這回事。動物確實會繼承雙親的階級，爸媽為了幫忙子女也會一直插手。外界賦予的地位會影響心情——此外，地位高低也會根據個體在團體中的位置——帶來焦慮和抑鬱，或讓個體覺得彼此相連，而覺得非常快樂。動物確實會彼此霸凌，成年人也會霸凌青少年，不過等個體長大一切都會好轉。

動物要發展社交技能才有機會增加會提升階級的優點，補足會降低階級的缺點。動物雖然無法控制自己出生的環境，但社交技能是讓生活還過得去的最重要工具。因此一定要增強社交技能。

史靈克或許會說，即使出生時沒有特權，在巢穴、群體或教室裡屬於地位低的那一群，感覺好像很可怕，但經過練習、堅持不懈，以及像他在恩戈羅恩戈羅火山口的那一點點好運，你也有可能翻轉地位。

第3部
性

野莽期的人類和其他動物必須學習解讀求愛的語言，
分辨對方是願意還是被迫，
適時地展現或抑制自己的慾望。

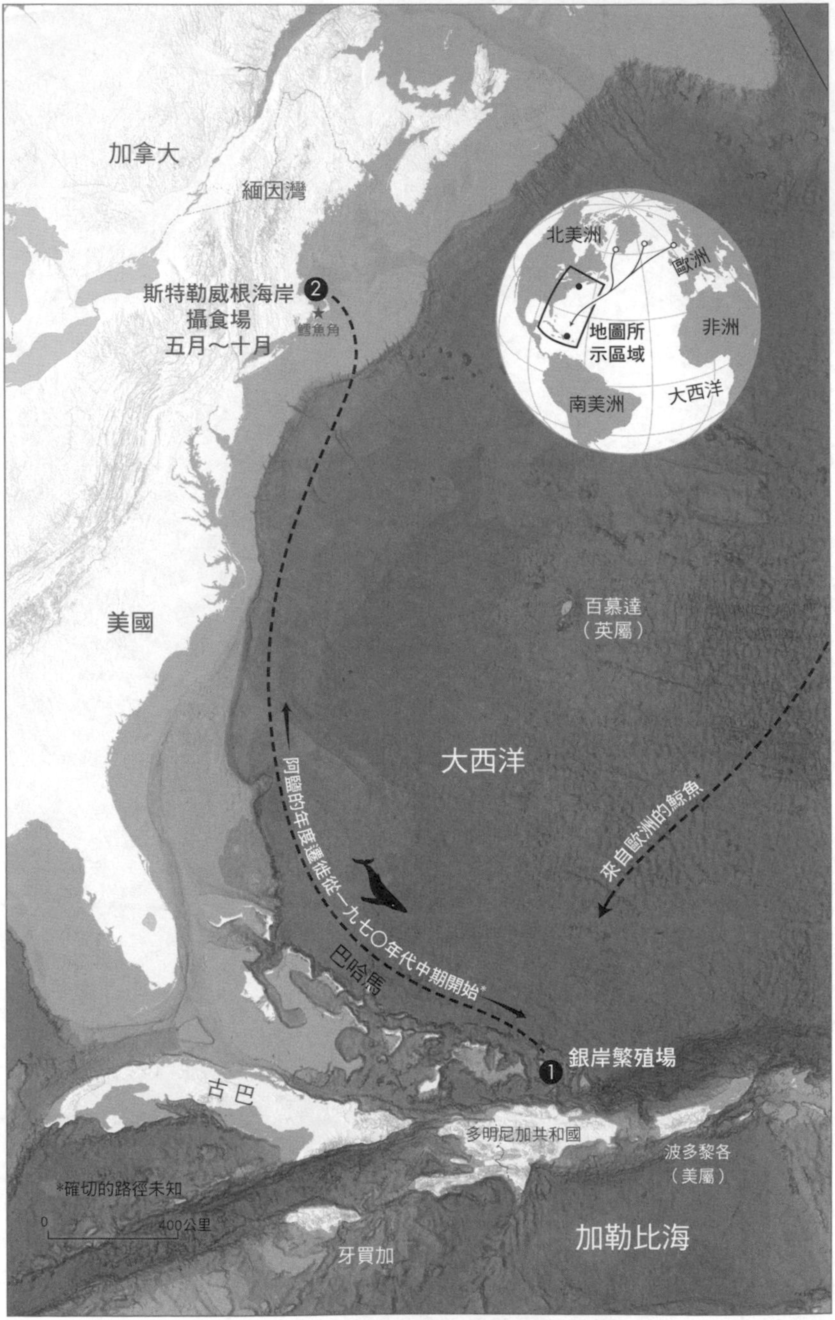

阿鹽的求愛語言學習之路

第十一章
動物的愛情

從一九七〇年代開始，住在斯特勒威根海岸一隻經驗豐富的雌性動物每年都會到鱈魚角（Cape Cod）外海度暑假。夏天從五月延續到十月，她總是早早在夏天開始的前一、兩週就抵達。她在食物豐富的地方周圍定居，跟老朋友敘舊，偶爾還會帶一名女性伙伴。十四年來，她也會帶著她的寶寶來到這裡——每一年都是不同的孩子，她的身邊沒有男伴。

這名住在斯特勒威根海岸的女性是一隻大翅鯨。灰色背鰭上的巨大白色傷痕看起來就像覆了一層鹽巴，因此幾十年來，海洋研究學者和群眾都暱稱她為「阿鹽」。阿鹽屬於擁有數千名成員的龐大大翅鯨家族，牠們住在鄰近新英格蘭、挪威、格陵蘭和加拿大的北大西洋。每到冬季，牠們會全體南遷數千英里，來到加勒比海的繁殖場——銀岸（Silver Bank）。

至少從一九七六年開始，在阿鹽還是個青少女的時候，就會在銀岸和斯特勒威根海岸之間遷徙。第一次向北旅行時，她還是一隻初生的幼鯨，在加勒比海出生後，由母親護送到緬因灣。如今，阿鹽早已當上曾祖母，子孫滿堂，是這個被大量記錄的大翅鯨家族的大家長。她顯然在每年往返加勒比海的長途旅行中知悉了保護自己的方法。此外，我們也從她能與其他雌性維繫長遠關係，並在階級制度裡保有穩定階級中得知，她擁有扎實的社交技巧。

不過，對於這隻活了五十多年且赫赫有名的鯨魚阿鹽，還有一件事值得注意，而且可以從她的幾十名子女、孫輩和曾孫輩身上看出來。阿鹽就像電影《鐵達尼號》（*Titanic*）裡優雅大方的蘿絲（Rose），當她的故事愈在我們的眼前開展，我們就愈理解她始終都在愛情中充滿自信和冒險精神。她所經歷的往事高潮迭起，有衝動，有拒絕，有渴望，也有熱情。

動物必須學習保護自己的安全，並在階級中找到立足之地，同樣地。學習尋找和挑選伴侶也是動物們必須面對的功課。你可能以為野生動物會屈服於本能的控制，在身體一旦成熟後就急著交配。但事實卻超乎大多數人的理解，而且和人類的體驗非常相似。首先，我們可以在自然界中看到遲滯的現象，在青春期結束到繁殖開始中間有一段等待期。要在行為和情感上成為真正性成熟的成年動物需要等待。此外，野生動物在生命的最早階段就開始接受性教育。然而，牠們的學習重點不是交配，而是溝通。發育中的動物必須學會怎麼表達自己的慾望，同時了解其他個體的意願。

進入野莽期後，這些功課變得更加急迫。大約在一九七八年末，阿鹽的愛情故事有了大幅的進展。那一年。阿巴合唱團和比吉斯上了告示牌的百大單曲榜，《火爆浪子》（*Grease*）和《第三類接觸》（*Close Encounters*）正在電影院播放，而在多明尼加共和國溫暖的加勒比海海水裡，一頭年輕的鯨魚找到了她初戀的白馬王子。

愛無所不在

展露與壓抑、渴望與被拒，愛情原本即是慾望混合著不確定感。如果你知道要去哪裡尋找愛，就可以在地球上處處遇見它。

在紐約市北邊公園的天空中，兩隻白頭海雕朝著彼此加速飛去，在空中互扣利爪後撲向地面，如花式溜冰選手般不斷旋轉。[1]在觸地前又忽然鬆開爪子，急速飛向天空。接著，牠們將身子一甩，再次完美演出死亡螺旋。

在地處熱帶的澳洲，兩隻狐蝠——世界上體型最大的蝙蝠——對著彼此呼嘯。[2]雄性對雌性發出類似驢叫的聲音後，雌性大聲回應，或用翅膀用力拍開牠，或抓住牠的腳踝，把牠拉近身邊。

在美國維吉尼亞州的格雷森郡，兩隻蠑螈在小溪旁表演「尾部跨行」，這種慢動作探戈由兩棲類的雌性主導。[3]接著，牠們通常會來段模式固定的隔空示愛——「頭靠頭搖擺」——兩隻蠑螈面對面，左右擺頭，臉頰互碰。科學家原本假設只有雄性會發動這些求愛行動，但幾年前又有新的發現：一名獸醫系的學生進一步觀察到求愛是雙向的，雄性跟雌性都會主動。

而在廚房檯面上，兩隻果蠅在一只放了香蕉的碗裡初次碰面，既興奮又好奇。[4]雄果蠅用腿輕碰雌性，女伴則以化學訊號和行為訊號回應牠。如果雄性覺得雌性對牠沒興趣，牠會飛走，尋找其他對象。但如果雌性表示首肯，這對果蠅會開始牠們的交配演出，包括唱歌、追逐和震動翅膀。如果你感覺到美，或許會覺得牠們的表演有頗有藝術效果。

若用動物學家科學性的描述來形容動物的生殖戲碼，肯定聽起來了無生趣。一份期刊這麼寫到：「這些複雜、儀式化的行為（包含許多視覺、嗅覺、味覺、觸覺和聽覺線索），以及複雜的動作，都是為了吸引適合的伴侶。」[5]

不論發動上述舉措的是果蠅還是人類，這些行為及「複雜的動作」加總起來就是求偶。求偶行為能幫助動物挑選伴侶，發出同意或拒絕的訊息。求偶儀式或許有常見的模式，但每個親密動作帶來的感受——戲劇性、拒絕、熱烈、折磨、心碎和愉悅——對個體來說都是獨一無二的。求偶是表達雙方意願，並讓彼此進行評估的方式，非常複雜。

最重要的是，儘管求偶行為出自於本能，卻也要倚賴學習和經驗來形塑。動物在社會化的過程中，會同步發展求偶行為，且必須花些時間。除了度過青春期的動物在熟悉求偶的方法之後，才有辦法找到伴侶，有些個體也會在社交發展還沒到達某個程度時，被可能的伴侶拒於門外。

人類青少年也會遭遇相同的困擾：發現自己的身體已經性成熟，卻沒有完整的社會和情感知識。在今日，美國正規的中學和高中性教育多半把焦點放在身體等外在行為上，特別是懷孕和疾病。這當然是明智的做法，年輕人要懂得保護自己的健康。性行為對動物來說也可能存在風險，野生動物如果有多重性伴侶，再加上牠們無法進行安全的性行為，也會得到性病——而性病有時也會致命。[6]

但在自然界，成功度過野莽期的要素並不是控管性行為在健康上的風險，而是最好能學會求偶，看懂潛在伴侶複雜且彼此有些微不同的訊號。

如何找到彼此、表達興趣、評估對方的意願，以及決定接下來的行動——都是動物必須學習的複雜功課，並且要在交配之前就提早開始練習。

再重申一次，我們不是在談論性本身的外在機制，而是練習求偶——數千種特殊、經過微調的掃視、點頭、傾斜和細微變化，讓潛在的配偶也釋放出相應的行為。練習求偶就是學習如何在展現和抑制慾望之間保持平衡，學習對伴侶表示「接受」與「拒絕」時，都要明確、有力。對某些物種來說，要達到生殖成熟可能要花費好幾年，人類就是例子之一。

簡言之，性很簡單，求愛卻不容易。

現在我們來談談一隻年輕的雌大翅鯨對另一隻大翅鯨有興趣時，她接下來要怎麼辦？朝著那隻鯨魚游過去，然後開始交配？當然不是。牠要怎麼知道另一頭鯨魚對牠有沒有興趣呢？牠們該怎麼表達興趣、魅力和意願呢？

兩隻年輕動物間的性溝通有點錯綜複雜，阿根廷火地島（Tierra del Fuego）雅甘人（Yaghan）的語言中，有一個詞可以用來形容這種情況：mamihlapinatapai。[7]雅甘語中有很多描述尷尬情境的詞彙，分別可用於進食、洗澡、划獨木舟、製作矛柄，甚至是爬樹的時候。mamihlapinatapai一詞的確切定義和淵源仍有爭議，但大致的意思是「兩人對望，各自期待著對方能先做某件兩人都想做的事，但他們都不知道該怎麼下手」。mamihlapinatapai完美地描述了兩個沒有經驗的個體對彼此同意要採取下一步的時刻，那種或許既尷尬又興奮的心情。

但對在數千英里的開闊海域中尋愛的鯨魚來說，光是這個時刻的到來就是高難度的挑戰。我們發現大翅鯨面對這項挑戰的方法跟浪漫的年輕人一樣（起碼在卡式錄音帶問世後）：用音樂。

向鯨魚提出邀約的方法

一九七八年末，在加勒比海銀岸海洋保護區溫暖的海水裡，低沉、如低音管發出的隆隆響聲在海浪下反射迴盪。綿綿不絕的聲線在水中擴散，忽高忽低，持續了二十多分鐘，沒有一個音節重複。

在世界各地的大翅鯨繁殖場中，成熟的雄性——牠們的體型大約四、五十噸，跟載滿貨品的聯結車一樣大——會聚集在一起，合唱出複雜、有獨特旋律、動感和華麗樂段的歌曲。大翅鯨的一首歌可以持續二十到三十分鐘，但音樂會可能持續好幾個小時，鯨魚生物學家就曾經研究到一場幾乎長達一天半的音樂馬拉松。大翅鯨的副歌會代代相傳，就像聲音版本的傳家寶。雖然歌曲的本質不會改變，多年後卻會出現一些變化。除了祖傳的情歌，每頭鯨魚也會編出自創的曲調，而且在歌唱前一定會先排練。牠們會修改一個小節，停下來反覆思索，慢慢處理。年輕的大翅鯨有很多功課要學習，牠們要花好幾年才能成為出色的歌手。

一九七八年，科學家剛剛著手研究大翅鯨的歌唱，即使已經五十個年頭過去，這種令人難以置信卻又動人的動物才能仍然籠罩著神祕的面紗。[8] 據信，雄大翅鯨唱歌是為了警告其他鯨魚不要進入自己的地盤，或者比較溫柔的，可能是在告訴大家哪裡有食物。雄大翅鯨也會在繁殖季時唱歌，藉此尋找潛在的交配對象。

大翅鯨非凡的歌唱技巧獲得了許多讚美，你很少會聽到牠們失誤。但每隔一段間，認真偷聽的海洋生物學家便能發現有些大翅鯨抓不到訣竅。牠們會走音，聲線薄細，會忘記樂節的順序，或者忘記唱到哪裡。科學家說，這些歌曲是「跛腳音樂」，而唱出這些樂曲的鯨魚是「跛腳歌手」。

但夏威夷大學的大翅鯨專家認為，這些鯨魚或許根本沒有問題。[9]路易．赫曼（Louis M. Herman）指出，也許只是因為那些鯨魚沒有經驗。牠們有可能是還在學唱歌的青少年嗎？

赫曼和團隊進入夏威夷大島（Big Island）附近的水域，測量到八十七頭雄性大翅鯨，以為牠們都是成年雄性。在過去的研究中，科學家都假設成熟的雄性不會讓年輕雄性加入合唱團（或許是因為競爭的關係）。然而，赫曼發現儘管大多數的歌手已經成年，卻有百分之十五是青少年。他的研究指出，比較年輕的雄性會受邀加入成年鯨魚合唱團，溫柔地唱出情歌。但為什麼年紀較大的團體會接納這些與自己無關、前途一片又光明的侵入者呢？

對年輕雄性來說，牠們明顯能獲得一些好處。跟成年雄性一起唱歌是很寶貴的練習機會。就像資淺的小提琴家要在管弦樂團最後一排待上一個月，青少年大翅鯨要先聆聽經驗豐富的音樂家前輩怎麼唱歌。牠們可以藉此觀察成年動物的技巧、學習曲目，並嘗試自己唱一小段。不然怎麼能學到所有祖傳的歌曲呢？年輕鯨魚會在練習的過程中增加肺活量，並延長閉氣的時間，這些都是耐力的展現，能讓歌曲更加動聽。跟在一旁學習唱功不光是為了好玩——而是有可能造就或破壞鯨魚未來的歌唱生涯。

較年長的雄性為什麼能容忍年輕鯨魚的錯誤，讓牠們有機會跟自己競爭呢？赫曼假設，雖然青少年缺乏經驗，卻可以用音量來彌補這項缺點。當合唱的聲音變大，更大的聲波便能在水底傳得更遠，讓更多雌性聽到，產生興趣。

鯨魚要花好幾年才能成為傑出的歌手。花時間向年長的成年鯨魚學習求愛歌曲是鯨魚求偶教育的其中一項。沒有證據證明鯨魚需要明確的性行為指引，但牠們顯然要從別的鯨魚身上學習怎麼唱情歌。

對很多種動物來說，歌唱都是重要的求偶行為。向前輩學習是年輕動物習得必要歌唱訓練的常見手段。在會唱歌的蝙蝠種類中，年輕蝙蝠會從指導者那裡學會成年後必備的求愛歌唱風格。[10] 鳴禽會從年長鳥兒身上得到音樂指導，讓牠們用來吸引異性伴侶的旋律更加完美。[11]（雄鳥和雌鳥都會接受歌唱訓練。科學家已經在雄鳥身上研究了好幾個世紀的求偶行為，卻忽略了雌性，並假設鳥類只有異性戀，直到最近他們才發現事實並非如此。）

在公海中，用吟唱吸引對象的動物不是只有大翅鯨。雄性和雌性豹斑海豹也會讓歌聲穿越廣闊的海洋，藉此尋找伴侶。[12] 每到繁殖季，落單的豹斑海豹一天會唱好幾個小時的歌，但牠們不是在某天一早睜開眼睛就懂得所有的和弦及歌詞。大約一歲大的時候，雄性的青少年豹斑海豹就會開始練習唱歌，就算牠們還要等四年多才會開始繁殖。在這些練習的歲月裡，牠們愈來愈有耐力，聲音變得更渾厚，歌曲也愈來愈完美。雄性和雌性也會在練習中習得重要的社交規範，例如在什麼樣的情形下可以發出低吟聲、滴答聲、振動音和假聲，好在未來對潛在的伴侶表達慾望。

人類——甚或音樂產業——自古以來就知道歌聲會點燃情慾。碧昂絲知道，王子知道，貓王和法蘭克．辛納屈（Sinatra）也知道。聲音是強力的春藥。

在許多鳥類和少數哺乳類身上，性感的歌聲會從外耳進入，活化聽覺皮質，讓大腦嗡嗡作響，並促使荷爾蒙大量分泌，引發衝動。[13]法國的研究人員甚至找到了特定的「性感音節」，雄金絲雀如果能把那段唱好，就會促使有興趣的雌性表達她們的意願。[14]

雄鳥的歌聲能刺激金絲雀、鴿子和鸚鵡排卵。一份刊載於《加拿大動物學期刊》（*Canadian Journal of Zoology*）中的論文指出，「歌聲或許有調整並同步排卵時間的功能」，尤其是繁殖季很短或分隔兩地的動物。[15]研究大翅鯨的科學家假設，當雄性合唱的隆隆聲發出共振的聲波，傳給遠處的雌大翅鯨時，除了能幫牠們找到伴侶的位置，也能刺激排卵。但除了刺激雌性的生殖，這些歌曲還有其他功能。大翅鯨的歌聲也會吸引獨身的雄性，當牠們拜訪那頭唱歌的大翅鯨時，會高高翹起尾巴，躍身擊浪，牠們或許是在表現雄性之間的情誼、社會地位、友誼，或三者皆有。[16]

想像你最愛的歌手為你辦了一場私人音樂會，然後一遍又一遍地唱著那首你最愛的情歌。把那樣的聲音想成是裝了擴音器的聯結車發出來的，再乘以八十七倍，或許就是阿鹽在第一個戀愛季節，在那加勒比海中聽到的聲音。她一聽見呼喚便游了出去，很喜歡也很興奮。有東西在那裡。她轉過身，朝著歌聲加速前進。

第十二章
慾望與限制

迪士尼在一九九四年推出了動畫片《獅子王》（*The Lion King*），其中一幕描繪了青春之愛，暗示意味濃厚，卻沒有呈現出真實情景——起碼在螢幕上看不到。[1]

辛巴（Simba）和娜娜（Nala）從小就是好朋友，牠們在分開幾年後再度相遇。當時的牠們都正好處於幼年以上，成年未滿的青春期。辛巴長了一頭帥氣的鬃毛，娜娜則有線條更完美的側腰和大眼睛。當艾爾頓強（Elton John）感情豐沛的情歌〈今夜你是否感覺到了愛意？〉（Can You Feel the Love Tonight?）響起時，兩隻青少年時期的大貓在瀑布間嬉鬧，在空地玩摔角遊戲，在夕陽西下時跳過田野，又糾纏在一起滾下小丘。到了山腳，這對獅子一上一下，方才的玩鬧忽然被另一種截然不同的力量取代。娜娜舔了舔辛巴的臉頰，躺在如茵的綠草上，她瞇起眼睛看著好友，含羞低下頭，兩隻獅子挨著彼此互相磨蹭。

那一刻不長不短，正好會讓發育中的青少年好奇接下來會發生什麼事，可是狐獴丁滿（Timon）和浮誇的疣豬朋友彭彭（Pumbaa）打斷了這一刻。他們唱著離別歌，牠們三個好朋友即將解散，因為辛巴現在有了女朋友。這場戲就演到這裡，因為這是一部普遍級電影。況且，不進展到性交合的青少年親密行為其實在自然界中很常見。在野外，青少年時期的公獅和母獅會像電影中的辛巴和娜娜這樣打鬧和求愛，但不會立刻開始繁殖。也就是說，儘管身體上已經成熟，牠們並不會開始性行為。

野外的青少年動物已經發育完成，但不一定有性生活，這一點非常重要，也可能讓很多人聽了大吃一驚。這看似是人類才會有的行為，卻也能在動物界觀察到。某些情況下，動物會在一到青春期且擁有繁殖力後就開始繁衍。但在其他情況下，從魚類到鳥類，從爬蟲類到哺乳類，第一次性行為可能要等到青春期結束數月、數年，或甚至好幾十年之後才會發生。

然而，你從大部分的自然節目中，看到的卻不是這樣。幾十年來，自然紀錄片是一般大眾獲得野生動物相關知識的主要來源，這種影片類型由成年男性發明，大多也由他們製作。[2] 影片的高度娛樂性（或許也有些誤導）反映了人們隱藏在攝影機後的文化與特質，也反映出他們看待眼前野生動物的方式。

影片中的主角可能是長頸鹿、狐狸、樹懶或艾草松雞，卻通常被以相同的觀點看待——急欲交配的雄性要追求故作忸怩、最終又屈服於雄性魅力的雌性。或者，還有另一種版本。在雌性的主觀判斷面前，雄性不顧一切地競爭。在這樣的情況下，雌性想要的通常都一樣——同時是最佳保護者與經濟支柱的伴侶。不論重複多少次，這些經典的形象就是很偏頗，通常也不正確。就像時常有人會侮辱那些一認識就上床的人，說他們「表現得像動物一樣」，這也是不正確的偏見。

除了主要偏向男性創作者的觀點，多數自然紀錄片也以成年人的觀點為重。野生動物或許已經擁有成年的體型，且看似已經開始繁殖，但事實可能不是這樣。這些節目很少介紹還在試探階段、沒有經驗又膽怯的青少年性衝動。尚無情慾糾葛的青少年動物似乎不夠格做成好看的電視節目。

事實上，青少年時期野生動物的性衝動更加微妙。紀錄片很少會提到青少年動物無法與年紀較大、強勢的群體成員交配，也很少記錄年輕動物在巢裡多留了幾季，放棄繁殖的機會。年輕的雌性大猩猩已經性成熟，有正常的排卵週期，卻仍像青少年一樣玩耍嬉鬧，成熟的男性不把牠們當成交配對象，在紀錄片裡通常也看不到。你不會在紀錄片裡看到所有的社交練習，例如嘗試不同角色與行為測試，也不會看到年輕的動物不願接受性行為，而會有所防備。

明確來說，野生動物在開始性行為之前，不會像人類一樣做決定。就我們目前所知，在所有的物種中，只有人類能夠有意識地衡量性接觸在道德、宗教和文化規範的衝突與利弊。

但是，就算宗教、倫理和流行文化不會影響動物第一次性交合的時機，環境絕對是個重要因素。日照和繁殖季節會大幅影響荷爾蒙的製造，讓動物產生慾望，準備好進行性行為。[3]食物是否充足、附近有多少掠食者，也會影響青少年動物開始性行為的時機。食物稀缺或掠食者眾多時，或許就不該浪費精力，因為即使有了後代，存活率也不高。等待也許是比較好的策略。舉例來說，在大約四歲以前，南極海狗在身體上已經性成熟。然而，如果牠們的食物（魚和魷魚）稀少，或掠食者（虎鯨）特別多，海狗可能會等到七歲才開始繁殖。[4]

就算是群體裡的成員，也可能對其他個體的性生活和交配機會產生強烈影響。在許多物種中，年長的優勢動物會「強迫」青少年禁慾。強勢的雄性和雌性會透過威嚇，嚴格封鎖下位青少年和年輕動物的生殖系統——這些青少年雖然已經有成熟的生殖能力，卻要延遲性行為（交配）。身在下位會帶來壓力，且如果壓力荷爾蒙升高，似乎就會抑制生育力。強勢的雌性哺乳類，如草原狒狒、狐獴、倉鼠和裸鼴鼠會威脅下位動物，讓牠們暫時不孕、著床失敗和流產。[5]在狼群裡，只有優勢的配對能繁衍，牠們尿液中的費洛蒙會阻斷弱勢雌性和雄性的性慾。[6]獨占生殖權利能確保強勢的配對在孕期和小狼出生後擁有更多資源。在野生的婆羅洲紅毛猩猩中，一次只有一隻雄性能得到交配的特權，也只有牠會發展出優勢個體特有的大頰囊。[7]成年雄性除非地位升高，否則頰囊不會變大。歷經十年的青春期後，雄性抹香鯨會在十五歲時終至性成熟，但通常要到二十幾歲才會開始性行為，在此之前，優勢雄性不會給牠們繁殖的機會。[8]因著同樣的理由，壽命跟抹香鯨差不多的公象在度過長長的青春期發展成熟後，要到將近三十歲才開始繁殖，有時候甚至會等到三十幾歲。[9]有繁殖能力的青少年雄性或許有交配的慾望——有時也想嘗試，但因為地位低下，加上缺乏社會經驗，因此機會也受到限制。

準備好了嗎？

第一次體驗性行為的時機對動物的未來非常重要。當第一次性行為的時間往後推遲了，個體的年紀會增長、身體更健康、社會智能也提高，牠們會成為更好的伴侶和父母。太早繁衍後代的動物通常缺乏養育知識，也缺乏資源，不能好好哺育下一代或自行覓食。子代出生後，如果親代還沒準備好要照顧牠們，年幼的動物通常會受苦或死亡。比方說，用口孵卵的魚類會習慣性地吞掉頭幾次產下的卵塊。[10]第一次繁殖的綿羊媽媽要花比較久的時間才能接納自己的小羊。[11]沒有經驗的棕熊和大猩猩生下子女後，孩子死亡的風險較高。一項研究的結果顯示，如果日本獼猴的母親是第一次生育，百分之四十的幼猴會遭到拋棄。

年紀輕輕就開始繁衍的無經驗雌性，可能會帶著子代一起面臨生存難題。體型尚小的青少年如果懷孕，母親和胎兒都有危險。對年輕的雌性哺乳動物來說，哺乳帶來的身體負擔又是另一項挑戰。年輕的山魈媽媽生下的幼兒，其發育速度比較慢；[12]年輕狨猴和恆河猴生下的幼猴體型比較小，母親的乳量也少；[13]年輕草原狒狒母親產下的頭一胎幼猴體重，也會比較年長狒狒的頭一胎輕。

同樣的形況也可見於人類：「如果人類母親的年齡不到十五歲，最常出現早產的問題，」瑪格麗特・史坦頓（Margaret Stanton）刊在《當代人類學》（*Current Anthropology*）的文章指出。[14]根據世界衛生組織的報告，青春期小媽媽的孩子比較有可能早產，出生體重也偏低，這可能會影響到小孩將來的健康狀況。[15]這些孩子夭折的比率較高，也比較有可能碰到失明、失聰、腦性麻痺和智能障礙的問題。跟年齡較大的母親生下的孩子相比，他們出身貧窮的機率更高，也更容易重蹈未成年懷孕的覆轍。對這些母親來說，太早懷孕會帶來極大的傷害。世界衛生組織指出，全球介於十五到十九歲青少女的主要死因便是懷孕造成的併發症。

青少年時期的人類和動物大多社會地位低下，這表示要養育下一代的青少年父母可能會被迫住到更糟、離危險更近的區域。低階級的青少年時期鳥類父母不得不在生活品質較差的偏遠地區築巢和哺育下一代，那兒的食物較難取得，掠食者也比較多。[16]鳥媽媽第一次下蛋後，這批蛋被掠食的風險特別高，特別是在親代年紀較輕的情況下，因為新手父母欠缺抵禦掠食者的經驗。

在很多動物身上都能看到太早有性經驗所帶來的心理社會風險。馬匹飼養員知道，如果公馬和母馬在尚未具備社交經驗時就交配，性功能受到的損傷可能一輩子都不會好。[17]一歲或更年幼的馬駒若太早有性經驗，長成種馬後可能性情大變，且無法逆轉，尤其在對象是「脾氣暴躁的母馬」的時候。攻擊性強、脾氣暴躁的母馬會亂甩尾巴並嘶嘶狂叫，沒經驗的年輕公馬因為性功能尚未成熟，可能就此受傷。而當年輕種馬長大，跟母馬相處的經驗變多，這項風險就降低了。

在養馬的世界裡，人類會替馬兒決定牠們何時準備好可以交配。而對人類來說，每個人都應該要能完全掌控自己的性向及表達能力。很可惜的是，現實與理想背道而馳。以世界各地的青少年來看，被迫進行第一次性行為的比率高得令人擔憂。[18]不論受害的是少男還是少女，強迫性交的負面影響都會很嚴重，且會延續很長的時間。常見的後果有憂鬱、自殘和藥物濫用。雪上加霜的是，受害的年輕人也常碰到學業問題，進而經歷更多苦難。

太早懷孕的風險及晚一點懷孕的益處已經愈來愈廣為人知。過去二十年來，在世界上很多地方，青少年懷孕和生產的人數都穩定下降。[19]在比較富裕的現代人類社會裡，延遲生育反映了眾人為提供子女最安全的環境和最多的機會所做的努力。隨著時間，親代在物質上、社會上和教育上累積的豐富資源，就能讓他們找到更好的工作、住在好的地方，並且享有更好的醫療照護來養兒育女。

現代的人類青少年和年輕人都想等一陣子再開始性行為，理由卻和避孕無關。哈佛大學的一項研究調查了三千多位美國青少年，結果發現愈來愈多的高中生在畢業時仍是處女／處子之身，跟過去二十五到三十年相比，人數不斷增加。[20]影響青少年性行為的或許仍有其他因素，例如經濟和數位科技帶來的新型社交互動。但這項研究指出，學生們想晚一點再找交往對象是為了保護自己的情感。他們很怕受傷。

等待還有另一個主要的功能。先發展生殖能力，幾星期、幾個月或好幾年後再開始交配，年輕的動物就可以利用這段時間學習跟社交、愛情有關的事物——也就是該物種特有的求偶文化和傳統。

練習、練習、再練習

越野車倏地右轉，順著斜坡上的車轍顛簸往上爬，停在小丘頂端。小丘下方是一片綿延不絕的綠色草原，點綴著黃色的野花。這裡是懷爾德茲（Wilds），一萬英畝的動物及自然保護區，離俄亥俄州的哥倫布（Columbus）有半小時車程。小山谷中有個湖，一群四不像鹿在湖邊閒晃，在此之前，我們從未聽說過這種動物。[21]

四不像鹿原生於中國，但在野外已經滅絕。世界上已知最大的四不像鹿群生活在懷爾德茲，從一九九五年時的十五隻，如今已經增加到六十隻左右。今天的領隊是位獸醫，他指著湖的另一邊，告訴我們這群四不像鹿當天下午的隊形。

在最遠處，有三、四隻較年長的年輕雄鹿無精打采地站在岸邊。比較靠近我們車子的地方則是一群較年輕的青少年，頭頂著初生的柔軟鹿茸。牠們匆匆跳進水裡又匆匆跳出，像是參加游泳池派對的中學生。再靠近一點，則是一群年紀有大有小的雌鹿，有些輕輕甩著耳朵，懶洋洋地靠在湖邊，有些在水裡嬉戲，有的懷有身孕，有的身邊跟著小鹿。而在最靠近我們這一側的湖岸，站著一隻鹿群裡的優勢雄性，他用國王一般的眼神掃視著大家。

就像所有已經完全成熟的雄鹿一樣，牠頭上戴的巨大鹿角有數個端點和粗壯的分支，彷彿頂著一個巨型籃子。牠的鹿角大到彷彿是從顱骨頂部冒出的堅實小樹。雖然鹿角本身就已經很不可思議了，但更不可思議的是角上增添的裝飾。牠將頭拖過湖水和湖岸，在鹿角上裝飾水草、青草和其他植物。每個端點上的植物緞帶糾纏在一塊，像極了鑲嵌在樹枝上的鳥巢；一團團沾了泥巴的樹葉和大小樹枝裝飾著牠的鹿角，很有過節的氣氛。像這樣的「鹿角裝飾」行為，在許多生活在南亞的鹿身上都能看到。

沒有人真的了解這些奇特的裝飾在生物學上有什麼幫助，但當個體展示出來的鹿角愈華麗，牠們就愈能變成較受歡迎的繁殖對象。壯觀的鹿角裝飾就像孔雀開屏，似乎沒有直接的功能，只能向潛在的對象暗示自己願意交配——更重要的是，暗示自己已經社會成熟。

我們還觀察到這頭雄鹿不只用鹿角來展示自己的成熟狀態，牠的毛色跟其他的鹿也不一樣。雌鹿和年輕雄鹿的毛色都像烤過的餅乾，但這頭優勢雄鹿的毛是深巧克力色。然而，這不是因為牠的毛色真的跟其他個體不一樣，而是牠會把泥巴和自己的尿液塗在身上——這也是四不像鹿發出性訊號的方法。透過這頭雄鹿，我們也得知成熟的雄性會發出獨特的「號角聲」，也會用特殊、神氣活現的擺頭動作展示裝飾華麗的鹿角。

而在湖另一頭的青少年還需要經過一段時間才能展現出這種成熟的模樣。牠們的鹿角上掛著幾穗青苔，和優勢雄性巴洛克風格的青草帷幕完全不同。牠們的身體仍是餅乾般的淺褐色，與母親和弟弟妹妹一樣。牠們經歷了青春期的身體變化——體型和鹿角的大小都和優勢雄性差不多，但這些青少年仍處於野莽期，還沒具備動物完全成熟所需的文化經驗。當夏天拖著緩慢的腳步過去，這些青少年四不像鹿會愈來愈懂得怎麼裝飾鹿角，發出號角聲，以及在泥巴和尿液裡翻滾。最後，牠們會變得夠強壯，也有足夠的自信挑戰優勢雄性的地位。但時機未到。現在的牠們在比較遠的那一頭跟伙伴一起消磨時間，一面觀察、等待和練習。

原生於新幾內亞和澳洲北部的園丁鳥是鳥類學家眼中的傳奇，成熟雄鳥會築出非常精巧的鳥巢來吸引伴侶。[22]但就像水中學唱歌的鯨魚和學著裝飾鹿角的四不像鹿，園丁鳥要花一段時間才能學會如何造出又堅固又有吸引力的鳥巢。年輕的園丁鳥會花費一年以上觀察精通築巢藝術的大師。牠得觀摩好幾個小時，再花更多時間練習以磨練技巧。當時機成熟，這隻在導師的築巢地點已經練習好幾個小時的園丁鳥才算得到足夠的訓練，成為雌鳥的夢中伴侶。這些雄鳥就像有學習策略的學徒，聰明、努力工作，卻不會去威脅成鳥，而是慢慢準備自己。即使這些雄園丁鳥在五、六歲時已經有繁殖能力，但牠們通常會等到七歲長出成鳥的羽衣後才開始繁衍後代。延遲成熟的羽衣就像飛禽類的成年服飾——讓這些青少年和年輕成鳥有時間長得更強壯，累積更多經驗，避開成年雄鳥因為嫉妒而發動的攻擊，保護自己的安全。[23]換言之，這些鳥兒並不是刻意要延遲成熟，而是對某些環境和社交訊號自然而然的回應。雄性園丁鳥如果可以多花幾年學習和練習牠們特有的求偶行為，在未來會比其他園丁鳥更懂得如何吸引雌性進入牠們的鳥巢並交配。

愛情，不復從前的模樣

數千年來，四不像鹿和園丁鳥都用同樣的基本行為表達自己的慾望。對比之下，人類的求偶行為似乎會因著經濟壓力、文化變遷，以及對性的慾望和期待的新見解而代代不同。現代青少年和年輕人的約會型態從各方面看起來都跟祖先們不一樣——或者說，跟前幾代相比就已經不同了。

珍妮佛．赫緒（Jennifer Hirsch）是哥倫比亞大學公共衛生學系的教授，著有一本談論婚姻的文化人類學著作——《摩登之愛》（*Modern Loves*）。她在書中寫道，「在世界各地，年輕人……給自己的定位會刻意跟爸媽和祖父母的相反。」[24]她在實地考察中發現，從墨西哥到奈及利亞再到巴布亞新幾內亞，談戀愛時的規範和溝通都不相同。

「在墨西哥西部的鄉下，年輕情侶會在露天廣場上牽手，甚至在鎮上舞廳幽暗的角落裡共舞，而不像他們的爸媽是透過石牆上的裂縫悄悄傳達愛意。」赫緒寫道。她接著又說：

> 在巴布亞新幾內亞的胡里族（Huli），年輕夫妻通常會住在一起，把他們口中的

「家」當成相愛夫妻「現代」和「符合基督教義」的生活方式，而不像過去的男女會分開住。在奈及利亞，儘管眾人仍認為婚姻會產生個人之間和親族之間的義務，但在最低限度上，戀愛已經轉變成年輕男女展示現代個人特性的時刻。

二〇一二年，皮博迪博物館展出一幅平原印第安戰士的藝術作品，描繪的是十九世紀拉科塔族年輕男性及女性在傳統上如何表達對彼此的欣賞。[25]一對站著的情侶圍著一條大紅毯，臉貼臉，只在毯子上緣露出頭來。兩張嘴之間的虛線顯示兩人正在對話。展覽的說明寫道，「當年輕男性想追求女性，他會在她傍晚取水時，找機會跟她說話。[26]如果她願意接受，男子就會用雙人的求愛毯把她蓋住」。巨大的毛毯圍住兩人，形成臨時的遮蔽，兩人可以談天說地，評估對彼此的興趣，不必擔心會被想保護子女的爸媽和村子裡的其他人看見。

二十一世紀的約會受到數位科技進步影響，這或許讓一些年輕人希望有一條求愛毯，給他們一些隱私，或至少能有一些比較清楚的規則教他們如何開始談戀愛。儘管至少從古希臘時代以來，長輩就會對年輕一輩的流行文化感到焦躁難安，但我們確實進入了在性事上的動亂期，因此青少年就是與其他人不一樣，無法了解自己的性向。或許在感覺上是如此，但要了解發生了什麼事，有個更簡單的方法。並不是青少年對性有不確定的感覺，也不是成年人擔心青少年開始性行為，而是現代成年人再也沒有辦法下指導棋，告訴年輕人為了能在兩情相悅的情形下讓兩個個體在一起，要如何進行繁複但誠實的溝通。

青少年人生教練辛蒂・埃特勒（Cyndy Etler）曾在CNN上說道，性教育應該擴及社交行為層面，才能讓青少年更安全：[27]「青少年說，他們想要得到社交、情感和行為方面的資訊，包括知道掠食者般的行為看起來像什麼樣。如果有人想要挑逗你，但你不願意的話該怎麼辦。如何開口討論這些禁忌的話題——也就是，該怎麼措詞。」

心理學家理查・魏斯保德（Richard Weissbourd）針對同樣的訊息給了不同的詮釋。他相信，很多二十一世紀的青少年和年輕人都非常渴望能學習關於愛情的知識。[28]他們需要更多的指引，知道如何開始或結束一段關係、怎麼處理分手，以及怎麼避免自己受傷。

魏斯保德相信，光是多討論健康的關係就會很有幫助，不僅可以減少厭女情節，也可以避免發生用性別來攻擊別人的情形，他認為這兩種行為讓現代人對性的態度「失控」了。魏斯保德指出，「人際關係是每個人都需要練習的事情——當我們的心碎了，可能會招來壞結局，但我們可以從中學習。我們可以學習誠實相待，發揮善意，也藉此替成年後的成熟關係做準備。」

魏斯保德相信，最好的學習方法就是從他人的故事中了解感情需要互相退讓，包括愛情中那些寫心和心碎的經驗。電視和電影，經典小說和現代小說都可以是我們愛情的榜樣。澳洲作家吉曼・基爾（Germaine Greer）說過，「你可以在書海中戀愛無數次，卻仍保有清白之身。」

以人類來說，書籍、電影和其他媒體都是學習性知識的重要社會學習管道。在珍・奧斯汀（Jane Austen）的《傲慢與偏見》（*Pride and Prejudice*）裡，最讓人著迷的就是觀察伊麗莎白・班奈特和達西先生怎麼在他們的個人情感及父母和社會的期望之間求取平衡。不論是在書頁上閱讀奧斯汀的字句，或是觀看二〇〇五年由綺拉·奈特莉（Keira Knightley）和馬修·麥費狄恩（Matthew MacFadyen）演出的改編電影，這個故事都很有啟發性。它的影響力甚至跨越了時空，我們從海倫·菲爾丁（Helen Fielding）以現代為背景的作品《BJ單身日記》（*Bridget Jones's Diary*）就能看見，電影版則由芮妮·齊薇格（Renée Zellweger）和飾演馬克·達西（Mark Darcy）的柯林·佛斯（Colin Firth）擔綱。求愛的基本原則是在慾望和不確定之間取得平衡。即使衣著和髮型不斷改變，這些基本原則在人類文化中卻一直延續下去。

在阿鹽性成熟之時，地球上的其他青少年族群——也就是人類青少年——中的某些成員正勤懇懇地讀書，探索許多跟阿鹽一樣的體驗。茱蒂·布倫（Judy Blume）一九七五年出版了小說《永遠……》（*Forever......*），主角凱薩琳·丹齊格（Katherine Danziger）是一名準備上大學的十八歲高三女學生，她跟同鄉的男孩麥可發生了性關係。這部作品如今被視為青少年小說的經典，但它也跟其他青少年的戀愛故事一樣，如史蒂芬妮·梅爾（Stephenie Meyer）以吸血鬼為主題的《暮光之城》（*Twilight*）系列、史蒂芬·切波斯基（Stephen Chbosky）的《壁花男孩》（*The Perks of Being a Wall Flower*）和約翰·格林（John Green）的《尋找阿拉斯加》（*Looking for Alaska*），被列入美國圖書館學會（American Library Association）自一九九〇年來彙編的「最常被檢舉書籍」的清單之中。[29]美國圖書館學會是由圖書館員組成的專業組織，[30]於一八七六年成立，提倡包容和知識自由。學會指出，他們目前最常接到的抱怨就是關於青少年情慾的內容，其數量超過其他大眾覺得有爭議性的主題，例如暴力、賭博、自殺和撒旦崇拜。[31]

青少年閱聽的內容會影響他們對生活各個面向的了解，包括性。但他們的行為並不完全由這些內容來決定，這是個好消息。從小看《慾望城市》（*Sex and the City*）長大的千禧世代未來選擇的性關係不一定只限於像凱莉一樣多情、珊曼莎一樣貪歡、米蘭達一樣冷感或夏洛特一樣拘謹。思考書中或劇中角色怎麼面對或摸索性，可以幫助青少年在性的領域中學會選擇。讓青少年親眼看見，拓展他們對性的眼界，或許也能幫助青少年更加了解自己喜歡什麼，以及會因為什麼而衝動。

仍須注意的是，在很多動物身上，尤其是靈長類，社會學習的力量非常強大，青少年時期的動物在觀摩了同儕的行為後，也會受到影響。[32] 動物不懂得閱讀，卻能透過觀看其他動物的行為，觀察和學習怎麼樣的舉止才恰當。此外，早期的性經驗——在野莽期間發生——在人類和其他動物進入成年生活後，仍會持續造成影響。[33]

野生動物的性教育不會經過審查，但現代人能即時並持續觀看的影像資訊也有相同的情況。無論是販售合法或不合法的熱門商品，商人發現提高產品的效果和成癮性非常有用。種植大麻葉的人將大麻的強度成功提高到一九八〇年代的二到五倍。同樣地，今日的色情內容更赤裸，也更好取得，上一代的人應該沒想到色情內容已經滲透進現代青少年的生活了。野生動物進入青少年時期後，多半要面對情慾之事，但牠們不會像人類這樣，隨時都能看到激烈而誇張的色情影像。

雖然野生的青少年動物當然不會看電影或電視，但牠們有不少機會能看到交配行為。觀察較年長的個體如何交配、有哪些最佳做法，可以讓年輕動物不只接受性教育，也學到怎麼表達慾望和了解他人的回應。我們要強調，這不只是觀察性行為而已，而是也能讓動物學會表達和回應慾望的方法。

交配樹

在馬達加斯加的雨林裡，住著一種肉食動物，叫做長尾狸貓。牠有一張泰迪熊一樣的臉龐，圓圓耳朵再加上花豹般瘦長的身體，像蛇一般盤在樹幹上，同時像狼獾一樣兇狠地追逐獵物。此外，長尾狸貓的求偶行為也跟牠的外觀一樣奇特。

德國演化生物學家米雅－拉娜．呂爾斯（Mia-Lana Lührs）告訴我們，長尾狸貓會共同指定幾棵高大的樹木做為「交配樹」。[34]想尋找交配伴侶的雌性會爬到這些樹的枝幹上，發出求偶叫聲，響徹整座森林。雄性長尾狸貓則會從遠方過來，爬到樹上，表達交配的意願。這種情景和長髮公主的故事情結很像，只差一條用神奇頭髮編成的梯子，但長尾狸貓的求偶仍很有童話故事的色彩：有生育能力且有興趣的雌性引來行動敏捷且熱情的雄性。

但回應求偶叫聲的追求者中，也可能有不處在最佳狀況的雄性。尤其年輕的雄性會到交配樹下，看著較年長的競爭者一面大叫，一面往上爬。呂爾斯回憶，有一次她坐在交配樹下記錄她的觀察，那次特別吵，有兩隻青少年雄性急急跑來。牠們對前輩們的行為很有興趣，在樹下亂竄，還爬到呂爾斯跟她坐的椅子上。牠們繞著圈跑走，又折回來。然而，這兩隻雄性都沒有試著爬上樹。對雄性長尾狸貓來說，爬上交配樹表示有交配的慾望，但這兩隻年輕雄性還沒準備好。牠們就像參加舞會的六年級生或夜店裡的高中生，會認真地東看西看，卻也只是觀望。

交配樹不只是進行性行為的地方，也是學習求偶的地方。雌長尾狸貓也會在樹上向群體裡的年長成員學習求偶。呂爾斯說，有一次她看到一對母女一起來到交配樹。女兒爬上樹，發出叫聲。同時，母親在地面等，甚至睡了一會兒。過了一陣，沒有雄性回應，女兒爬下樹，母女才又一起離開。

我們問呂爾斯，長尾狸貓媽媽會護送年輕的女兒來到交配樹，又陪著離開，是否有什麼演化或社交上的理由。呂爾斯認為，長尾狸貓的行為似乎是由「傳統和某種社交學習」來引導，由母親傳給女兒。呂爾斯從演化的觀點觀察到，長尾狸貓女兒如果跟著母親進入配對系統，再真正體驗風險可能很高的交配應該會比較好。如果長尾狸貓練習過牠們特有的號叫儀式和回應，再實際嘗試，應該會更安全，更容易繁殖成功。

呂爾斯補充，如果母親在女兒獨立前的最後幾年還處於繁殖期，年輕的下一代就有機會看到母親如何確認對方的意願——表達慾望、評估對象的慾望，以及決定接下來要怎麼辦——如此一來，女兒就能更了解初期的性經驗是怎麼一回事。

成年動物的求偶能力對子女未來的性行為有很深遠的影響。成年動物可以教青少年健康且成熟的關係應該是什麼模樣。

遠離交配樹

長尾狸貓的野莽期可能是很獨特的性向流動時刻。[35] 十二個月大左右，雌性進入青少年時期早期，牠們的性徵和行為或許會變得比較雄性化。牠們的陰蒂上會長出小刺，看起來就像成年雄性的生殖器。青少年時期雌長尾狸貓的雄性化性徵會在兩到三歲間來到最高峰。等牠們成熟長大，通常會回復雌性的外表和行為。*雄性長尾狸貓則展現出相反的模樣：尤其是獨居和獨自打獵的話，外型上有時候會看起來像雌性。在其他哺乳動物身上也能看到性徵雌性化和雄性化之間的快速轉變，例如斑點郊狼、鼴鼠、特定靈長類，在某些鳥類和魚類中也能見到。

人類青少年的性別認同如果跟爸媽的不一樣，就會碰到一些特殊的挑戰。即使是最願意支持別人、最有同情心的成年人，面對不熟悉的性向時，也會不知道該怎麼溝通。安德魯・所羅門在《背離親緣》的序言中探討了這種親子之間很特殊的脫節。[36]他寫道，

因為身分會一代傳一代，大多數的孩子身上至少都有部分性狀和父母一樣，這些是「垂直身分」。特質和價值觀一代代由父母傳給子女，不只是藉由DNA鏈，還透過共同的文化規範，例如種族就是垂直身分……然而，我們也常看到一個人身上的先天或後天性狀和父母不同，這時這個人就必須從同儕獲得身分認同，也就是「水平身分」……同性戀就是一種水平身分。同性戀孩子的父母大多是異性戀，而雖然性向並非由同儕所決定，但同性戀的身分認同卻是藉由觀察、參與外界的次文化而獲得。**

性別認同與父母不同的青少年需要把視野拓展到家庭以外，才能進一步學習性的表達。如果

青少年的性向與主流不同，或屬於LGBTQIA***族群，有類似性向的同儕和水平身分就是他們彼此尋求資訊的重要來源。

阿鹽在第一次的性接觸時，可能已經稍稍了解鯨魚的求偶行為，從母親和同一群鯨魚習得了社會規範。小時候游在母親旁邊時，她就聽到雄性大翅鯨一年一度的合唱，也看到母親回應的方式。阿鹽或許也感受到大翅鯨求偶團體喧鬧的愉悅（後面會仔細說明），也看到成為求偶中心、眾鯨心之所向的雌性是什麼模樣。

從兩歲開始到十歲左右，阿鹽已經經歷了青春期，她多半是與自己相處，或跟其他青少年一起消磨時間。從信天翁、企鵝、大象到水獺，青少年動物都會聚集在一起。牠們通常是在努力磨練覓食、狩獵的技巧，以及躲避掠食者，例如特別愛獵食青少年大翅鯨的虎鯨或追趕國王企鵝的豹斑海豹。倘若在這些青少年團體中有了性活動，通常也不會產生下一代。

有大約十年的時間，阿鹽很有可能會在冬天的繁殖季節聽到雄性合唱，她完全沒有慾望，也不需要回應。但在某年冬天，情況改變了。

* 審訂註：小刺會褪去，下腹的橘色毛色也會褪去。

** 編按：本段譯文摘自《背離親緣》繁體中文版。

*** 譯註：LGBTQIA分別代表女同性戀、男同性戀、雙性戀、跨性別、酷兒（對性向感到疑惑）、雙性人和無性戀者。

第十三章
第一次

當你看著數萬隻在平原上遷徙、發出隆隆聲響的北美馴鹿，或是看著由五百萬隻鯷魚組成、色深如墨的巨大魚群，就很容易會忘記這些在團體中的哺乳動物和魚兒，每一個都是不同的個體，有自己的年齡、性別和體型。獸群、鳥群和魚群中的成員有不同程度的性魅力和性慾。不是每隻雌北美馴鹿都願意與每隻雄性交配，也不是每隻雄椋鳥都覺得每隻雌鳥都有吸引力。就算是魚兒也有「伴侶偏好」，這個術語是獸醫師說的。

而人們稱之為「化學效應」。

在俄亥俄州懷爾德茲野生動物園看完會裝飾鹿角的四不像鹿後，我們搭著卡車從湖邊出發，抵達不遠處一群獵豹的保育區展場。除了懷爾德茲，世界上還有八個中心受託，選擇性地繁殖這些毛皮油亮、在非洲原生地的族群數目不斷減少的大貓。這是全世界協力進行的保育工作——物種保存計畫（Species Survival Plan）——動物園、自然保護區和專家顧問會一起合作管理動物的配種計畫，針對數目滑落的動物，盡量提高牠們的基因多樣性。[1]

我們去參觀的那天，獵豹飼育員的心情剛好很沮喪。兩隻從資料上看來是天作之合的大貓，竟對彼此一點興趣也沒有。公豹不想靠近母豹，母豹也不想靠近公豹。牠們之間沒有化學效應。在這之前，我們也曾聽大貓熊、鴞、貂、鬣狗和許許多多有蹄動物的選育員說過：兩隻可望成為伴侶的動物間可能完全不來電，即使牠們在年紀和經驗上都處在適合生育的階段。正如一名動物園的生物學家說的：「當雄性和雌性初次見面時，事情不一定會很順利。」

獸醫師發現，農用牲畜繁衍也要看「心情」。極端惡劣的天氣會抑制「性趣」。[2] 對育種用的公馬來說，地面太滑溜或太多人在旁觀看都會立刻澆熄牠的性致。乳牛則是在夜晚有比較強的性衝動跡象，所以「時間點」也很重要。

「個體對彼此有特殊的吸引力而產生交配的慾望」，這就是化學效應。但如果你的工作是要製造化學效應，提高地球上大貓熊寶寶或獵豹寶寶的數量，或許會令你感到很氣餒。但對一隻樂於給予的動物來說，尋找一個樂於回報的對象就會使化學效應成為生活中令人興奮的泉源。

吸引力和慾望的複雜感覺帶來了化學效應，而這樣的化學效應又使吸引力和慾望在野莽期最神祕、最令人感到無所適從。神經生物學能讓動物對地位的有所感知，恐懼會形成動物的防禦機制，群體中的個體也會有共同的求偶生理及行為基礎架構。然而，每一個青少年時期動物都有獨特的求偶行為。這種行為會透過經驗不斷發展。

阿鹽當然不會用言詞描述她的感覺，但她實質上和生物學上的投入卻跟其他動物差不多。我們不知道誰是阿鹽的第一個伴侶，但有件事的可能性很高：他跟阿鹽之間有化學效應。他可能是一隻年年遷徙的挪威、加拿大或格陵蘭的大翅鯨，跟阿鹽一樣，從小跟在母親身後，在加勒比海的繁殖區及北海的攝食場之間游動。他或許也曾經目擊年長鯨魚的求偶行為，也曾是某個鯨魚群裡的年輕成員，數年來和同伴們一起橫渡大西洋，學習覓食、躲避掠食者和社交。也或許在某一天，他受邀加入雄性的合唱團，學會古老的歌曲，也自創了幾首歌。

阿鹽聽到了合唱團的歌聲，朝著雄鯨們游去，仔細聆聽。當她游近，她徜徉在音樂裡，評估雄鯨歌曲的正確性和創意，一面考慮這些伴侶候選者的魅力。出現在繁殖場表示她開始有點興趣了，但她還不想表態。

或許阿鹽第一個伴侶的歌聲特別有抑揚頓挫，吸引了她的注意。或許某個音符唱得特別動聽，讓她覺得對方很強壯，能夠潛到很深的海裡。或許整個夏天在挪威、加拿大或格陵蘭吃下的磷蝦賦予他一種無法言喻特質，但讓阿鹽覺得他很健康，覓食技巧很好。

不論原因是什麼，阿鹽游了過去，她發出訊號，選擇他做為自己主要的「護衛」（escort），即使這個訊號至今還沒有被研究大翅鯨的專家了解透徹，總之她發出了訊號——有人說訊號就是拍一下胸鰭；有人說訊號就是訊號——表達自己的慾望。被她選中的護花使者回覆她，這場行之已久的過程於焉開始。

在大翅鯨的求偶儀式中，接下來發生的事會讓賞鯨者興奮不已。許多遊客和經驗豐富的科學家都激動地分享他們的所見所聞，他們說，大翅鯨的「喧鬧群聚」，或者更科學的說法應該是「競爭群聚」，是地球上最壯觀的行為展現。兩位經營賞鯨行程幾十年的賞鯨船船長在網站上這麼描述他們的行程：[3]

願意接納伴侶的雌鯨會先找到一名主要的追求者，也就是所謂的「護衛」。如果另一頭雄鯨相信自己會是比較好的伴侶而強行介入這對愛侶，想取代那名護衛，他就是所謂的「挑戰者」。如果挑戰者有一名以上，就會形成「喧鬧群聚」，每隻雄鯨都嚮往爭得雌鯨身邊的位置。

典型的喧鬧群聚由三到六頭雄鯨組成，但在銀岸也可以看到二十多隻鯨魚的大團體。以雌鯨為首，這場競爭涵蓋的範圍可能長達數英里遠，且可持續好幾個小時，雄鯨會在這個階段奮力爭取好位置。競爭時也可能會發生一些肢體碰撞，雄鯨會用吻部（吻端如喙一般的突起）推擠；用下頷底部如鐵砧的骨質突起擊打；用尾鰭和胸鰭互打；將下顎咯嗒一聲合起或發出聲音；用尾柄甩打（用尾鰭大力拍水）；猛衝或衝擊，來嚇唬其他鯨魚；甚至把彼此壓進水裡，讓對方難以呼吸，消耗對手的體力。鯨魚可能會受傷，下頷和鰭肢上的藤壺會嚴重刮傷牠們的皮膚……割得血肉模糊，甚至連軟骨構成的背鰭都可能斷掉。

吳東尼（Tony Wu）是位水下攝影師，曾拍攝太平洋大翅鯨的競爭群聚，他如此形容他所看見的景象：「卯足全力地拍擊胸鰭、吐泡泡、抱摔、用力甩尾巴、鼻孔噴氣、一團混亂。」[4] 另一位攝影師羅傑・芒斯（Roger Munns）為ＢＢＣ的自然史系列《生命》（*Life*）記錄了東加大翅鯨的喧鬧群聚，他說，位於鯨群中心的感覺「令人難以置信……彷彿站在高速公路中央。」[5]

但即使再喧鬧，甚至看似血腥，專門研究鯨魚求偶的學者注意到，競爭的步調仍由雌性控制。同不同意由她決定，她也可以向雄性提出要求。如果雄性加入旅途，就表示他有興趣，如果他不想追求這隻雌鯨，他就不會加入競爭。

競爭性的群聚行為可能延續好幾個小時，相當耗力。但只要雌鯨和她選定的雄鯨交配，求偶競爭就會戛然而止。儘管世界各地都能觀察到喧鬧群聚，鯨魚科學家卻很少看到交配的那一刻，或許是因為時間太短了，只有三十秒。

二〇一〇年，一名攝影師宣布他在太平洋看到一對大翅鯨交配。[6] 攝影師說，他在靠近東加的地方看見喧鬧群聚，最後，兩隻巨大的雄鯨撞在一起，十分壯麗，而母鯨魚在旁邊靜悄悄地與一隻體型較小、年紀較輕的雄鯨交配（新聞報導說這個過程「短暫而溫柔」）。

性的初學者

野生動物學家可以辨別出沒有性經驗的動物，因為這些個體的行為通常比較誇張，時機也抓不好。

他們調情和騎乘的行為很笨拙，有時還會對不準目標位置。不少動物專家告訴我們，儘管如此，或者也正因如此，從企鵝到馬匹，在雙方都沒有經驗的情形下，動物比較能容忍不熟練的性行為。

就連飛蛾這麼不起眼的生物也有第一次。你或許從來沒想過飛蛾的童貞，但你或許會想知道這些昆蟲經歷第一次的性經驗時，也跟鯨魚或人類一樣，什麼都不懂。而我們之所以知道這些，是因為有一位後來轉做圖書館員的昆蟲學家，在明尼蘇達州的玉米田裡做了一項耐人尋味的研究。

夏儂・法洛（Shannon Farrell）當時正在研究歐洲玉米螟蛾（*Ostrinia nubilalis*）的求偶行為。[7] 由於她需要一群性愛初學者，於是她在研究開始時，養了兩百五十二隻無性經驗的螟蛾——這些個體從實驗室裡培育出來並按性別分開，以確保牠們是處子、處女之身。她想知道這些處子螟蛾在第一次的性接觸時會怎麼行動。她尤其想觀察求偶行為究竟是有特定的模式——一模一樣，而且是天生就會——還是初學者之間各不相同，每隻玉米螟蛾都會增添自己的招數。歐洲玉米螟蛾跟蛾類及蝴蝶家族的許多成員一樣，會用讓人料想不到的複雜行為來評估和回應性慾，昆蟲學家用了很詩意的方式描述這些求偶行為：「飄動」、「繞圈」、「弓身」、「下蹲」，甚至還有「擁抱」。

法洛的研究基金來自美國農業部，農業部對玉米螟蛾稀奇古怪的求偶舞興趣缺缺，卻積極地想知道如何終止牠們交配。歐洲玉米螟蛾這個名字光聽就討人厭，這種昆蟲每年都會摧毀數百萬美元的作物。美國農業部想找到不同的做法，以取代化學殺蟲劑。他們要法洛研究能否透過干擾玉米螟蛾的繁殖，防止蟲害擴散。

法洛發現有繁殖經驗的成年玉米螟蛾在表達性接受（sexual receptivity）和性慾的方法非常一致，牠們確實會遵循特定的交配模式。另一方面，無性經驗的螟蛾，交配模式則有百百種。牠們的求偶行為變化多端。隨著時間過去，等到這些玉米螟蛾累積了一些經驗後，牠們的舉止就會更順暢。我們不知道這些第一次經歷性行為的玉米螟蛾是否會體驗到mamihlapinatapai（有性交合的慾望，但不知道該怎麼開始）。但在法洛的實驗中，玉米螟蛾的初次嘗試充斥著笨拙的舉止和失誤，例如發出的訊號沒有其他飛蛾看得懂，或者直接遭到忽視。要精通求偶行為中複雜的互相應和，對在性事上毫無經驗的玉米螟蛾來說是一大挑戰。這對無性經驗的人類來說也是如此。

不論這對伴侶是虹鱒、變色蜥、白頭海雕，還是人類，性交過程基本上都會遵循相同的行為模式。[8]讓物種和個體與眾不同，或使文化及個體具有獨特性和美麗，並不是性行為本身，而是兩個個體表達慾望及連結的特殊行為。

對地球上的物種來說，第一次性行為可能笨拙或甜蜜、刺激或尷尬、令人放鬆或緊張。雖然說性行為總有個模式可以遵循，但想當然爾這種認知無法降低個體第一次性經驗時的恐懼、興奮或愉悅之情。對某些個體來說，從沒有性經驗到有性經驗，情感會做為一道分水嶺，劃分孩童期和成年後的人生，這可能是一個具有深遠意義的時刻。有性經驗之後，孩子跟父母之間或許會產生分離感。[9]有些事情感覺起來和以前不一樣了——即使親子間的關係和以前都一樣。

我們永遠無法得知阿鹽第一次在水中的交配過程到底是怎樣的情景，就連三十五年後的第十四次交配，我們也難以確知。無論她的第一次喧鬧群聚為時是長是短、是有很多隻雄鯨參與還是只有一、兩隻，以及她最後選擇了哪隻雄鯨當作伴侶，這些祕密都將深埋在大海之中。

複雜的求偶

動物一旦踏上這段青春浪漫的旅程，就將隨著時間，見識到眼前的景色不斷變換。牠們會經歷許許多多的經驗，而且這些經驗會創造出牠們自己的性行為輪廓，就如同恐懼經驗會創造出獨特的內在盔甲。有些動物在交配、休憩、用鼻頭愛撫及碰觸後，會窩在一起一段時間。[10]南美洲常見的伶猴在交配後，會把尾巴緊纏在一起，維繫感情。[11]不論這種行為會只延續一下子、一季或一輩子，都稱做「配對綁定」(pair bonding)。

當兩隻同種的動物做出這樣的行為，就是科學家口中的「維繫一夫一妻制」(maintenance of monogamous)。在我們看來，這個專有名詞非常有趣，能用來描繪動物在長期關係中為了與伴侶維繫關係而投入的情緒勞動，這項工作有時充滿刺激，有時卻很無聊。對於動物的一夫一妻制度，有個很常見的問題：除了人類，還有什麼動物一輩子只會有一個伴侶嗎？

如我們在很多人類文化及夫妻身上看見的，婚姻需要承諾，且可能要維繫數十年之久，這在動物的世界裡的確很少見。人類所說的金婚，指的是維繫了五十年的婚姻，然而，以動物的壽命來換算，極少動物能共結連理這麼久。在某些鳥類中，例如天鵝和老鷹，的確似乎一生只有一個伴侶。*[12]有些動物則會跟一個伴侶一起度過一個繁殖季節，隔年又找另一個新伴侶。**但大多數

*審訂註：生物學上稱為「終生一夫一妻制」(lifelong monogamy)。

**審訂註：生物學上稱為「社會性的一夫一妻制」(social monogamy)。

的動物不是一夫一妻制，生物學家說，很多動物都是同時有好幾個有配對關係的伴侶。

少數動物一輩子只有一個伴侶，其中一種動物維繫伴侶關係的方式特別值得注意，那就是海龍（pipefish），是海馬的親戚。*13海龍夫妻每天都會進行一種奇特的儀式，稱為「歡迎典禮」。每天早上，海龍夫妻會在同一個地方碰面，一起游泳，有時會拱背、水平平行泳動和上下垂直擺動。幾分鐘以後，兩條海龍分開，不再接觸，直到隔天早上再和對方見面。牠們只跟固定的對象進行這套儀式。即使不在繁殖季，兩隻海龍仍會每天進行這項例行公事。動物行為學家茱蒂絲・古迪納夫寫道，「據信，游泳儀式的功能只是為了維繫與伴侶的配對關係，為繁殖季節做準備。」

ＤＮＡ鑑定的結果顯示，雌性大翅鯨跟一夫一妻制的海龍不同，一生中有許多不同的性伴侶。在一九七九年的遷徙季節結束時，阿鹽和伴侶可能就分道揚鑣。阿鹽跟家族一同前往斯特勒威根海岸。她的伴侶可能也跟自己的族群一起離開，回到挪威、加拿大、格陵蘭或其他夏季的攝食場。

如果牠們在未來的繁殖季再度碰面，可能會再度交配，也可能會對彼此完全沒興趣。但那第一次吸引彼此的化學效應，以及牠們從追求對方的過程中所得到的經驗，都會成為各自在未來尋找伴侶時的基礎。自古以來，地球上所有的物種就是靠著求偶，在性慾和不確定感當中找到方向，帶領兩個個體穿越數千英里的開闊海洋。

此外，在許多生物身上也能看見這種行為奇蹟。動物要精通求偶，必須先了解自己的興趣，學著表達出來，正確評估其他個體的興趣，而且最重要的是，互相學習怎麼和對方協調，並讓行為同步。年輕的動物會不斷練習這些步驟，最後，兩隻動物大致達成協議，才能開始性行為。這種動物之間的協議與人類圍繞著性合意的行為密切相關。

＊審訂註：海龍包含很多物種，除了單配偶制，也有多配偶或階段性多配偶制的物種。

第十四章
要脅與同意

在波士頓的神經生物學實驗室，研究生穿著帽T和運動鞋，一邊打電腦，一邊專注地看顯微鏡底下的世界。而在工作區的上方，懸掛著錄影監視器，每一臺監視器的黑色螢幕都顯示著一堆排列整齊的白色圓圈。這些圓圈閃閃爍爍，看得見有細微的變化，再仔細一看，我們發現上頭爬了幾隻蠅類。我們來這裡拜訪麥可．克里克摩爾（Michael Crickmore），他跟同事德拉岡娜．羅古莉亞（Dragana Rogulja）在研究大腦古老的動機機制。[1]這兩位科學家（他們正好也是一對夫妻）在實驗室裡合成和諧的能量，過不了多久，我們就看著果蠅彼此追逐、翻轉、繞圈和理飾，羅古莉亞和克里克摩爾則在一旁進行實況轉播。

由於果蠅的大腦只有十萬多個神經元（人腦則有數千億個），因此與人類和其他哺乳動物大腦中驅動同等衝動的神經系統相比，比較小、比較簡單，也更容易研究。在羅古莉亞和克里克摩爾研究的許多迴路中，主要包括調節睡眠、攝食和攻擊的系統。

但他們的研究還有另一個重點，就是可能可以了解雄性和雌性如何在性事中溝通。羅古莉亞和克里克摩爾已經識別出雄果蠅的「求偶控制中樞」。這是一叢特殊的神經束，約由二十條神經元構成，專門調控交配行為。有意思的是，這二十個腦裡的神經細胞不只會促使果蠅順應性慾行動，也會接收和調節「停止」和「進行」的訊號。興奮與抑制都集中在這個腦部區域，兩者之間的拉扯控制著雄性果蠅的行為模式。

假設有隻雄果蠅想要交配。牠有慾望，但不確定某隻雌性有沒有「性趣」。這隻雄果蠅為了在慾望和不確定感中找到方向，希冀在煽動鼓舞和壓抑控制之間找到能緩和緊張情勢的方式，都會影響接下來發生的事情。記得嗎？雄果蠅會用腿輕敲雌性，開始求偶行為。果蠅的附肢上布滿微小的受體，可以感覺得到費洛蒙，這是一種飄散在空氣中的氣味分子，能讓同物種的成員之間用化學方式傳遞資訊。輕敲的動作能讓雄性蒐集到化學線索，了解對方有沒有興趣。（針對雌果蠅求偶系統的研究，不像雄果蠅的迴路那麼廣泛，但凱斯西儲大學〔Case Western Reserve University〕的研究人員已經發現，雌果蠅也會透過三個腦部區域中的少數神經元——十九條，來決定自己對該隻雄性是否有興趣。）

當雌果蠅感受到雄果蠅的熱情時，她的求偶控制中樞會權衡和評估她自己的興奮及抗拒程度。求偶的溝通是雙向的，有時候不一定會進展到交配。如果果蠅感覺到眼前的這個對象還沒成熟、興趣缺缺、太年輕或太老，雙方就會傳送並接收到強烈的抗拒訊號。事實上，羅古莉亞和克里克摩爾發現，半數以上的求偶（百分之五十六）就這麼停止了。在互碰腿部之後，兩隻果蠅互相表達「謝謝，下一位」的訊號。然而，有百分之四十四的機率會在敲擊腿部之後進入求偶階段——包括會互相追逐、歌唱、顫動翅膀的果蠅求偶舞步。

有一種腦部化學物質會負責緩和這整個複雜的過程，因為這種物質和尋求獎賞有關：多巴胺。從果蠅到大翅鯨，再到人類，體內都存在著多巴胺，能引發動機和激起性慾。如果潛在伴侶也夠積極，多巴胺促成的興奮感就會接手——並且當多巴胺愈多，果蠅就愈不會抗拒。

羅古莉亞和克里克摩爾也發現，多巴胺是把求偶行為推進到真正交配的關鍵神經傳導物質。有些果蠅在求偶後，會半途而廢。科學家發現，這些果蠅體內的多巴胺濃度是最低的。反之，最有可能持續下去的果蠅，體內的多巴胺濃度最高。

為了解釋多巴胺的威力及它是怎麼運作的，克里克摩爾重述了神經生物學家奧立佛・薩克斯（Oliver Sacks）在著作《睡人》（*Awakenings*）中的故事。[2]「B太太」，是一名祖母、維也納移民，似乎進入了木僵狀態——有意識，但在情感淡漠了幾十年後，已經沒有反應。薩克斯認為這可能跟多巴胺有關。或許B太太已經失去在體內製造或處理這種神經化學物質的能力。薩克斯於是開給她製造多巴胺所需的胺基酸L-DOPA，而在治療一週後，B太太開始有反應了。她變得很健談，薩克斯寫道，「她展現出聰明、魅力和幽默，這些以前可能都因為疾病而完全被掩蓋了。」B太太告訴薩克斯，在服用L-DOPA前，她覺得自己處於「非人」的狀態。薩克斯回憶起，她曾說自己「對什麼都失去關懷。什麼都動搖不了我——連父母過世了都沒感覺。我忘了快樂或不快樂是什麼感覺，也忘記那感覺是好還是壞。什麼都不是。我感覺很空。」

克里克摩爾向我們解釋，多巴胺能燃起動機。[3]它不會導致行為，但會決定我們對外來刺激是給予肯定還是否定的回應。此外，多巴胺會讓啟動後的行為持續下去。克里克摩爾將之比喻為燃油割草機的燃料，這種割草機需要用拉繩啟動。如果油箱裡的汽油不多，就要拉很多次才能啟動引擎，而且也維持不久。一下子就停了。但如果油箱是滿的，一拉就會啟動，也會運轉很久。這就像多巴胺——激發行為後，會再提供馬達不斷運轉的燃料。

但多巴胺在引發動機（接著就會轉化成求偶）上，有一點很重要：任何事情都是不確定的。也絕對不是自動化。多巴胺可以加速和減緩行為，但它不是一套自動系統。克里克摩爾說，果蠅絕對不是「小小機器人」。

羅古莉亞和克里克摩爾的興趣並不在果蠅的求偶和合意性行為，他們把重點放在錯誤的動機上——比方說，上癮的驅力怎麼凌駕在慾望之上，或者壓抑又怎麼轉變成憂鬱。不過，他們的發現有兩個值得深究的地方，必須了解求偶及性合意之間的連結。首先，果蠅決定開始求偶後，會考慮自己的慾望，以及潛在伴侶的慾望。

也就是果蠅間雙向的性溝通。

這非常重要，我們必須先解釋一下。雙向性溝通是人類同意性行為的基本構件，但從果蠅的行為看來，不需要精巧的大腦，動物也能決定要接受還是拒絕。

第二，根據克里克摩爾的說法，果蠅不是「反射機器」。他說，果蠅展現出的行為彈性非常令人讚嘆。一旦開始求偶，雙方都可以喊停，或稍做修正。

果蠅的性化學作用當然與人類的非常不一樣，人類特有的性化學複雜度和微妙之處需要特別聚焦、關注和尊重。

但我們跟其他動物一樣，求偶的傳統都已經流傳已久，集中在某個腦部區域，並且受到文化的影響。這代表我們已經適應了在性接觸時，隨時準備好伴侶會如何回應，並且在野莽期之初，就開始發展有來有往的性溝通。

野生動物的性要脅

幾乎所有的動物身上都有生物溝通系統，負責發出有興趣的訊號並記錄回應。但我們不禁納悶，有沒有訊息被忽略了呢？動物會不會完全跳過求偶的過程？說白一點，牠們會不會脅迫沒有意願的伴侶發生性行為？直接公布答案。會！

最早針對動物性脅迫的記述出自喬治・莫瑞・列維克（George Murray Levick），這位科學家曾經在一九一〇到一三年加入史考特南極遠征隊。[4]他非常驚訝地發現雄企鵝會強迫母企鵝交尾，甚至也會脅迫幼雛，他因此將雄企鵝形容成「流氓」。然而，這段描述受到許多爭議，在當時無法被納入英國的科學出版品。

從那時候起，科學家便記錄了不少發生在動物身上的性脅迫，包括昆蟲、魚類、爬蟲類、鳥類、海洋哺乳類及靈長類。一開始為本書進行研究時，我們對科學文獻做了系統性回顧，詳列了曾經有性脅迫紀錄的物種，發現公綿羊、火雞、海狗、大肚魚、孔雀魚、海獺等動物會脅迫其他個體與自己交配。[5]當我們把這三十四個物種放進系統演化樹中（描繪動物間親緣關係的模型樹），呈現出一項令人相當不舒服，但非常重要的事實：強迫交合（雄性強迫雌性和雄性強迫雄性）在動物界非常普遍。

有些生物學家不願借鏡動物來了解人類的性事。想透過演化和比較的觀點了解人類的性行為，一開始的手法會有科學上的缺失，此外，帶有性別歧視的假設和發現也會影響結果。有些人擔心，在野生動物身上發現的性脅迫會遭到誤解，自然界的案例——或稱之為「自然」的行為——會讓人類的性侵行為合理化或尋得藉口。不過，承認自然界中存在性脅迫，並不能被當成人類性侵的理由或藉口。同類的動物會用很多種方法互相殘殺，理由也有百百種，但這不表示我們可以接受謀殺。事實上，我們的研究表明，動物界的性關係大部分由兩個個體之間的對話掌控，也就是求偶的雙向溝通。

研究也顯示，動物的性行為通常不帶脅迫。動物能辨識並了解「好」、「不要」跟「不確定」的訊號，動物行為觀察發現，動物們也會「尊重」這些訊號。當種馬靠近不想交配的母馬，後者的耳朵會往後壓平，而且可能會焦躁地動來動去，或踢咬靠近的種馬。在大多數情況下，雄性碰到這些明白的「拒絕」訊號時，就會撤退。在貓狗和其他哺乳動物身上，也可以看到雄性對雌性表達類似的回應：就是沒興趣。就連雄性爬蟲類也會尊重雌性發出的接受度訊號。雄性亞馬遜紅頭側頸龜會用儀式表達意圖，例如把鼻孔靠在潛在伴侶身上，並且囓咬對方。[6]雌性如果沒有興趣，就會游走。另一方面，如果有興趣，她就會讓雄性停留在自己身上。一項研究顯示，當雄性靠過來求歡時，有百分之八十六的機率會遭到雌性拒絕。值得注意的是，被拒絕的雄性只有百分之四會繼續努力，想要交配。研究人員得出結論，在大多數的案例中，雌性的「拒絕」訊號會得到尊重。

有些動物發生性脅迫行為的機率似乎比其他動物高。觀察家注意到，在印度洋－太平洋海域的股窗蟹似乎完全看不見求愛的過程，雌性會拒絕所有的交合。[7]美東蠑螈的雌性「可以」用鼻子輕推靠近的雄性，表示願意交配。然而，雌性看似無法有效地表達「不要」。如果雄性靠近，雌性想跑，還是會被雄性扣住，進行交配。人類在調查時，或許會錯過這些螃蟹和蠑螈某些形式的性溝通。但從有限的人類觀點來看，脅迫似乎在某些物種中很常見。

強迫、騷擾和恐懼：性脅迫怎麼發生的

認為性脅迫只局限在身體上的禁錮或使用暴力的觀念，直到最近的人類社會才改變。但正如人類愈來愈能辨識對無肢體暴力的性脅迫的微弱拒絕訊號，動物專家也在努力了解自然界形形色色的性脅迫行為。劍橋大學的教授提姆．柯拉頓－布羅克在一九九五年的論文中指出，動物有三種明確的性脅迫類型。[8]第一類會使用暴力。第二類是用糾纏不休、會造成不安的騷擾，迫使對象與自己性交。第三類是會用強硬的威脅來恐嚇對方順從，但不會真的施以暴力。

雖然動物無法描述牠們對性接觸的感受，但當肢體暴力出現，便能很清楚地知道就是脅迫。例如，雄性南極海狗把國王企鵝壓得動彈不得，並與之交合，或雄性南方海獺襲擊年幼的港灣海豹（通常會刺穿器官，導致死亡），就一定是脅迫。[9]這些跨物種的案例證實，性接觸具有霸凌的本質。但即使是同種，人類專家也能辨識出強迫和非強迫的性行為。生於南半球的雌性白頰針尾

鴨有時候可以接受性交，有時候接受度為零。[10]在牠們有意願時，會蹲下並縮成一團，把前半部的身體推向地面。但有時候，雄性會強迫沒有意願的雌鴨交配，牠們躲在草木裡，抓住雌性，或追在逃跑的母鴨身後。根據加拿大在二〇〇五年的一項研究，[11]「白頰針尾鴨的強迫交合和非強迫交合很容易分辨，前者缺少求偶過程，雄性會抓住並騎乘抗拒的雌鴨，也看不到雌性擺出伏臥的姿勢。」各個物種用暴力強迫交合的描述普遍到令人吃驚，但不一定都這麼露骨。

兩隻動物間的性行為之所以看起來不像脅迫，是因為沒有觀察到暴力，但實際上還是有可能屬於強迫性交，只是看不出來，因為雌性被折磨到不得不屈服。有些雄性可能會為了想要交配，持續糾纏沒有意願的雌性，不讓牠們覓食和餵食下一代——海豚、綿羊、鷦鷯和銀鮭都有這種現象。[12]被性騷擾的象鼻海豹、黇鹿和雌性麻蛺蝶最後會讓步，願意進行性行為，可能只為了回復正常的生活。[13]在一旁的觀察者如果不了解情況，沒看到抵抗或身體上的約束，或許就無法認出這些接觸中的脅迫性。因為在性接觸之前，恐嚇和暴力威脅可能已經持續好幾個小時，甚至好幾天了。

靈長類學家理查．藍翰和人類學家馬丁．穆勒（Martin Muller）在烏干達的基巴萊國家公園（Kibal National Park）研究公黑猩猩的性脅迫。[14]他們觀察到，有生育能力的母黑猩猩有時候會接近、挑逗雄性——但不是對每一隻公黑猩猩都是如此。牠們只會接近之前攻擊過她們的雄性。

當時的普遍觀念認為，有生育能力的母黑猩猩選的是牠們看中的雄性。但藍翰和穆勒發覺，這些母黑猩猩不是在選擇，而是順從。牠們接近這些公黑猩猩其實是出於恐懼。那隻雄性在幾天前和幾個星期前曾經攻擊她們，並對她們施加暴力，母黑猩猩抗拒不了，於是就在發情期找牠們交配。這很明顯是看不見身體上約束的性脅迫。

圈養的母大猩猩會提供交配機會給群體裡攻擊性比較強的雄性，減少被雄性攻擊的機會，這也是用脅迫換得性交機會的例子。[15]在人類以外的動物身上看見無暴力的性脅迫時，能讓我們用更深刻、寬廣的視角看待原本忽略的部分，了解人類所面臨的性脅迫和性合意。

在人類之間，並非所有看似合意的性行為都是兩廂情願。二〇一七年的 #MeToo 運動揭露了各個產業的男性習於性脅迫和濫用權力。[16]就像公黑猩猩和大猩猩，這些老闆用他們的勢力懲罰並強迫不敢拒絕的女性。他們常用身體、財物、名聲和其他形式的威脅換來性交機會。當人們被籠罩在家庭暴力和隨時有可能被裁員的威脅氛圍下，濫權和恐懼於是促成了人類社會中的性脅迫。

因為受害者別無選擇，恐嚇和恐懼才能成為要脅的武器。他們無處可逃。令人擔憂的是，青少年中常見的性脅迫形式，是加害者鎖定無法移動或逃脫的受害人。如果青少年喝醉，就只能任人擺布。包括性侵害者在內的掠食者會把目標設定在失去行為能力的人身上，並可能使用約會強暴藥物。喝醉或嗑藥而變的昏昏沉沉的青少年會因此變成很容易得手的獵物。因此，如果青少年對掠食者如果抱持天真的態度，教導性安全知識時，就一定要納入酒精和藥物教育。

如果朋友能幫點小忙

動物如果在孤立的環境中成長，缺乏青少年時期的訓練和求偶練習，就不懂得如何追求正當的性行為。舉例來說，未成年的天竺鼠如果不跟其他天竺鼠一起長大，跟早有社交經驗的個體相比，會傾向使用蠻力，在性事上成功的機率比較低。[17]成長過程中沒有玩伴的大鼠成年後會缺乏性能力。[18]研究也顯示，年輕的美洲水貂不論雌雄，都需要翻滾扭打的打鬧經驗，好為成年後的性行為做準備。[19]研究貂科動物行為的科學家傑米・達賴爾（Jamie Ahloy Dallaire）指出，「大家都知道翻滾扭打就是『練習打架』，但說『練習交配』可能更恰當一點。」

在成長過程中如果沒有榜樣和玩伴，也可能會降低性衝動。「完全沒有社交互動[20]——從離乳到成年，都活在隔絕的環境裡——會抑制性行為。」凱薩琳・赫普特（Katherine Houpt）在她的動物行為教科書中提到這一點。獨自長大的公豬性慾較低，對性行為興趣缺缺。同樣地，在成長過程中未接觸到其他同類的狗或許性慾正常，卻不懂得怎麼正確做出騎乘動作，因為牠在小時候沒有玩過類似騎乘的遊戲。

人類醫學對女性健康的研究，包括性事在內，遠遠落後於同等範疇中對男性的研究。同樣地，赫普特觀察到，社會化對女性的影響「還沒被研究得很透徹」。然而，她也注意到，沒有經過適當社會化的母貓可能會抗拒公貓。

要幫助青少年學會發出接受與拒絕性愛的訊號，需要各種不同的社交經驗，即使有的訊號清楚直白，但求偶行為可能很微妙，不參與社群的話就無法完全了解。

動物的性溝通所蘊含的體悟可以幫我們了解人類的性事。一來一往的表達、評估和回應，都是求偶的重點。並且，在進入野莽期後，必須加強在求偶這件事情上的學習。會從事性行為的生物——人類或人類以外的動物——在這段期間的可塑性比較高、思想更開放，也更能學習怎麼溝通慾望。人類和其他動物的求偶行為基本上就是性的對話——確定性行為究竟會不會發生。對人類和其他動物來說，在表示雙方的慾望都被滿足之前，性對話通常不會結束。但如果沒有對話——沒有求偶的性溝通——表示其中一方心不甘情不願。換句話說，沒有雙向對話的性行為就是性脅迫。

動物的三種性脅迫類型在人類身上也能看到。加害者透過暴力、騷擾和恐嚇來要脅受害者，男女皆然。雖然研究動物性事和求偶或許無法立刻替受到性暴力的人們找到解方，但我們從中知道，未成年的動物在野莽期時一定要學習性溝通。

隨便約炮

當青少年的性慾增強時，可能會覺得性愛不是什麼新鮮事：因為這種事大家都知道（只有他不知道）。同時，他可能會以為性是出自本能，是與生俱來——所謂「動物性」——會自然發生。但其實在地球上，沒有性經驗的個體都不知道第一步要做什麼，這在我們觀察玉米螟蛾時就知道了。對人類來說，酒精、不成熟、想要好好表現帶來的壓力都是問題，加上如果不太明白怎麼樣的訊號才是同意，事情就會變得愈來愈複雜。

二十一世紀的其中一項難題就是「約炮文化」，美國心理學會（American Psychological Association）將這種文化定義為「個體之間沒有承諾的短暫性接觸，個體既非相愛伴侶，也非與對方交往中。」[21]金賽性學研究中心（Kinsey Institute）和賓漢頓大學（Binghamton University）的研究人員二〇一三年在美國針對約炮文化進行了學術性的審議，發現年輕人的約會文化愈來愈開放，也愈來愈能接受沒有承諾的性愛。

在研究的訪談中，研究人員說道，「年輕世代的文化認為性愛不需要承諾，他們重視經驗，而比較不重視固定的伴侶關係。這是我們現在所要面對的。」[22]雖然作者同意文化已經改變，他們仍建議年輕人還是要跟潛在伴侶繼續討論。「如果性行為是兩廂情願，就輪不到我們指責或原諒，」他們寫道，「但我們真心地贊同剛進入成年期的人在面對性愛時，要覺察並誠實溝通他們的意圖、慾望，以及自己和伴侶的自在程度。」作者覺得不需要觀察這個文化轉變對青少年和年輕人的心理及情緒健康可能造成哪些影響，而是警告大家：「雖然社會上對約炮的接受度愈來愈高，但約炮帶來的『一連串問題』仍有可能超乎公眾討論的範圍。」[23]

社會學家麗莎．韋德（Lisa Wade）說，在大學校園裡，「約炮文化隨處可見。」[24]是一種「占領的力量，有脅迫性，無所不在。它不只是一種行為，而已經是趨勢了。」她在二〇一七年出版的《美式約炮文化》（*American Hookup*）裡這麼寫道。

然而韋德注意到，儘管約炮文化已經成為事實，被說得天花亂墜，但約炮其實沒有那麼頻繁發生。她認為大眾有一個迷思，就是大學生一天到晚都在做愛。「學生們認為，他們的同儕一年可能有五十次性性為。這是實際數字的二十五倍。」她在書中指出，學生可以選擇不約炮，但他們無法跳脫約炮的文化。

心理學家理查・魏斯保德同意她的說法。[25]他說，約炮一點也不普遍，但人們仍有其他人隨時都在約炮的迷思。美國心理學會的研究支持這項矛盾，大學生對此也有同感。魏斯保德相信，青少年心裡渴望的還是愛情。他們想要連結，也需要連結。

約炮兩人之間的溝通複雜度可能還比不上大翅鯨的喧鬧群聚或果蠅的舞蹈，但約炮的重點應該是要你情我願。即使性行為的過程簡化成又快速又唯利是圖，兩人仍然必須在表達和理解後，接受性交意願。如果不是這樣，就不是真的約炮——而可能比較像脅迫了。韋德在書中寫道，對於約炮有「非常嚴格（甚至有些奇怪）的規範。它應該是自發，但有計畫的……簡言之，約炮是一種社交工程*（social engineering）的展現。」

如今，大眾普遍的困惑是——如何辨明潛在伴侶想要什麼。這種困惑來自於不成熟、想好好表現的壓力，以及缺乏前幾代留下來的資訊。不過，我們要特別注意一項勢必會造成溝通不良的因素：心智混沌。研究人員說，酒精和毒品會驟然提升約炮在身體和情感上的風險。[26]能啟發人類的是，野生動物不會有酒精和毒品的問題。

約炮行為的迷思影響範圍有多少，尚待討論，但毫無疑問地，約炮文化不僅讓許多年輕人因為期待而產生焦慮，也讓大眾出現錯誤印象，把年輕人描繪成滿腦子性愛、為了交媾可以不計後果的一群人。約炮傳說聳人聽聞，卻不完全正確，它甚至是來自青少年恐懼症，忽略了人類和其他物種在性生活上更細膩且強大的社交力量：化學效應、求偶行為和愛情。

野外之愛的教導

到了二〇一八年，在三十五個年頭以上的歲月中，阿鹽至少在十四個季節中，是其他大翅鯨追求的對象。她的每一次交尾或許都遵循同樣的基本模式，在加勒比海某處找到與她看對眼的對象、加入喧鬧群聚，並在人類看不到的地方交配。

現在的阿鹽大概五十歲，當她浮上海面呼吸，獨特的雪白記號非常容易辨識。當大翅鯨合唱的歌聲傳到她耳裡時，她知道那個聲音代表什麼。她知道跟公鯨魚在一起的時候，要如何表達和回應慾望。我們無從得知阿鹽成熟後的性生活與她在一九七〇年代成年時有什麼不一樣。我們不知道她頭幾次性經驗的失敗與笨拙、她為什麼會選擇某些公鯨魚、有沒有最愛的對象，以及，儘管這些研究都指出大翅鯨的繁衍需要雙方都接受，但我們不知道阿鹽是否在每次接觸中都心甘情願。

如前文說過的，求偶是動物界的溝通形式之一。求偶是一種語言，但不限用詞語表達，而是與理解和經驗有關。有效的溝通是雙方都會顧慮到對方給予的資訊，而不是各說各話。

偉大的愛情故事通常與性無關。很多故事連性行為也沒有。偉大的愛情故事重點在刺激、動機、錯過，以及真正結合前的若即若離。愛情故事裡傳達的問題都是溝通的問題。

* 譯註：以影響力或說服力來欺騙他人以獲得有用的資訊，這是近年來造成企業或個人極大威脅和損失的駭客攻擊手法。

阿鹽的大西洋浪漫冒險，以及玉米螟蛾、果蠅、水貂和長尾狸貓等其他在地球上會談戀愛的生物告訴我們：

第一，等到時機成熟再進行性行為非常合理。世界各地的動物身體上可能準備好了，但從社會角度而言卻還沒準備好要交配。

第二，在等待時學習和練習求偶，例如：如何表達和接收性慾的訊號，並共同決定接下來該怎麼做。積極、誠實且雙向的溝通是決定是否會發生化學效應的關鍵。

第三，在動物間，不同的個體有各自的伴侶偏好，在性行為及性慾上也有行為上的彈性，這點很重要。就連果蠅也不是迷你機器人。

最後，不論在何時何地，一對對的青少年和年輕人彼此對望，在遙遠冰凍海灘上的祖先們了解這種感覺：mamihlapinatapai，渴望與彼此連結，也在思索從何處開始時感到興奮萬分。

第4部
自立更生

對某些進入野莽期的動物來說，
離家代表成年生活的開始。
有些動物則會留在從小居住的環境裡，
但角色改變，也要負起新的責任。
不論如何，開始自給自足和供養其他個體時，
年輕動物會從中得到自信。

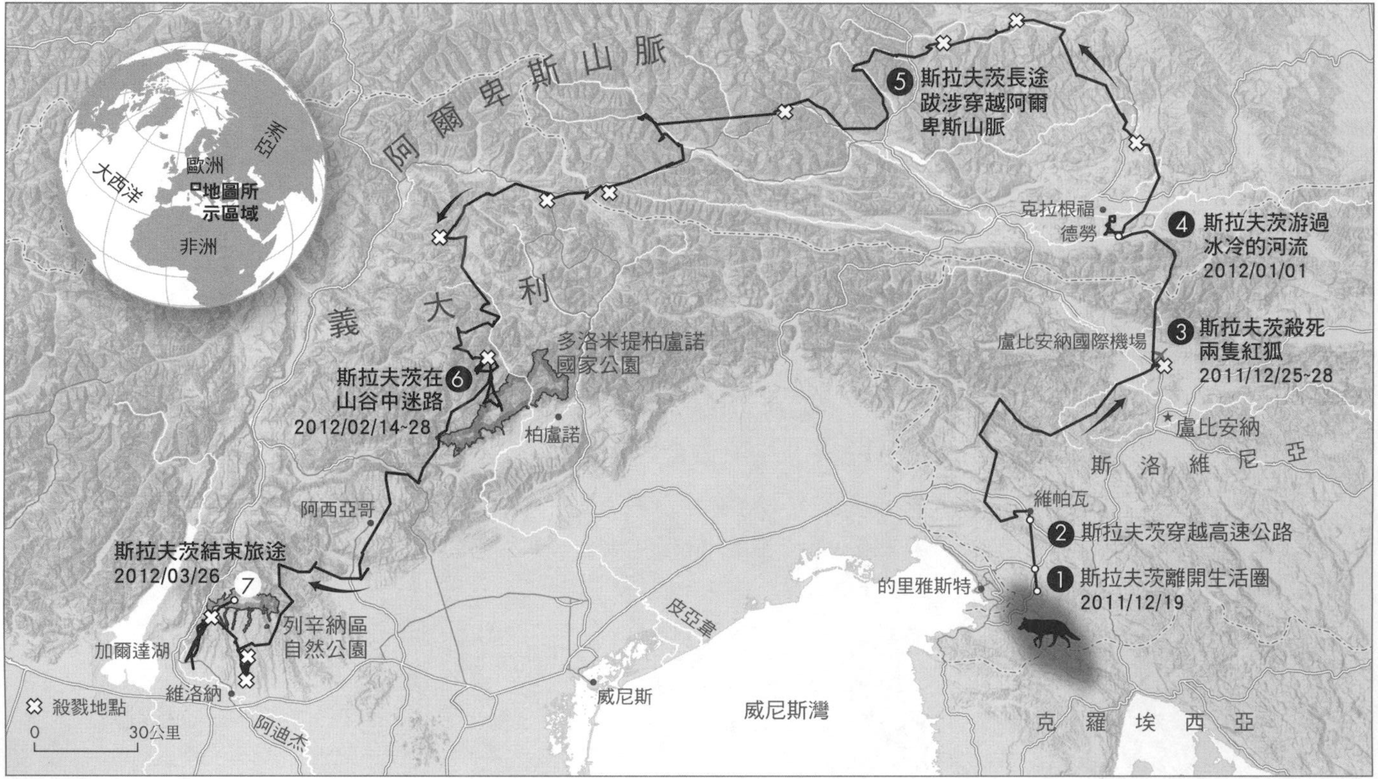
阿爾卑斯山脈
大西洋
歐洲
亞洲
非洲
此地圖所示區域
❺ 斯拉夫茨長途跋涉穿越阿爾卑斯山脈
克拉根福
德勞
❹ 斯拉夫茨游過冰冷的河流 2012/01/01
義大利
盧比安納國際機場
❸ 斯拉夫茨殺死兩隻紅狐 2011/12/25~28
多洛米提柏盧諾國家公園
斯拉夫茨在山谷中迷路 ❻ 2012/02/14~28
柏盧諾
盧比安納
斯洛維尼亞
阿西亞哥
維帕瓦
❷ 斯拉夫茨穿越高速公路
斯拉夫茨結束旅途 2012/03/26
❼
❶ 斯拉夫茨離開生活圈 2011/12/19
的里雅斯特
皮亞韋
列辛納區自然公園
加爾達湖
殺戮地點
維洛納
威尼斯
威尼斯灣
0 30公里
阿迪杰
克羅埃西亞

第十五章
學會單飛

二〇一一年十二月十九日的漆黑夜晚，在義大利的里雅斯特（Trieste）郊外，地屬斯洛維尼亞的森林裡，年輕的灰狼斯拉夫茨醒了。那年冬天，夜晚比以往寒冷，太陽兩個小時後才會升起。那天凌晨，斯拉夫茨決定離開。他轉向北方，朝著義大利的阿爾卑斯山脈前進，離開出生後唯一的家。

幾個月後，在六千英里之外的美國洛杉磯山谷中，一隻美洲獅也在日出前醒來。他爬下乾涸的河床，河谷邊大樓裡的居民還在酣眠，沒有人聽到牠，也沒有人看見牠。

灰狼和美洲獅都處在青少年時期，本來跟家庭成員住在一起。脫離幼年期後，在離家的幾個星期前，牠們開始脫離從小居住的地方。雖然身體已完全長成，但經驗不足，他們得找到獨自進入世界的方法。

他們截然不同的命運讓界定生命此刻的力量以戲劇化的方式呈現。當然，他們都沒發覺那天早上推動他們的力量，是來自流傳了幾億年的強大傳統。這兩隻動物都處於一種極度危險、古老且普遍的處境，會讓即將獨立的年輕動物筋疲力竭。這個時刻和行為叫做「播遷」（dispersal）。[1]

野外的成長小說

如果你要寫一本青少年動物的成長小說，可能會想用播遷當作故事架構。從編劇的角度來看，播遷屬於「觸發事件」，會激發行動。主角的任務也會就此成形。播遷——也常被稱為「離巢」——逼迫角色面對恐懼、結交朋友、尋覓愛侶。離家之後，牠們會跟隨夢想、尋找機會和發現自我。如果要讓情節有所進展，播遷絕對是首選。年輕的動物會接受試煉，面對孤立和衝突，最後進入另一個狀態：成年期。

播遷行為複雜得不可思議，但簡單來說，就是分離的過程，年輕動物從此開始獨立生活。如果你是離家的青少年，你會開始擔負責任，或全權負責自己的安全、社交及覓食。你很有可能會漫遊到離出生地更遠的地方，離家的時間通常也會愈來愈長，最後時常再也不會回去。不過，並非所有要播遷的動物都會永遠離開家，有些動物則是一直待在同一個地方。

在世界各地，現代的人類青少年和年輕人第一次離家的方式有很多種，可能是去工作、當學徒、就學，或加入軍隊或其他服務。[2]對有些人來說，婚姻意味著離家。經濟獨立，或只是經濟穩定，通常就讓很多人覺得他們已經成為「真正的」大人。而對某些人來說，離家意味著要流浪街頭。

在人類社會見到的青少年播遷模式，也會反映在野生動物初次離家的各種方式上。有個極端的例子是澳洲袋貂，牠們會在某天傍晚突然起身，並堅持排成直線隊形，離開出生的巢穴。[3]另一個極端則是赤腹山雀（*Parus varius*），牠們討食的模樣非常誇張。[4]這些鳴禽青少年老是待在巢裡不離開，他們的父母最後會停止提供食物，逼牠們離巢。

在全世界的文學傳統中，雄性通常會大步踏上英雄的征途。[5]然而，大自然的許多反例證實了兩性其實相當公平。雌野馬和雌斑馬會離開家，加入新的家族。我們的靈長類近親——倭黑猩猩，以及狒狒和熱帶蝙蝠也一樣：雌性會離開出生地，尋找自己的際遇。[6]對企鵝、鯨魚、狐獴、鯊魚等其他動物，以及許多人類而言，不論性別，青少年都會展開英雄式的探索。有些個體獨自出發了，有些則和其他青少年一起游泳、飛翔、疾馳和奔跑，探索世界，有時他們會一起度過好幾年，然後才找個地方定居，開始成年的生活。

生物學家相信，播遷的驅動力提供幾個生物學上的好處，例如遏止家族成員近親繁殖。[7]但枝開散葉的優勢也會帶來不利：動物第一次播遷時，就是生命中最危險的時刻。讀者可以回想一下年輕的烏蘇拉，就是那隻第一次要離開南喬治亞島的企鵝。她跟同儕在生理上都已經準備好要離家，但要先通過豹斑海豹的攻擊，能保住一命的話，才能成功離開。年輕的動物在播遷時常碰到危險，很多動物因此送命。

突然之間，斯拉夫茨動身了。[8]斯洛維尼亞的科學家休伯特．波托契尼克（Hubert Potočnik）為這隻十六個月大的青少年取名，並戴上無線電頸圈。他說，這絕對是播遷行為，不可能是其他行動。波托契尼克說，在年輕的斯拉夫茨突然啟程前，他已經追蹤這匹狼一年左右了。至於加州的美洲獅（科學家們並沒有為他取名，但我們叫他ＰＪ），很有可能也因著類似的衝動而離家流浪。離家的青少年美洲獅在尋找新領域時，一天可能會走幾十英里。

不論是孤軍奮戰還是群體行動，播遷的年輕動物必須避開可能讓牠們送命或受傷的事物，包括現代人類世界中的機動車輛。但就算躲過外來的危險，保住了一命，所有的動物仍要面對另一項不斷出現的致命威脅，一輩子都擺脫不了：飢餓。飢餓的動物會去冒險，吃得飽飽的同儕則不會。野莽期期間，有些看似魯莽的行為或許只是為了不讓自己餓死。說得更明確一點，不論是在野外還是在現代城市的擁擠街道上，不知道怎麼餵飽自己的年輕動物可就麻煩大了。

年輕的動物有很多任務，而學會規律進食——字面上的意思就是謀生——是最複雜的任務之一。

學習離家：練習播遷

在跳進大西洋之前，國王企鵝烏蘇拉並未接受海洋的訓練。對於潛伏在岸邊的豹斑海豹，她一無所知。爸媽沒有教過她捕魚的方法，她甚至連游泳都不會。生物學家稱她的播遷是「不了解情況的」播遷。

狼斯拉夫茨和美洲獅ＰＪ則相反。他們並不是在毫無經驗的情況下踏入世界，而是在離家前會先接受生活技能的訓練。在他們還很小的時候，牠們就會在播遷開始之前，先接受父母和其他成年動物的指導，了解情況。

許多哺乳類、鳥類和魚類很幸運，能在有了一點見識之後才離家。[9] 袋貂就是很好的例子，因為牠們會把離家的目標分成多個步驟來訓練子代。[10]首先，袋貂寶寶會輪流騎在母親背上。在這個安全的高處，牠們開始學習掠食者的外觀和氣味、怎麼保衛自己，以及怎麼找到食物。等牠們大到不能被母親背著走的時候，即將成年的袋貂會改成「走路」。在這個探索階段，牠們在母親身邊碎步跑來跑去，一天比一天跑得更遠，但一定會繞回來，接受親代的保護和照顧。接下來則是在外過夜的訓練。青少年時期的袋貂會在巢穴附近選一棵樹，獨自在那裡過夜。受訓中的播遷動物要靠自己，但如果需要援助，母親就在附近。

澳洲的保育生物學家漢娜・班尼斯特（Hannah Bannister）告訴我們：「袋貂是個好媽媽，牠們會為寶寶盡力安排最好的生活。」她說起有一隻袋貂媽媽，牠年紀最大的孩子比其他兄弟姐妹更晚才在進入探索期。這隻袋貂媽媽於是就讓兒子待在自己身邊更久，把牠養到能夠獨立的時候。在外過夜、校外教學、夏令營、到親戚家住一晚：人類也會在野莽期練習離家。

狼群會組織非常精細複雜的社會，當雄性和雌性到了青少年時期，會花更長的時間接受更多播遷訓練。[11]在還是小狼的時候，斯拉夫茨會拿到練習用的「玩具」——骨頭、羽毛和毛皮。在他學會獵殺活生生的獵物前，他跟同胞會叼著這些玩具走來走去，把它當作戰利品。斯拉夫茨的聲音在青春期時開始出現變化，從音調拔高的尖銳叫聲變成低沉的嗥叫和長嗥，他會跟狼群裡其他成員一起練習控制聲調——這是很重要的溝通技巧，便於提升群體的獵捕效率。接下來，波托契尼克告訴我們，這是成長中的斯拉夫茨正面對的重要時刻。儘管還不是合格的獵手，家族要出外打獵時，也會讓他加入行列。年輕的狼在這個打獵學校裡會犯錯，也會學習——灰狼專家大衛・

梅克（David Mech）稱之為「精修學校」。[12] 訓練期間，如果年輕的狼搞砸了打獵的某個環節，牠們有小狗許可證當作護身符，不至於受到年長成員的處罰。

在打獵學校裡，斯拉夫莰除了磨練重要的體能，並練習社交群體生活該有的互相忍讓之外，他還是跟家族成員住在一起，所以一定有東西吃。先學習再離家能讓動物有保障，不至於餓死。

狼通常會跟家族一起生活和打獵，但美洲獅成年後就獨自行動。[13] 然而，在美洲獅離家之前，牠們會跟母親同住一年，有時甚至長達兩年。ＰＪ要到完全過了青少年時期後，才有能力獨自獵殺一隻三百磅的騾鹿。在那之前，他的母親在殺死獵物後，會跟他分享，同時教他怎麼打獵。家裡養的貓會把受傷的老鼠或蟋蟀帶給牠們的小貓，美洲獅母親也會為下一代製造適合教學的機會。ＰＪ的媽媽會把受傷的獵物帶給他，磨練他天生就懂的匍匐前進和撲襲行為。在獨自啟程前，ＰＪ或許會拿幼鹿、囓齒動物和其他小動物來練習。

毫無疑問，青少年會因為離家感到外在和社交壓力，而尚未得到足夠訓練和準備就離家，會使得未來危險重重。舉例來說，如果非洲象因為非法盜獵而成為孤兒（這事時有所聞），會使牠們即使還沒有足夠的經驗或資訊，也必須播遷。[14] 自行謀生的孤兒常會餓肚子。少了成年大象的引導，牠們缺乏社交技能，也容易與其他大象或偶爾和人類或其他動物起衝突，這兩種情形都容易讓牠們喪命。

該去，還是該留？延遲的離家

到了播遷年紀的青少年動物不一定都按著相同的時刻表離家。就像有的人類離家前會拖拖拉拉，不肯離去，動物也是，牠們也會拖延這不可避免的過程。烏蘇拉要先脫掉幼雛的絨毛才能播遷——沒經過這個轉變她也無法游泳。等她一旦長出成年、防水的黑白羽毛，也就更接近準備好的狀態。

倉鴞雛鳥有一身柔軟雪白的羽毛，十分獨特，長大後則會變成褐色。[15]然而，你偶爾會看見在體型已經長成的倉鴞身上仍掛著幾根白色羽毛。留著幼雛時期的外衣表示青少年時期的動物雖然已經長大了，但在擔起成年責任前仍不放棄親代給的保護和機會。

延滯的發育期在自然界非常普遍，能使年輕動物在做足準備之前，延後獨立生活的風險和挑戰，例如找到足夠的食物、避開掠食者、尋找新的領域、遇見新群體、探索性行為。人類也會穿較低年齡層的衣服，或使用兒語，回到更早的發育階段，他們展現出一種防衛機制，叫做退化（regression）。[16]年輕人退化的理由目前還不明確，但人類以外的動物延遲羽毛成熟的生理學及行為指出，環境中或許有個東西向年輕的動物暗示現在不夠安全，先不要長大。

延後播遷的時間也會讓動物推遲繁殖，有很多種鳥類會在父母又生出一窩雛鳥時，擔任所謂的「巢邊幫手」。[17]幫手會照顧和保護新生的弟妹，給牠們食物。這些較年長的鳥兒幫手先暫停自己的繁殖，當下一個繁殖季節來臨時，牠們會由於體型較大、更有經驗、地位更高，因也更容易成功。育幼經驗也讓牠們成為更好的父母。還有一個好處，待在家裡的話，比較有機會繼承親代的領域。

不論是明智地延後播遷時間來獲取重要技能，還是只覺得還沒準備好，有些青少年就是需要親代推他們一把。生物學家看過灰狼在對年輕雄性展現優勢時，會扭打、把牠們按倒在地，生物學家認為這是一種播遷前的騷擾。[18]青少年時期的動物不一定會喜歡牠們的催促。年輕的嚙齒動物有時會跟母親打架，因為母親要牠們獨立。[19]牠們用腳掌拍打母親，並拒絕被叼起來。

美洲獅媽媽則對催促即將成年的幼獅離家，有一套自己的策略。有時候，牠們會把幼獅帶到出生地領域邊緣，轉身離去。如果幼獅想跟著母親，母親可能會對牠咆哮，或者打牠一巴掌。美洲獅媽媽向來會跟幼獅提前約好走失時的會合地點，但如果她要催促幼獅離家，可能就不會現身了。[20]青少年美洲獅左等右等，最後會明白媽媽不會回來了。當同胞動物同時被拋棄後，常常會共同生活好幾個月，一起打獵、睡覺和閒晃，直到大家的年紀都夠大、技巧也好到可以分開。然而，沒有兄弟姐妹的動物就只能靠自己。

為什麼相處不睦？親代不友善及親子衝突

一九七〇年代以來，研究動物離家方式及時機的生物學家們[21]都以一個中心概念為研究基礎：[22]動物父母及子女關心的事情不一定一樣。動物父母希望牠們的下一代身體健康，而且數量愈多愈好，子女則想獨占親代的資源，因此導致了「親子衝突」，一場爭奪關懷、保護和照顧的混戰。子女希望得到愈多愈好；親代則必須審慎地投資和分配有限的資源，而且除了已經出生的子女，牠們未來還有可能繼續繁殖。在這樣的框架下，親代願意提供的照顧和子代要求的照顧嚴重失衡且無法化解，因此子代一定要播遷。

動物離家的方式和時機與親子衝突有密不可分的關係，從北噪鴉雙親設法要誘使長大的幼鳥留在食物賄賂旁邊，到美洲獅媽媽吼叫警告自己已經幾乎成年的兒子太靠近老媽的獵物了就可以看到。在這個敏感時期，青少年動物的行為若出現改變，親代的行為也會跟著改變。不論衝突是否為構成親子關係的基礎，不同的物種卻有一個清楚的共同點：在播遷的時刻，衝突會最嚴重。

親代的行為從鼓勵和支持轉為漠然或全盤的攻擊時，可能會把子代嚇一跳。牠們或許覺得還沒準備好獨立生活——事實上，很多動物到了這個階段，連怎麼獵食都不知道；或者已經學會了一些重要技能，例如飛行和奔跑、自衛、與成年動物互動，以及交朋友，但還在發展中——尚未熟練到能夠進入真實世界的競爭場地。

許多人類父母能分辨出小孩是否準備好離家獨立，但有些父母會焦躁不安，一直到孩子離家了，還在擔心子女還沒準備好。這就是衝突最嚴重的時候。親子之間發生衝突會讓人感覺年輕人不夠可靠，或沒有足夠的見識，無法獨立。但事實上，衝突或許就是子代已經準備好的訊號。

要為這個重要的時刻舉例，可以用西班牙多拿那國家公園（Doñana National Park）裡的白肩雕，牠們的行為火藥味十足。[23]對此，研究這些鳥兒的研究人員有一個特殊的術語——「親代不友善」（parental meaness）。

殘酷的真相

想像有一隻褐色的巨雕在西班牙海邊的橡樹上空翱翔，金色的眼睛眨也不眨，掃視著下方的領域。忽然，牠看到目標。牠把翅膀收向身體，往下俯衝，逐漸加速，就像自由落下的跳傘運動員。牠落下的速度愈來愈快，就在離地僅僅一英尺的地方，牠往後猛躍，張開翅膀，伸出利爪。這種展翅、雙腳在前的攻擊動作叫做「屈身」（stoop）。老鷹利用屈身成為傑出且駭人聽聞的獵手，因為牠們俯衝的速度極快，幾乎沒有聲音，暴擊時能夠致命且精確無比。

但這隻白肩雕媽媽並不是在追捕獵物。牠的目標不是兔子或鼴鼠，而是自己已經長大、但還沒有離家的兒子，仍要靠母親餵養。白肩雕媽媽屈身攻擊自己的兒子，就像把牠當成獵物，但有一個差別——她沒有伸出利爪。牠的爪子扣在一起，像根球桿。牠用這根球桿拍擊自己的兒子，讓牠失去平衡。不論小白肩雕棲息在高處或是飛在空中，都可能遭到母親的屈身攻擊。被攻擊的小白肩雕會在空中旋轉，直到平衡感恢復。

你可以看見研究人員之所以把這稱為「親代不友善」的原因，但他們觀察到這不代表虐待模式會延續一輩子。白肩雕父母通常不會攻擊自己的子女，這個時刻除外。事實上，牠們通常是飛禽中的模範父母，會提供一切必要的養分和指引，讓幼雕有個良好的開始。在老鷹的一生中，只有在非常特別的時刻才會看到親代不友善：播遷之前。

以白肩雕為例，長成的子女在巢裡逗留愈久，親代不友善就發生得愈頻繁。但親代會循序漸進。真正的屈身攻擊之前，牠們會從沒那麼激烈的行動開始。牠們對青少年子女的需求愈來愈冷漠。牠們會減少餵食，不回應子女的討食。當這些訊號愈來愈不管用，白肩雕父母的手段就會愈來愈激烈，最後演變成攻擊。一開始或許會用飛行攻擊——親代加速飛向子代，在最後一秒鐘急轉離開——來嚇唬孩子，表示敵意。但在接下來，白肩雕父母會火力全開屈身攻擊，也會碰觸到子女的身體。

終於，在幾天之後，小白肩雕明白父母的提示，準備離巢。研究人員對這種行為提出解釋：「對白肩雕來說，成鳥最後會減少子女的糧食，做出攻擊行為，逼牠們獨立。」儘管這個行為的重點看似是要趕走子女，或許是為了讓出空間給新的一窩雛鳥，但可能還有一個額外的好處——能幫助子代。

科學家指出，雖然即將播遷的青少年動物被爸媽屈身攻擊，但幼雕的飛行技巧也變好了。看似攻擊的行為或許也是一種訓練形式——在幼鳥離家前幫牠們加強訓練。雖然鳥兒當然不會這麼規畫或這麼想，但被父母逼著播遷的老鷹或許能加強成年期最需要的身體技能：逃跑。

人類父母不會攻擊孩子，但有時候會讓小孩的行為自食惡果，並藉此傳授正當的經驗和技巧，同時也確保孩子的安全無虞。有人說這是「嚴厲的愛」（tough love）。以這種方式學會艱難而重要的課題會帶來重大啟發，而孩子後來才會明白雙親其實一直都是為了自己好。喜劇演員特雷弗．諾亞（Trevor Noah）在他的回憶錄《以母之名》（*Born a Crime*）中提到這件事，書中背景是一九九〇年的南非，他是混血兒，成年時正好碰上種族隔離制度即將廢除。[24]諾亞十來歲的時候，有天他未得繼父允許，就把他的車子開走，警察在路邊把他攔下，他因為竊車的罪名而被逮捕。他在監獄裡過了煎熬的一星期，他必須自己想辦法聯絡法律單位，同時不讓母親知道這個尷尬的祕密。最後，在一名律師的協助下，諾亞被保釋了，律師神祕地出現，接下他的案子。原來，諾亞的母親從親朋好友那裡聽到消息，幫他找了律師，並拿出保釋金。「在監獄裡的那整個禮拜，我以為我隱瞞得很好，」諾亞寫道。「但她一開始就知道了。」他回憶起母親向他解釋，「我做的每一件事，都是因為愛你。如果我不處罰你，這個世界會給你更嚴重的處罰。這個世界並不愛你。」

還沒準備好

我們在前面已經看到不少青少年動物在成熟前的過渡期會經歷的身體和情緒變化，這些變化可能都會引起子代與親代的衝突。而播遷可能會讓親子衝突更加劇烈。

隨著孩子離家的時間愈來愈近，雙親通常會判斷和評估子女的準備狀況。一想到孩子即將自行面對的一切，父母可能就會焦慮無比，尤其會擔心自己沒有把應該教給孩子的技能傳授給他們。

子女即將離家的父母可能會發現自己很擔憂青少年是否有能力完成一些看似很簡單的成年人任務：準時起床、收拾環境、管理金錢。當離家的時間漸漸逼近，父母可能會故意跟孩子吵架，不斷嘮叨，要孩子收拾沙發上的濕毛巾、檢查油箱或去打流感疫苗。但是，別把父母的行為看成他們想把孩子趕走。他們是想要教導孩子。

科學家研究過印度孟加拉邦的流浪狗，他們追蹤一群母狗跟牠們的小狗，從小狗出生到播遷的過程，就能說明親代在對策上的轉變。[25]科學家發現，在小狗還小的時候，狗媽媽會幫牠們清理狗窩。等子女快到離家的年紀時，母親就再也不幫忙清理了。在小狗離家之前的那幾個星期，狗媽媽逐漸減少清理工作，不受約束的青少年子女必須明白怎麼清理自己的住處。

這些狗媽媽也會訓練小狗在牠們即將獨立生活的環境裡覓食：孟加拉邦的街道。在小狗即將斷奶的時候，狗媽媽會把食物碎屑帶回家，讓小狗開始吃這些食物。這能調整小狗的味覺和嗅覺，讓牠們能接納各種養分來源。如我們所知，離家的青少年一直處在飢餓狀態，即使爸媽再也不在身邊餵哺牠們，親代之前所做的準備可以讓牠們嗅出極其需要的食物。

孤注一擲：出發

不論準備好了沒有，人類在離開家的時候，情感上可能會非常激烈，或非常微妙。人類很特別，在即將進入成年人生活前，會表現出懷疑、恐懼和興奮，但這不表示其他動物在離開的那一刻都毫無感覺。劍橋大學的行為學家提姆・柯拉頓－布羅克寫了一本關於動物社會的教科書，他描述一匹母馬要離開馬群，加入新的家族，非常動人：

在內華達州花崗岩山脈（Granite Range）乾燥的山脈上，有兩群美洲野馬*啃食著乾燥的灌木叢。[26]其中一群裡，有四年輕的母馬焦躁不安，一直被留駐馬群的公馬趕回群體裡。當牠們沿著蜿蜒小道前進時，母馬脫隊了。當公馬一不注意，隔壁馬群裡的公馬疾馳而出，用身體把離群的母馬和其他馬匹隔開，將母馬轉而送回自己的群體裡。原本的那匹公馬發現此計，急急轉身攻擊，但已經為時已晚，於是牠只好回到其他母馬身邊。在這不過幾分鐘的時間裡，年輕的母馬做了影響她餘生的決定，離開父母的保護，加入毫無血緣關係的陌生馬群，這些馬以前可能是跟牠們爭奪過豐饒草地的敵方。母馬小心翼翼地走過去，靠近那個群體裡的母馬，公馬緊靠在旁護衛著牠，不讓牠回到原本的馬群。

馬的習性是母馬會播遷到其他家族，而在綠猴的社會裡，母猴會留在出生的團體中，公猴則會離開。[27]公猴大約在五歲時性成熟，牠們會跟兄弟、同儕或其他盟友一起播遷，在大日子來臨的前幾個月，這些年輕的靈長類會變得焦慮、退縮、鬱鬱寡歡，一位綠猴專家甚至用「抑鬱」來形容。[28]儘管牠們都不太知道將來會發生什麼事，但確實有項艱難的任務等著這些鬱悶不樂的公綠猴。當牠們找到新群體後，首先必須會見成熟的雄性領袖，向牠挑戰。這時，牠們可能才離開自己出生的家庭幾個星期，或甚至只有幾天。但這些年輕的猴子除了必須鼓起勇氣挑戰成年雄性，展現侵略性時也得講究方法。牠們最後能不能加入群聚，由母猴來決定，而母猴無法容忍蠻力。能夠如願以償的雄性綠猴必須經歷不少次的社交練習才能成功，經過社交訓練通常讓牠們不必打架也能加入群體。換句話說，野莽期的社交練習非常重要，是成功邁入獨立的關鍵，即使是對一隻猴子來說也一樣。

路殺

斯拉夫茨和ＰＪ都在破曉前就就踏上野外冒險的旅途，我們不知道牠們當下有什麼感受。以生物化學的角度來說，一大早，包括人類在內的哺乳動物的皮質醇（壓力荷爾蒙）會自然升高，血壓會跟著變高，心跳也變快。[29]因此，美洲獅和灰狼也有可能感覺到一絲絲人類所說的興奮感，在黎明即將來到之時，這股興奮感比起吃過午飯再上路，感覺更令人激動。

但斯拉夫茨才剛啟程，就被車流擋住了，那是一條從的里雅斯特到盧比安納的A-1高速公路，路上都是飛馳的汽車和卡車。

在世界各地，機動車輛是青少年和年輕人死亡的主因。[30]人類不太容易受到自然界掠食者的滋擾，但對年輕人來說，不論是走路還是開車，這些車輛對他們生命的威脅最大。從十歲一直到二十出頭，人類青少年因為車禍受傷的機率高出其他年齡群。雖然六十五歲以上的年長行人死亡率最高——被撞到的話比較容易死亡——但青少年和年輕人比較容易碰到車禍和受傷。

我們知道，機動車輛也會危害動物族群。[31]在美國的高速公路上，每天有上百萬隻動物被殺。[32]我們草率地稱它為「路殺」，但在皮毛、羽毛和內臟之下都是一隻動物。當都會入侵荒野，

＊審訂註：北美洲並無原生的馬科物種，這邊的野馬指的是脫離人類馴服並回到野地自行存活繁衍的族群。

愈來愈多的動物必須面對一項挑戰——毫髮無傷地穿越道路。結果發現，英文諺語中用以形容不知所措的說法，「頭燈下的鹿」（deer in the headlight），有絕大部分是播遷的青少年。離開保護牠們的父母後，牠們初次來到新環境。

沒有經驗的青少年動物和車輛是非常危險的組合。車子撞死了紐西蘭原生的紫水雞[33]、澳洲的袋貂[34]、美國加州赫氏古堡（Hearst Castle）一號高速公路[35]邊的北方象鼻海豹，以及喀拉哈里沙漠（Kalahari Desert）[36]中被長輩強迫著先過馬路、宛如掃雷艦的狐獴。就連在北美洲外海附近長大的青少年鯨魚，跟較有經驗的長輩相比，也更容易被油輪和拖船撞到。[37]

野生生物學家觀察到，累積了經驗以後，鹿和松鼠等動物都能學會馬路上的智慧，保護自己的安全。有些郊狼甚至學會了看燈號過馬路。[38]學會過馬路且避免被車子撞到，通常也是現代人一開始就要學會的安全教育之一。九歲以下的小孩車禍風險最低，健康提倡者認為，為了讓不滿十四歲的小孩和青少年安全過馬路，應該要由成年人指引。

沒有經驗就上路開車更危險——事實上，駕駛機動車輛是現代青少年生活中最容易致命的一項活動。[39]新手駕駛跟其他族群比起來，死亡的機率是四倍，受傷的機率則是三倍。他們不把危險放在眼裡，也最有可能酒駕和不使用安全帶。所有的駕駛在開車時使用手機都非常危險，包括青少年在內。[40]美國國家公路交通安全管理局（U.S. National Highway Traffic Safety Administration）指出，邊開車邊傳簡訊，駕駛碰到意外的機率是其他人的四倍。二〇一二年的報告也指出，在前一個月，有將近百分之五十的青少年在開車時傳過簡訊。[41]事實上，在所有死於車禍的年齡層中，十五到十九歲的青少年最容易是因為分心。

大家都知道，青少年惡名在外，追求速度感、誤判距離、會因同儕和電子裝置而分心，而且會衝動行事。這些特質都讓可怕的統計數字愈來愈高。十六歲左右的年輕駕駛人如果能通過道路駕駛的駕照測驗，安全紀錄也會變好——隨著時間過去，新手駕駛累積實際經驗後，能幫他們累積愈來愈多的權益。

回到斯拉夫茨在高速公路上的經驗，波托契尼克提供了一些很吸引人的背景。波托契尼克研究斯拉夫茨的狼群好多年了，他知道這些灰狼會定期經過繁忙的道路。斯拉夫茨可說是剛學會走路就有安全過高速公路的經驗，波托契尼克告訴我們，他也看過狼群中長者與年輕的動物之間的社會學習。很多歐洲國家為野生動物建造了安全結構，提高斯拉夫茨存活的機率。寬闊的高速公路有地下通道或天橋，能讓動物穿越馬路。當斯拉夫茨的旅途來到對青少年動物最致命的地方時，他知道該怎麼辦。他找到天橋，快步通過。那一天，斯拉夫茨後來又到了另一條忙碌的高速公路，編號A-3，這頭年輕的狼找到天橋、順利通過，繼續他的旅程。

PJ

在腹地廣大的洛杉磯，高速公路就跟陽光一樣到處都是，但野生動物穿越道就很少見。想穿越道路的美洲獅就常常被車子撞到。還好那天早上，PJ沿著河床行走時，沒有走到轟轟作響的405或101公路附近。但他確實需要穿越日落大道（Sunset Boulevard），這條彎曲的四線道長二十二英里，從市中心沿著洛杉磯盆地北緣，一直延伸到太平洋。在破曉之前，日落大道還算安靜，ＰＪ可以輕鬆地大步跑過去。他順利穿過馬路，沒有受傷。接著，太陽緩緩升起，晨間的尖峰時刻即將開始，通勤者發出的噪音宣示著人類的一天就此開始。

穿過日落大道後，ＰＪ發現自己來到一個新的環境，周圍再也沒有荊棘灌叢和樹木。年輕美洲獅腳下踩的岩石地形已經變成混凝土和柏油路。可供藏身和休憩的繁茂植被變成修剪整齊的草坪及低矮的造景樹葉牆。ＰＪ已經迷失了方向，但還是繼續前進。他跑了起來，慢步跑到一條綠蔭覆蓋的街道，這條街和寬闊的亞利桑那大道（Arizona Avenue）交會。偶爾呼嘯而過的車子伴隨著震耳欲聾的音樂，或有不絕於耳的卡車喇叭聲。忽然間，ＰＪ來到了市中心，身邊沒有同伴並且遠離了他出生長大的環境。受到驚嚇的他沿著亞利桑那大道狂奔，尋找可以躲藏的地方。

新聞報導和目擊者後來描述了事發經過。ＰＪ找到一座拱門，穿了過去。[42]他不知道他選的那條路不是逃生路線。而是Ｕ形的庭院。此路不通。ＰＪ進退兩難，他朝著牆面上看似是隙縫的地方跑去，殊不知那只是玻璃門上的倒影。他絕望地用腳掌扒門，但這時後面傳來了聲音。他轉過身，看到一個人。ＰＪ慢慢靠近他。那人轉身就跑，ＰＪ不知道他是急著去報警。

正當ＰＪ在庭院裡繞圈，用腳掌抓扒玻璃時，一隊人馬忽然出現。他們拿著棍子，慢慢朝ＰＪ移動。嚇壞的ＰＪ時而退縮，時而前撲，試著脫困，然而一邊是建築物，擋住了他的去路，另一邊則是美國魚類及野生動物管理局的雇員。突然，一聲巨響。ＰＪ不知道那是一發鎮靜劑，他再度試著逃跑，幾乎衝過了人群，可是一股前所未覺、應該也無法了解的力道讓他退了回去。

那是消防水管射出的水牆，聖塔莫尼卡（Santa Monica）的消防員架好了水管，協助限制美洲獅的行動，同時等待鎮靜劑發揮作用。ＰＪ掙扎著站起來，身上卻中了更多子彈。開槍的聖塔莫尼卡警方並不想殺死他——而是用非致命的子彈讓ＰＪ待在原地至少十分鐘，鎮靜劑才會發揮效用。ＰＪ的眼睛灼熱了起來，因為這些非致命子彈是胡椒彈。

驚駭之下，ＰＪ嘗試最後一次逃命。他當然不知道這座庭院臨近一所幼兒園和第三街徒步區，是聖塔莫尼卡市中心非常繁忙的購物區。警察、消防員和野生動物管理局的人都無法向這隻激動的美洲獅解釋，他們希望能讓他好好地鎮靜下來，才能把他帶回山區野放，但鎮靜劑的效用不夠快。狂亂的ＰＪ暈頭轉向，最後奮力一躍，想要逃走。ＰＪ這個最後的舉措差點衝過人群並回到街上。為了保護公眾的安全，警察只好拿槍對著他。

斯拉夫茨

寂靜的維帕瓦位於斯洛維尼亞南部，旅遊廣告上號稱是美酒與帕瑪火腿的伊甸園。到了夏天，頂著硬陶土瓦片屋頂的白色建築披上了大樹葉子；在路邊的咖啡廳裡，不論是遊客還是居民都一邊喝著咖啡、啤酒，一邊吃著義式冰淇淋。

二〇一一年十二月的寒冷夜晚，一位不尋常的訪客來到維帕瓦。斯拉夫茨的無線電頸圈每三個小時會發射一次定位資訊，波托契尼克從資料看出，這匹灰狼在維帕瓦一間農舍的後院。當這位科學家讀取傳入的全球定位系統座標時，他感到很絕望。維帕瓦離斯拉夫茨的出生地很遠，這匹狼不太可能在一天之內就自己跑到那裡去。距離之遠讓波托契尼克認定這匹從小他就認識的小狼已經被獵人射殺，並被用車子載到這處遙遠的農舍。

但事實上，斯拉夫茨還活得好好的。他一整天都保持高度警覺，不斷奔逃，穿越高速公路、避開車輛和人群。他趁著屋子裡的人毫無察覺，溜進了後院，度過獨自生活的第一個晚上。這是他第一次離家這麼遠，爸媽和兄弟姐妹不在身邊，少了熟悉的溫度和陪伴，他蜷縮起身子睡著了。

PJ

當你聽到新聞報導有隻野生動物闖進了購物中心、公寓大廳或遊樂場，下一句很也可能就會聽到「青少年時期的雄性」，或「離家的青少年」，有時則是「動物青少年」。更常見的情況是，這些走錯路、碰到人類的野生動物正好處在野莽期，牠們鋌而走險、地位不高、飢腸轆轆、沒有屬於自己的領域，在生理因素的驅使下離家流浪。播遷的青少年動物缺乏經驗，卻又進入真實世界，結果惹上麻煩。

雖然ＰＪ懂得保護自己，應該也獨立覓食好幾個月了，但在錯誤的環境裡，他的技能發揮不了作用。這一次是真槍實彈。ＰＪ往後一倒，二〇一二年五月二十二日，這頭三歲的年輕雄性美洲獅在完全不熟悉的面孔和氣味中死去。

斯拉夫茨

波托契尼克一整晚都在擔心斯拉夫茨的安危。[43]第二天早上，全球定位系統指出這匹狼又開始向北移動，波托契尼克這才鬆了一口氣。但他知道，小狼只是一時躲過子彈。牧場主人為了保護家畜，或警察為了保衛人民，只要射出一顆真的子彈，就能立刻為斯拉夫茨的播遷旅途畫下句點。所以，波托契尼克開始號召小狼周圍的人們。他成立了一個社團，擴大召集願意幫助斯拉夫茨生存的人，在牠一生中最危險的時刻，社員會想辦法照看牠。

斯拉夫茨可能經過的路線有好幾條，波托契尼克打電話給附近所有他認識的生物學家和科學家。他聯絡當地的野生動物官員和執法官員，向登山者、牧場主人以及任何可能碰到這頭漂泊狼的人發出通告，也向媒體發出警報。不久，追蹤斯拉夫茨動向的人不只波托契尼克一個。新聞報導和網站幾乎每天都更新牠的行蹤。

監看野生動物的保育科學家可以用地點資訊照顧動物的健康和安全，並在需要時加以干預。[44]科學家可以留給牠們額外的食物、治療感染和寄生蟲、接好斷腿或斷翅，如果動物看起來像是迷路了，也可以幫忙指引方向。就像人類的爸媽會用智慧型手機追蹤、發簡訊，或親自去看也許最近十九歲、才剛離家獨立的孩子，這叫做「野放後的追蹤監測」，科學家可以檢查他們關心的年輕動物是否安好，並提供糧食或保護。

但就算做了這麼多，波托契尼克還是很擔心。斯拉夫茨很有可能會被獵人射殺、被加速的卡車輾過、被另一隻狼殺死，或生一場病。棘手的事不僅止於此，斯拉夫茨還直接朝著阿爾卑斯山前進，當時已經十二月底，冬天非常冷。在氣溫驟降的天候下，波托契尼克知道獨行的小狼馬上就要面對最艱苦的挑戰：自行覓食。

第十六章
謀生

回想一下，你在最近的那一餐吃了些什麼？再想想，這當中有多大的比例是你自己準備的？你有參與其中的挑選、試味、採集、勞動、打獵、宰殺、撿拾或採摘嗎？你做了哪些處理工作？切削、研磨、去殼、剁碎、剝皮或去骨？吃下的食物能填飽你的肚子嗎？有營養嗎？

雖然地球上的動物必須一直進食，否則就會沒命——但吃東西對動物來說，卻意外地沒那麼容易。動物要擁有許多技能才能熟練地打獵，即使食物來源不是肉食而是採集，也同樣需要技巧，例如啃食和覓食。關於攝食的另一個挑戰是——它的代價很高，得付出精力和時間。如果你是野生動物，你會在找食物時，一面擔心會不會有掠食者攻擊你。如果你是掠食者，你必須知道掠食者順序，希望每次打獵時都很順利。

能夠獲取自己的食物是動物成年最重要的里程碑，它的意義甚至可能比離家、生兒育女或發展出成年期的外型特徵，例如硬角、鹿角、鬃毛或低沉的嗓音還要重要。動物需要學會避開掠食者、交朋友以及溝通性事，同樣地，牠們也要學習覓食，牠們並不是一生下來就知道怎麼在野外找食物。青少年動物其中一個很大的風險是餓死——這通常比掠食者更危險。

離家的動物非常飢餓，因為要學會餵飽自己並不容易。並不是所有的動物都願意覓食——或能順利找到食物。有許多尚未成熟的動物才剛開始獨立，還沒學會找食物的必要技能。飢餓及恐懼感深植在我們心中，甚至成為了文學作品的主題。

蘇珊・柯林斯（Suzanne Collins）的系列作《飢餓遊戲》（*Hunger Games*）命名得恰如其分，主角是十八歲的凱妮絲・艾佛丁（Katniss Everdeen），她能自己狩獵，所以能生存下來。故事一開始，她從父親那兒學來的射箭和覓食技能讓她跟飢腸轆轆的家人得以保住性命。後來，她靠著這些技能在競技場上存活。當她陷入找不到食物的困境時，凱妮絲翻遍垃圾桶，也為了要不要去偷一條麵包而苦惱無比。

凱妮絲那一刻的絕望讓人想起同樣是十八歲的簡愛（Jane Eyre）。她像隻「迷路且餓壞的小狗」在麵包店乞食，一臉羞愧地想用皮手套換取一小塊麵包，最後她吃下豬飼料槽裡的冷粥。後來，餓到幾乎昏過去的簡愛很幸運地從一位農夫那裡得到一片麵包。那一點點食物讓簡愛撐下去，最後她找到了許久不見的親戚家，讓自己活下去。

弗蘭肯斯坦博士創造出的科學怪人——就像各個文學作品中即將成年的離家者，非常辛酸——完全無法討好小屋裡的老人和山上的村民，他們一點食物都不肯給他。眾人把他趕走，用武器威脅他。最後，他只能吃森林裡的莓果，躲在茅屋裡，為了生存而去偷農民的食物。

如今，對初次獨自踏入真實世界的富裕年輕人來說，餓死絕對不是他們最關切的問題。但不是每個人都有資格這麼想。城市研究所（Urban Institute）位於華盛頓特區，是個非營利的研究組織，他們指出，在美國十到十七歲的年輕人中，有將近七百萬人每天都要面對糧食不安全（food insecurity）的問題。[1]

資源不足的個體對於想吃什麼、怎麼得到食物，都沒有那麼多選擇。要了解青少年的行為，糧食不安全是一個很嚴肅的事實，只是大家都忽略了。橫跨所有人類國家與社會，以及不同動物物種間，飢餓的個體皆可能被迫鋌而走險。[2]飢餓的問題不光是可能會致命而已。

飢餓的青少年動物會跑到沒有遮蔽的開放草原上，或在滿月的夜晚打獵，讓自己無所遁形。牠們會緩緩爬上細瘦的枝幹或踏入流動的水域，走上最危險、大家最不想走的那條路，因為牠們地位較低，缺乏經驗。牠們也只能吃品質不好的食物——營養不夠，也不好吃。相反地，占優勢、較年長的動物可以在較安全的位置等待。牠們能吃到比較上等的食物，也能吃得比較多。饜足的動物不會被飢餓感驅動，也沒有餓死的恐懼，所以也過得比較安全。

飢餓會迫使已經居於弱勢的人類青少年去冒險。城市研究所指出，在美國，糧食不安全的青少年會偷竊、販毒和從事性交易，就只為了求得溫飽。除了短期的外在風險，這些覓食策略還可能害他們入獄或留下案底，進而拖垮未來的機會。

對斯拉夫茨來說，即使在斯洛維尼亞的森林裡跟爸媽練習過打獵，覓食還是一件很困難的差事。日子一天一天過去，斯拉夫茨愈來愈餓，也愈來愈絕望。飢餓的感覺會逼他去冒險，做出原本不會考慮的事情。

打包離開

離家前，人類會做很多準備來面對離家和離家帶來的風險，包括飢餓。他們會存錢、打包食物、蒐集大量資訊和需要的補給品。年輕的野生動物不會做這麼複雜的安排，然而，動物或許會從體內深處得到生物學的支持，而人類青少年似乎也有這種助力。

當孩子搬離家裡，很多爸媽會注意到伙食費降低了很多。沒錯，這是因為家裡少了一張嘴要吃飯，在那之前，孩子因為身體正在長大，常覺得肚子餓，需要很多燃料。但青少年永遠吃不飽的另一個理由，可能來自於流傳已久的播遷前生物學。

研究顯示，就在某些年輕動物準備離巢前，有些基因會活化（或稱「上調」，表示該基因的表現量增加），導致身體出現改變，為面對未知、可能很危險的世界做足準備。[3]外在環境提示基因，基因再引導身體成長，這種雙向關係叫做「基因／環境交互作用」。

遷徙前，很多哺乳動物會開始貯存脂肪（當然是無意識的），萬一上路後找不到食物就能派上用場。[4]當一隻年輕的土撥鼠離開父母，進入危險的世界，就能從體內貯存的脂肪中，獲得額外能量。有了這些基因的幫助，土撥鼠餓死的機率可能就少一點點。而在土撥鼠和其他播遷的動物體內，或許還有另一個系統會活化，可以進一步保護青少年：免疫系統。動物離家踏上遠征之路後，或許會碰到新的病原和感染，活化的免疫力可以幫助動物對抗疾病。

即將離家時，動物體內會默默出現一些不可見的變化，例如胃口和抵抗力的改變，在人類身上能看到很有用的相似處。研究人員最近才開始假設，這些發現或許也能應用在人類身上。或許古代動物的播遷生理學會鼓勵身體貯存熱量，避免餓死，因此才導致青少年和年輕人的肥胖問題。或者可以思考一下自體免疫系統失調的時機，例如狼瘡、多發性硬化症和潰瘍性結腸炎，這些疾病都好發於青少年時期和成年早期。青少年在離家前，免疫系統出現天翻地覆的變化，思考原因或許就能了解這些疾病的生命週期。

面對眼前未知的旅程，DNA的改變能讓身體做好準備，而要播遷的年輕動物最擔心的就是飢餓的問題。如果動物很幸運，有遠見的父母會教牠們獨立生活的訣竅，即使離家也會支持牠們。而沒有親代支援的動物，就得自己摸索。

青少年的口味

斯拉夫茨上路一星期後，終於在盧比安納機場附近找到食物。[5]牠殺了兩隻紅狐，並將牠們吃掉。從牠選擇紅狐當作獵物可以看出牠的絕望。狼比較喜歡獵鹿，但要打倒一頭鹿可不容易。因此，年輕的掠食者在一開始獨立時，常常會從比較容易捕獲的食物下手。

灰狼專家大衛．梅克說，北卡羅來納州的紅狼菜單非常多元，包括白尾鹿、浣熊、濕地棉尾兔和嚙齒類動物。[6]但有趣的是，不同的動物吃的食物也不一樣。在一項研究中，青少年多半吃大老鼠和小老鼠，成年的紅狼則享用鹿。正在培養經驗的年輕狼隻會獵捕浣熊和兔子，藉此累積捕鹿的耐力和智慧。成年之後，狼基本上就不需要獵捕嚙齒類動物。就像薪水較低、入門等級的員工努力工作提高自己的收入，年輕的狼在技術精進後，吃的食物也比以前更好。

能不能捕到鹿也被瀕危灰狼中心（Endangered Wolf Center）拿來做為標準，我們曾經到訪這塊位於聖路易（St. Louis）郊外的野生動物保護區。[7]做為美國歷史最悠久的灰狼保護區，他們收容孤兒小狼、幫牠們訓練生活技能，再把牠們野放。接受訓練的時候，小狼大多會追逐不小心進入圈地裡的浣熊、袋貂和嚙齒類動物。但保護區的員工會細心觀察這些狼的狩獵技能，看牠們是不是已經能打倒大型的獵物，例如騾鹿。他們會餵養小狼，直到見證牠們能殺死一頭鹿。在理想的情況下，他們希望能看到至少一次的成功獵殺，再決定小狼是否有資格回到野外。

班・吉勒姆（Ben Kilham）是新罕布夏州的黑熊保育學家和野生動物顧問，他用類似的方法救援孤兒小熊，幫牠們恢復正常生活，再放回野外。[8]「我其實不教牠們怎麼覓食，」他說。「但在牠們學習覓食的時候，我會保護牠們。」

前面說過，在大自然中找食物並不容易。沒有經驗的狐獴有時會在找到珍貴的蠍子時笨手笨腳，甚至讓蠍子跑了，而無法吃進肚子裡。[9]即使是地球上最傑出的獵手，在成功獵殺前也要試很多次。平均來說，在塞倫蓋提國家公園打獵的獅子和北美洲的灰狼，失敗率是八成——追逐並攻擊不同的動物，或許五次只能成功打下一隻。[10]孟加拉虎和北極熊的失敗率通常是九成。[11]獵捕能否成功的主要因素是獵物存在與否，但獵者的經驗也同樣很關鍵。

烏蘇拉要學會捕魚，可能要好幾個月。對國王企鵝來說，能在水裡閉氣夠久，就是很重要的一大步。同樣地，離家的人類對食物不太了解，通常會用便宜、好取得、低品質的東西來填飽肚子，也就是垃圾食物，直到他們的技能和資源跟能捕到鹿的狼一樣：有錢購買食物和／或自己準備一餐。

青少年和年輕人喜歡長輩排斥的食物，還有一個很吸引人的理由。在野莽期，感官知覺的變化會讓動物用不一樣的眼光看待食物。舉例來說，捲尾猴進入青少年後，所能看到的顏色波長範圍突然比嬰兒期和成年期更多。[12]年紀漸長後，看到的顏色又逐漸消失。生物學家認為青少年捲尾猴因此能更容易地看到某些水果，讓這些年輕的猴子在跟成年猴子爭奪覓食的區域時，有個好開始。

紅鮭在幼年期和成年期能看到紫外光。[13]但進入青少年時期後，會有一段短暫的時間突然失去這種能力。這或許是為了避開某種獵物，因為紅鮭的食物多半體表會反射紫外光，形成斑塊。生物學家推測，突然看不到食物「包裝」就某種程度而言，能讓這些魚在野莽期得到必備的生存優勢。

實際上，青少年有不同的視覺、嗅覺和味覺，幫助他們在這段期間避開可能有害的食物，並受到可能有益的食物吸引，這有點類似懷孕時會渴望和討厭某些食物，供給生長中的胎兒成長。青少年吃得很差，因為地位最低、排在最後，而且必須在最危險的區域覓食，那裡的選項最少，食物的養分也最差。我們在接下來會看到，青少年奇特的胃口也能幫助播遷的年輕動物面對新的食物選擇，學會該吃什麼以及該怎麼吃。

逆境優勢：松鼠與牠的恆毅力

應用動物行為學家會用他們的專業知識直接訓練或吸引動物，他們知道並不是所有食物都是等價的，一點點乳酪、一小塊肝臟或一點點花生醬對狗兒來說，比平淡的狗飼料更有滋味。應用行為學家稱這些特別的小點心為「高價美食」，並有策略地用它來鼓勵容易分心或一直學不會新技能的動物。高價美食不同凡響，很有吸引力，能引出動機並給予報酬。而在大自然中也能找到高價美食。在加拿大英屬哥倫比亞（British Columbia）的海邊，菲律賓花簾蛤對北美烏鴉來說，就是難得的美味。

對烏鴉來說，享用這些簾蛤的時間和精力成本很高。這種軟體動物難找，要吃下肚也很花時間。首先，烏鴉要先找到簾蛤喜歡棲息的淤泥灘，然後用鳥嘴把蛤仔從黏答答的軟泥裡挖出來。叼著沉甸甸的貝殼，牠們飛到高空，把簾蛤摔在附近的岩石上，把殼敲開。如果殼沒裂，就必須叼起簾蛤，再度飛到空中，再把它摔在岩石上。有些簾蛤可能要重複摔四到五次才能被敲開。要吃到一顆簾蛤得花不少時間和精力。

當兩位任職於西門菲莎大學（Simon Fraser University）的科學家決定好好研究一下烏鴉看似效率低落的行為時，他們注意到一件奇怪的事：過程中還有個額外的步驟。[14] 烏鴉會花不少時間找簾蛤，將它從泥裡挖出，然後叼著它飛到空中。但有時候，烏鴉會把簾蛤往下摔，然後就放棄了，不會再叼起並把它摔在石頭上。烏鴉為什麼要費盡力氣挖出肥美的簾蛤，卻又中途放棄？

原來是這些簾蛤太小了。把簾蛤從泥巴裡掘出，掂掂重量，有經驗的烏鴉會計算蛤肉可能含有多少能量，比較飛上去和丟下來所能得到的結果。

說到計算，誰比較厲害呢？當然是年紀較大、較有經驗的烏鴉。年輕烏鴉在尋找、挖掘、秤重、計算、飛行、丟下和食用的過程中，付出的代價比較高。而且就算完成所有步驟，牠們也必須跟其他想來白吃白喝的烏鴉鬥智——這些烏鴉懶得完成整個耗力的儀式，只會在附近打轉，一個箭步衝過來偷走其他烏鴉辛辛苦苦的收穫。年紀輕、沒有經驗的烏鴉碰到那些來白吃白喝的烏鴉也會吃虧。跟老烏比起來，牠們的食物更常被偷走。但烏鴉只要努力不懈，技能就會精進。

有些烏鴉成功的動力或許來自很特別的特質：堅持不懈、不屈不撓、頑強不屈——心理學家安潔拉・達沃斯（Angela Duckworth）將這樣熱情與毅力的特殊組合稱之為「恆毅力」。[15]恆毅力包含很多面向，包括性格、生物學、訓練、環境因素，以及一些期待和機會。達沃斯說，人要達到目標，需要持續努力、練習並且要有很強的動機。

來自恩戈羅恩戈羅火山口的鬣狗史靈克或許就有很高的恆毅力。從鬣狗、家八哥，再到狐獴，科學家已經研究了恆毅力在不同動物身上的個體差異。[16]科學家為了測量恆毅力，常把食物藏起來，強迫動物要付出努力才能吃到東西。面對同樣的障礙時，有些動物放棄得比較快。有些鬣狗會繼續努力，直到從機關盒裡找出生肉，有些鬣狗則在試了幾次後就放棄了。[17]同樣地，有些狐獴會想盡辦法從罐子裡取出鮮脆的蠍子，有些狐獴則早早放棄。

跟對人類一樣，恆毅力能讓動物獲得更好的成果。那些有毅力的動物展現出的不懈努力、反覆嘗試（練習）和強烈的動機，使牠們比其他動物更有可能解決問題並創新。花時間處理問題能提高成功機率，就像最後能從罐子裡撈出蠍子的狐獴，或最後發現怎麼從盒子裡拉出肉塊的鬣狗。努力不懈，青少年就更有能力面對野莽期的每一項挑戰。保障安全、建立社交技能、溝通性需求，以及最終讓自己存活下去的技能，都是透過在野莽期時的反覆嘗試中逐漸進步。

動物的恆毅力也是我們借鏡的對象：需求或許是堅持下去的動力。最努力不懈的動物不一定是占優勢、成熟的成年動物，而是比較年輕、居下位的個體。我們知道下位動物所面臨的飢餓，或許能讓牠們更堅毅。牠們擁有的資源比較少。為了得到生存必需品，年輕的動物要很頑強，在強勢的年長動物都放棄時，牠們仍要堅持下去。吃得比較好的年長動物，或許動力沒那麼強。

透過研究動物，科學家發現另一件值得注意的事，而達沃斯認為在人類身上也有一樣的道理：恆毅力不是固定的特質，它可以培養。松鼠如果能屢敗屢戰，堅持從有特殊機關的容器裡拿出美味食物，就會更有耐力，願意不斷嘗試，成功的機會也會提高。[18]為了吃到榛果，松鼠反覆嘗試。因為不願意放棄，更能堅持下去。也就是說，恆毅力會創造出更多恆毅力。

有遠見的母親

當白尾雷鳥媽媽希望幼雛能吃得比較健康時，會用特殊的啾啾叫聲指明蛋白質含量較高的植物。[19]如果鳥媽媽比較了解營養的話，幼雛就很幸運，在長大離開母親後，也會繼續尋覓比較有營養的植物。牛羊寶寶如果和媽媽一起吃草的話，就能吃到營養種類比較豐富的食物。[20]

人類父母如果對營養有概念，孩子也很幸運。科學家研究了親代對飲食行為的影響，結果顯示，父母在營養方面的影響非常大，孩子還小的時候是養成長久飲食偏好和習慣的最佳時機。[21]人類雙親可以用很多種方法把食物的資訊傳達給青少年時期的子女，例如一起煮飯、教他們買菜或閱讀營養標示，以及傳授烹飪、貯存和準備食物的技能。

但知道該吃什麼，和知道怎麼打獵、採集、尋覓或偷竊食物卻非常不一樣。對動物來說，野莽期期間是親代和整個家族傳授食物處理技能的時機。等到年輕一代有足夠的力氣和專注力，野莽期的學習就會立刻開始。

南美洲巴塔哥尼亞的虎鯨會故意「擱淺」，游上海灘獵捕海豹或企鵝，再轉身滑回水裡。[22]成年的虎鯨會將子女順著波浪推上海岸，引導牠們尋找獵物，如果牠們沒辦法回到海裡，就會介入。這一招真的很危險，如果學不好，可能會真的擱淺。在爸媽身邊學玩擱淺技巧的年輕虎鯨有時候會跟同儕一起練習，在沒有親代的情況下玩起危險的擱淺遊戲。

對人類來說，把食品安全的知識傳達給孩子並不需要這麼戲劇化。如今，人類的知識形式多半是什麼食物會致病，以及什麼食物有可能立刻致命（毒物、過敏、急性過敏）或慢慢致命（糖尿病、心臟疾病、癌症）。雖然細節上不太一樣，但親代的目的是相同的：讓孩子吃得健康又安全。

年輕的動物如果住在會一起打獵覓食的群體裡，就必須學會和其他成員一起努力，付出貢獻。同樣地，母親的角色也很重要。大翅鯨（例如阿鹽）會用一種巧妙的系統來捕魚，叫做「氣泡網捕魚」(bubble net feeding)。[23] 四到五隻鯨魚會集體繞著一群魚游泳，在海裡製造出水龍捲，把魚困在漩渦裡。接著，鯨魚會對著漩渦吹出泡泡，讓魚兒頭昏眼花，無法逃出。等魚兒都被集中在一起後，鯨魚便從下方往上衝，張開大大的嘴巴，輕鬆吸入受困的魚群。這種行為需要學習和練習，也有證據指出大翅鯨母親會將這種技巧教給孩子，鯨群中的其他長者也同樣會傳授。

時空是一九八〇年代的緬因灣，大概是阿鹽懷第一胎的時候，大翅鯨發明了一種新的改良式氣泡網法，稱做「尾鰭拍水捕魚」(lobtail feeding)，在吹泡泡之前，要額外用尾鰭拍打水面。[24] 牠們開始這種新行為時，正好也碰到另一種魚，驚嚇時會跳出水面。用尾巴拍水很有可能會在氣泡網的頂部創造出一個聲波「蓋子」，把魚留在大翅鯨想困住牠們的地方。阿鹽在傳授技能給前後一共十四頭青少年時期的子女時，其中一項或許就是怎麼織出氣泡網，以及運用尾鰭拍水的方法。我們不知道她有沒有教導她的孩子，但她在緬因灣的大翅鯨同伴一定傳授了這項技能，這些有遠見的母親很有可能把覓食的行為教給這些幸運的幼鯨和他們的同儕。

飢餓遊戲

獵捕其他的動物難度很高。要讓掠食者順序看似輕而易舉，需要多年的練習。有些掠食動物在獨立維生前，雙親會為牠們創造演練的機會。雙親通常會把活體獵物帶到牠們面前。

豹斑海豹媽媽會帶受傷的企鵝給小海豹，鼓勵牠們練習殺死獵物。獵豹媽媽則把受傷的羚羊送給幼豹。[25] 同樣地，美洲獅媽媽用幼鹿、小河狸、臭鼬和北美豪豬當作從玩耍中演練掠食技巧的狩獵教育。[26]

肉食性的狐獴會把孩子送去蠍子學校。[27]小狐獴在那裡學習安全地殺死和享用有毒的粗尾蠍屬（*Parabuthus*）動物。有經驗的成年狐獴會將這些節肢動物上的螫針剔除，再把還活著的蠍子交給年輕的狐獴。慢慢地，成長中的狐獴愈來愈了解蠍子，此時，成年狐獴會牠另給一隻蠍子——留著螫針和所有部位——監督子女把蠍子制伏、去除毒針、殺死並享用。

白肩雕在播遷過程中，也會加入掠食者訓練。[28]事實上，這種訓練是離家的開始，最後再以屈身攻擊和親代不友善作結。跟其他猛禽一樣，白肩雕有一套很可靠的模式，慢慢減少給成年早期兒女的餵食。

一開始時，雙親（父親和母親）都會找到子女棲息的地方，把食物帶給牠們。親代降落在子女身邊，撕下一塊肉，用嘴餵食——就像牠們還是幼雛的時候一樣。但過了幾天，這種給寶寶的餵食法會慢慢消失。親代仍會把兔子或嚙齒動物帶給子女，但不會把肉撕開餵給牠們，而是停在比較遠一點的地方。如果子女想吃肉，就必須飛到爸媽那裡。等子女到了，爸媽仍會等在那裡，但不會幫忙餵食。幼鳥必須研究出怎麼把肉撕下來，爸媽就在一旁觀看。

當情況轉換到第三階段，年輕鳥兒便必須飛向帶著食物的爸媽，但這時親代會立刻飛走，留子女自行進食。當親代餵得愈來愈少，子女的壓力就愈來愈大。此外，食物供給和時程變化所帶來的痛苦，並非靜默無聲。小白肩雕們會討食——但爸媽對牠們的叫聲充耳不聞（親代不友善的開始）。立場堅定的親代給子女食物的頻率愈來愈低，最後子女只好離家獨立。

白肩雕的獨立過程為什麼那麼有趣，賭注也那麼高？那是因為白肩雕父母會在子女還不懂打獵時就開始逼迫牠們。年輕的白肩雕還沒有打獵的能力，因為牠們一點經驗也沒有。這看似非常不合邏輯。牠們怎麼會知道如何聆聽老鼠的聲音，或如何抓兔子呢？要怎麼飛撲屈身、抓起並撕開獵物？或者，換句話說，他們要怎麼偵測、評估、攻擊和屠殺？

西班牙的研究人員假設，親代不友善包括對孩子的討食無動於衷，迫使小白肩雕要練習一項必備技能，打獵才能成功：飛行。親代似乎是利用子女的飢餓為動機，讓牠們學習技能，如此一來，孩子獨立後才能存活。

不論是學習氣泡網捕魚、捉蠍子，還是海灘擱淺，青少年時期的動物要倚賴長輩學習重要知識，才會知道該吃什麼，以及怎麼吃。學會餵飽自己的技能會提高存活機率。自力更生及隨之而來的自信也能讓人類和其他動物開始照顧其他個體，可能是子女、親戚或者群體的成員。

付出與自私

動物親代投入時間和精力，確保子女學會在世上存活所需的技能。有時候，動物會集中投資看起來比較有機會進入成年期的子女。有關花豹的研究指出，子女年齡漸長，即將獨立時，花豹媽媽其實會多花一點時間尋找獵物，給青少年時期的小豹練習。[29]事實上，花豹媽媽尋找獵物的時間比沒帶小孩時覓食的時間更長。以人類來說，就像爸爸或媽媽多做一、兩份工作，為有前途的兒子或女兒籌措教育基金一樣。

但身兼父母與教師的動物並不完全是利他主義，鼓勵年輕一代怒吼和撒嬌。向爸媽學習仍有一些限制，而且以親代的身分教導自己的子女是非常費力的一件事。整群動物一起打獵時，可能會被年輕的狼或虎鯨搞砸；無厘頭和青少年的滑稽舉動可能會害整個家族吃不到東西。動物父母教導無知的孩子們打獵和覓食也會覺得厭倦，尤其是在子女年紀漸長、小狗許可證也快要失效的時候。

有些物種會避免這類親子教導的衝突，由群體裡的其他成年動物教導年輕動物。生活在烏干達的條紋獴在大約一個月大的時候，會離開巢穴，選一位覓食顧問，讓顧問教導牠如何從自己偏好的飲食中尋找食物。[30]這些沒有血緣的成年動物教學徒怎麼偷取爬蟲類的蛋、獵捕蛇和鳥兒，以及尋找落下的果實。青少年條紋獴會想要獨占牠們的導師，不讓同儕接近。幾個月後，等條紋獴學會該學會的技能，陪伴關係就會結束。但這些年輕的條紋獴一輩子偏好的覓食區域和技巧都來自導師，勝過自己的父母。

她吃什麼，我也來一份

青少年動物因為狩獵和覓食的技巧都不怎麼樣，吃得也不是最好，所以在廚藝上比較脆弱。牠們常會模仿同儕選擇的食物。

例如，如果年輕的大鼠可以在喜歡和不喜歡的食物之間選擇，牠們每次都會選喜歡的。[31]但一項研究發現，當大鼠進入青春期與同儕共處時，牠們選擇的食物也會跟著改變。[32]牠們有兩倍的可能性會抗拒自己喜歡的口味，模仿同儕的選擇。為了測試這種同儕壓力是否超越了口味的偏好，研究人員給缺鈉的年輕大鼠提供含鹽量有益健康的食物。但青少年大鼠再次不肯吃強化過、對身體有益的食物，反而偏好同儕吃的東西。值得注意的是，對同儕食物的偏好居然也包括毒藥：[33]即使同儕曾因為吃下有毒的食物而生病，當青少年大鼠看見同儕吃下時，也會跟著吃下有毒食物。

大鼠的毛皮和鬍鬚能散發氣味的線索，向朋友透露牠們剛才吃了什麼。[34]但食物散發出的同伴氣味更有吸引力。即使是苦味（大鼠不喜歡的味道），只要牠們在食物上聞到朋友的氣味，就會勾起青少年大鼠的食慾。同樣地，同儕如果會避開某些食物，牠們也會遵循，討厭這些食物。

對人類父母來說，同儕壓力對青少年食物選擇的影響令人沮喪，尤其在花了將近十五年的時間細心教導孩子食物的知識後，會覺得特別難過。或者，我們能將食物問題視為青少年叛逆的警訊。丟掉營養午餐、不肯參與家庭晚餐——這些常見的青少年行為會讓爸媽很生氣，覺得受傷。但從生態學來看，有一個理由可以解釋嚙齒動物的行為，或許也會影響人類。同儕提供的附近環境資訊通常會比親代的資訊更即時。年長的動物父母因為已經習慣，也享有資源、地位或傳統，因此或許早跟營養生態系的變化脫節，不像年輕動物比較明白有哪些變化，也受到比較大的影響。

同儕不僅提供最新的資訊，在播遷時也是很有價值的支援系統，動物說不定能靠此活命。馬達加斯加原生的雄性長尾狸貓即將成年時，常會跟另一隻雄性——兄弟或同儕——聯手獵捕狐猴。[35]

「成群結隊能讓雄性長尾狸貓在打獵時通力合作，這或許能讓牠們吃到更多食物，長得也比獨行的長尾狸貓更強壯」，長尾狸貓專家米雅－拉娜．呂爾斯向我們解釋。[36]兩兄弟可能會讓長尾狸貓比較容易找到能一起相處的同伴，除了打獵，聯手還有其他好處。找到另一隻自己願意容忍的同伴，並與牠變成打獵時的伙伴能讓長尾狸貓的未來更順利。呂爾斯說，如果找不到，那隻長尾狸貓「會發現自己走上孤僻的道路」。

跟朋友一起去吃漢堡，或去咖啡廳吃格子薯條搭配甜滋滋的奶茶，或許不是最健康的飲食習慣。但關心青少年飲食的爸媽或許可以換個角度想看看：孩子是在用他們的野莽期本能，與朋友一起放縱、享受食物。

最後，只要飲食不是失控到可怕的地步，最重要的並不是食物，而是青少年的朋友。對所有社會性的動物來說，個體要在團體中定義自己——獨立是來自能夠自力更生，而不是與外界隔絕。

第十七章

巨大的孤單

上路一個多星期後，斯拉夫茨終於吃飽了，不過他吃得很不滿意，只有紅狐，沒有西方狍（一種小型的鹿種）。在這匹灰狼的旅途上，休伯特．波托契尼克跟團隊調查了斯拉夫茨的狩獵地點，並記錄他吃了什麼。他們觀察到，他的打獵技巧進步了。不久之後，他能穩定地捕到鹿——大約一星期一隻。可是現在，斯拉夫茨可能會由於飢餓的壓力迫使他繼續前進。

斯拉夫茨繼續向北方前進，穿越邊境進入奧地利。然後，在二〇一二年的第一天，他突然發現前面有條難以跨越的大河。德拉瓦河從義大利阿爾卑斯山高處的源頭湧出，向東穿過奧地利，在克羅埃西亞奧西葉克（Osijek）附近流入多瑙河。冬天時，河面結了一層冰，浮在深邃的河水上。如果斯拉夫茨要繼續走這條路，就一定得越過德拉瓦河。斯拉夫茨不熟悉地勢，找不到橋，於是從河流最寬的一處潛進水裡。牠加速游過冰冷的水流，共游了兩百八十公尺——足足有三個足球場的長度。

到了河岸的另一邊，斯拉夫茨從冰凍的水裡探出頭來，渾身濕透，瑟瑟發抖。不過現在還不能停下來，於是牠繼續前進。這匹年輕的灰狼整個一月都朝西前進，穿越義大利的阿爾卑斯山。

時序來到二月，在零下的氣溫裡，牠費力走過深達六公尺的積雪，爬上標高兩千六百公尺的地方。

到了情人節，斯拉夫茨穿過科爾迪普拉（Col di Prà）的山隘，進入多洛米蒂山脈，此處位於義大利的東北方。牠的旅程似乎就要在這裡畫下句點。寒冬依然刺骨，斯拉夫茨第一次失去了行動力。牠在同一個範圍裡徘徊好幾天，想找到出路。這個區域叫作永恆平原（Eternal Plains），地如其名。接著，波托契尼克看到一件更不尋常的事情。斯拉夫茨的GPS標記一連五天幾乎沒有動靜。這匹灰狼不打獵，似乎再也不想繼續前進。牠迷失、孤單、寒冷而且飽受飢餓煎熬，斯拉夫茨違反本性，休息了很久。

人在一生中總會體驗到孤絕的時刻，學會面對孤立也是成長的過程。事實上，自力更生也是世界各地成年儀式傳統的普遍特色。因紐特族的男孩在成年時，要離開族人，同時學習打獵和建造圓頂冰屋。[1]在皮博迪博物館一樓可以看到用鹿角和鹿骨做成的雪鏟。在十九世紀，擁有這項器物的人很有可能先從父親和社群裡的其他人那裡學到怎麼用雪鏟，然後在獨處的時間增進打獵技巧，並確立自己該有成年能力。

傳統的澳洲原住民會安排一段短期叢林流浪生活，讓年輕人挑戰獨居幾個月，自謀生計；[2]拉科塔族的成年挑戰中，有個階段是要年輕人在山上獨居四天。[3]現代軍隊裡的青少年和年輕人也會接受生存訓練，強調獨自求生的能力。[4]在美國，戶外領導學校（National Outdoor Leadership School）及外展教育（Outward Bound）等方案會教導年輕人野外求生的必備技能。在外展教育中，有一項很強烈的體驗——「獨自出演」，也就是在野外獨自待一段時間，從幾個小時到幾天都有可能。參與者會得到食物和遮風避雨的地方；主要的挑戰和練習重點則是面對孤獨。在野外獨自生存不只是吃飯和睡覺，也要處理孤獨的心理疼痛，甚至是身體上的疼痛。

我們不知道孤身的灰狼是否為孤獨所苦。但從人類受試者蒐集的研究結果證實了與世隔絕的負面生理效應包括從發炎到免疫抑制，還有心血管功能的改變。至少對人類來說，孤獨會導致生理上的傷害。

有些青少年天生比其他人更喜歡孤獨，專家指出，對所有的青少年來說，獨處的時光其實對發展有益。[5]但長期覺得受隔絕、孤單或脫節可能是危險的前兆，隨之而來的是憂鬱和其他健康影響。[6]社交孤立是青少年自殺的風險因子之一。[7]在野莽期期間，隔絕的感覺可能會強化；與人隔絕有時候還可能致命。

野外的安全網：延長的親代照顧

過去十年來，美國和其他國家的父母飽受批評，除了是直升機父母——監督孩子的每項活動和心情——也養出所謂的歸巢族（boomerang kids）：在職場或大學裡獨立一陣子後，又回到家裡的孩子。

事實上，美國的歸巢現象已經變成常態。二〇一六年，介於十八到三十四歲的年輕人中，與爸媽同住的人數比跟戀愛伴侶同住的還多。[8]在波蘭、斯洛維尼亞、克羅埃西亞、匈牙利和義大利介於十八歲到三十四歲的年輕人中，超過六成仍住在爸媽家裡，在中國、香港、印度、日本和澳洲，則有三分之二的二十二歲到二十九歲年輕人仍跟父母同住。[9]中東地區大多數國家的習俗是，年輕人結婚後才會離開家。[10]

跟其他物種比起來，人類在孩童期和青少年時期倚賴照顧的時間特別長，但這不表示我們就是異數。很多野生動物父母不會在子女離開家的那一刻就立刻切斷支援。事實上，很多父母還會加強幫助和訓練。如果年輕動物找不到足夠的食物，動物爸媽通常會餵食牠們。如果年輕動物認識不到同儕，父母有時會幫忙介紹。就像不到最後不會花掉孩子大學基金的父母，非常審慎，動物親代會在需要時才把領域和儲存的食物留給孩子。在生態學上，有個說法可以用來描述這些在播遷後所得到的幫助：「延長的親代照顧」。[11]使人類和動物父母延長照顧長成的子女，理由其實非常相似。環境危險、食物短缺、領域競爭以及要找到配偶的壓力，都使得年輕人繼續留在家裡。

如果回到父母身邊的是鳥類學家觀察的鳥兒，而不是社會科學家批評的人類，這段充滿支持意味的親子關係或許會被稱為鳥類特有的「離巢後照顧」（post-fledging care）。與其抱怨哀嘆，批評者更應該像生物學家一樣，認同這種安排可以提升子代未來的成功率及存活率。

把人類版本的延長親代照顧放入規模更大的歷史和文化脈絡中很有幫助，我們的心裡或許也會更踏實。研究人類生活史的歷史學家史蒂芬．明茲（Steven Mintz）寫道，在美國，「將過渡期延長到成年期並非新的現象」，以及「從十五歲左右到將近三十歲的十多年間，一直以來就充滿了不確定、遲疑和猶豫不決」。[12]他說了一個故事，一八三七年，一名十九歲的年輕人從哈佛大學畢業，「受僱成為學校老師，但兩個星期後就辭職了。後來，他偶爾在父母的鉛筆工廠工作、當過家教，也鏟過糞肥」。這名年輕人也擔任過編輯助理。最後，亨利．梭羅（Henry David Thoreau）找到了他的志向，成為作家和土地測量師，不過他還是繼續幫忙家裡的鉛筆買賣，也接受家人的支援。

「跟很多人的假設相反，」明茲寫道，在美國建國之初，「當時大多數的年輕人並沒有在很年輕的時候就早早進入成年期……十九世紀初，十幾、二十幾歲的年輕人通常搖擺不定，有相對獨立的期間，也會返回爸媽家依賴他們」。[13]

在美國歷史上幾乎都是這樣。只有在第二次世界大戰結束時出現了短暫的例外，我們通常認為婚姻是傳統上的播遷分水嶺，但那時大多數的年輕人要到接近三十或三十幾歲的時候才結婚。即使在美國建國前的殖民時代，「年輕人通常也會等到繼承了遺產才結婚，所以要等到父親過世，」明茲說。[14]他說，在美國歷史上，進入成人世界的過渡期都相當悲慘。父母親英年早逝、無法順利受教育、生活起居無法安頓。年輕的移民會獨自去找工作，通常又以女性居多。

很多鳥類和哺乳動物的年輕世代已經「準備好」離巢，卻被容許——甚至被鼓勵——留在自家的領域裡幫忙。[15]這些未來將成為姑姑、阿姨（事實上更常是叔叔和舅舅）的個體，會一輩子留在原生家庭裡。這樣的安排對父母、孩子和後來出生的弟妹來說，是三贏的局面。年輕動物帶食物給弟妹們，擔任保母和導師的角色。牠們能提升群體對入侵者的警戒和保障，增加防禦力。幾乎很少見到白吃白喝的情況。

在家裡留久一點再播遷，並不代表孩子單飛失敗。年輕動物流連不去能帶來不少益處。如果環境中的掠食者太多，年輕動物在家裡待久一點，可以保障自己的安全。如果這一年要跟不少同儕競爭，再等一季能讓年輕的鳥兒更有機會找到食物、領域和伴侶。晚點離家還有另一個好處，萬一父母過世時牠們也在場，就可以爭取繼承。說不定可以繼承領域。例如，對階級低的雌狐獴而言，得到領域的最佳策略就是留在家附近等母親過世。黑猩猩也會使用這種策略，不過領域通常會由雄性繼承。

西方藍鶇的雄性子代如果至少能跟雙親其中一方一起留在家，就更有機會安然度冬，但也有可能在來春繼承親代的一部分領域。[16]除了領域，動物通常還會繼承康乃爾大學鳥類學家所說的「槲寄生財富」（mistletoe wealth），也就是給這些年輕鳥兒做窩和當作食物的植物庫存。

除了人類，其他的動物也會把物資留給下一代。某塊特定的土地可能已經有不少「主人」。北美紅松鼠媽媽會把領域留給還是青少年的子代，並且，如果牠們能力所及，會盡量合併附近還沒有其他動物占領的空地。[17]母親除了會送不動產給子女，也會在地下多藏一點食物，並連同土地和地下的食物一起送給孩子。這些松鼠媽媽不會等到死亡前才轉移財產，而是在中年就會送出禮物，然後離去，獨自踏上新旅程，讓成年的孩子接手。

動物父母幫助子女播遷其中一個最有用的方法，是在牠們離開前指引牠們正確的方向。有些哺乳類和許多鳥類有親代遊覽（parental excursion）的行為，親代會帶著青少年子女遊歷世界，尋找食物、保護領域，並把子代介紹給群體。[18]就像珍．奧斯汀小說裡試圖擠入上流社會的母親，大山雀（*Parus major*）會帶適齡的幼鳥去別的鳥群拜訪，把牠們介紹給最棒、地位最高的潛在對象，以產下牠自己未來的孫輩和曾孫。[19]

科學家研究了許多物種後發現，延長的親代照顧可以救動物一命——以免剛獨立、缺乏生活技能的年輕動物在剛離家的那幾天或那幾個星期就死掉。然而，要得到延長親代照顧的好處必須付出代價：比較慢才學會餵飽自己。在澳洲，有一種鳥叫做白翅擬鴉，研究顯示年輕的白翅擬鴉會與許多成鳥留在家裡，得到更多食物，並讓自己在度過冬天之後有更好的身體狀態。[20]但在獨立之後，他們就要付出代價。跟沒有親代幫助的鳥兒比起來，缺乏經驗的白翅擬鴉覓食的能力比較差。

受到親代延長照顧的鳥兒也會展現出延遲的抵禦掠食者行為。跟成鳥待在一起比較久的年輕墨西哥灌叢鴉不會學到必要的群聚滋擾技能。[21]

年輕動物終究必須在安全與險境中不愁吃穿，和磨練技能來面對真正的獨立之間取得平衡。從動物延長親代照顧的觀點來看，有件事情很有趣：現代父母在青少年時期及成年早期一直干涉孩子的生活，通常會受到批評。

哈佛大學教育研究所的報告指出，「尤其在富裕的社區裡，父母對學業及社交生活的涉入非常多。在青少年學業成績不好，或甚至朋友間的意見分歧時，都少不了父母的幫助。」[22]

有些父母的過度干涉很容易失效，而且剝奪年輕人練習解決衝突的機會顯然是幫倒忙。然而，眾人對歸巢Y世代的眾多批評，卻抹滅了父母接續介入的明顯優點。明茲的說法如下：家長「有充分的理由拿著救援的繩子站在一旁，看著孩子穿越雜草叢生、通往成年的傳統道路，在這些路上，工作已經失去了保障。[23]風險最高的十年已經由二十幾歲這段時間取代了青少年時期。有問題的行為——濫飲、吸毒、導致性病或意外懷孕的不安全性行為，以及犯罪暴力——在這個年齡達到最高點，這些年間犯下的錯誤可能會帶來一輩子的懲罰。」

在急著批評家長過度干涉的時候，有個更大的問題反而被忽略了：很多人得不到足夠的家庭教育。年輕人如果沒有父母或像家長一樣的導師，播遷進成人世界時，可能會極度危險。根據賓州大學社會科學家的分析，[24]在寄養家庭長大的美國年輕人——十八歲，沒有家人提供金錢或情感上的支援——失業率較高，也更依賴社會福利。他們的身體和行為健康比同齡的同儕更差，教育程度較低，也更容易與刑事司法系統產生摩擦。

導師的教導——可說是人類版本的「離巢後」社會照顧——能大幅改善這群弱勢者的生活。報告指出，即將離家的寄養小孩如果有一位稱職、關心他的成年人導師，在青少年時期和進入成年期的過渡期內會表現更好。青少年若有一位「一般定義的」導師，結果會最好。研究人員將這位導師定義為「出現在年輕人的社交網路中很重要、父母以外的成年人，或許是老師、其它家族成員、服務提供者、社區鄰居或運動教練。」寄養孩童很熟悉他們自己選的成年人導師，這些導師不同於政府或非營利團體為他們選擇的陌生人，會變成孩子在過渡期的「保護因子」，提供「持續的引導、指示及鼓勵，目的在於發展年輕人的能力和性格。」

在人類社會中，不論貧富，到處都可以看到延長的親代照顧，而且形式各異，例如住處、食物和直接的金援。但也可能是無形的，例如工作建言、技能指導、精神支持、社交引介和陪伴。

延長照顧給予的多寡取決於家長的資源和子女的需要。但在自然界，即使延長照顧不是普遍的現象，卻很常見。此外，它還有演化上的理由：子女遺傳了父母的基因，但基因得透過子女的孩子才能延續下去。所以，父母有什麼理由不竭盡所能地幫助孩子呢？你可以把這個行為的動機想成是個人的自私或演化適應性，或也可以想成是出於愛。不論如何，地球上所有的父母都會投注資源在子女的安全、健康及快樂上，這是無爭的事實。而且沒錯，快樂也是其中一個目標。

辨別動物世界中延長親代照顧的優缺點，可以幫助人類更務實，甚或更有同情心地去理解該用什麼方法，以及該在什麼情況下繼續支持年紀較長的成年孩子。確實，跟父母留在一起的白翅擬鴉和灌叢鴉或許不像離家的鳥兒，能學到覓食或趕走掠食者的技能。但是，如果外在世界那麼危險，年輕的動物又缺乏自保能力，留在家裡或許會比較安全。生態學上的影響或許至少跟心理學上的影響一樣，決定了子代偏好繼續依賴父母的行為。明茲的說法更加直白：[25]「要防止子代的生命嚴重偏離軌道，親代支持可能扮演著很重要的角色。」

動物世界的例子告訴我們，延長的親代照顧是溺愛，也是演化上的一種策略。

野放後的監控

保育生物學家追蹤研究對象的方法，可能會讓孩子已經離家的父母覺得很嫉妒。衛星遙測、遠端攝影機、無人機調查和雙筒望遠鏡都能用來追蹤脆弱的年輕動物，例如波托契尼克透過無線電頸圈及觀察者和其他社區成員組成的網路來追蹤斯拉夫茨。野放後的監控能讓保育生物學家提供高科技的延長親代照顧給處境特別艱難的年輕野生動物。[26]例如牠們常常會餓肚子，這很簡單：就像父母會把錢塞進小孩的口袋裡一樣，生物學家會把食物丟在動物能找到的地方。任職於加州大學戴維斯分校的野生生物學家馬克．艾爾布洛奇（Mark Elbroch）[27]也是非營利野生貓科動物保育團體Panthera的專案主任，他在部落格裡寫到他在懷俄明州提頓山脈追蹤的一對孤兒美洲獅。小美洲獅在七個月大時失去了母親，無法向她學習打獵技巧。而這一帶的美洲獅通常會在母親身邊待兩年。

艾爾布洛奇說，母親過世的幾個星期後，這兩隻小美洲獅就開始餓肚子。「牠們骨瘦如柴，宛如殭屍，成天晃來晃去，對周遭環境絲毫沒又察覺。」最後，其中一隻小美洲獅的結局不太好。艾爾布洛奇在一棵北美黃杉下找到牠的遺體，蜷縮在幾個星期前與母親和姐妹共眠的窩裡。艾爾布洛奇從牠已經長出成年大小的犬齒推測，死亡時牠正在經歷青春期的身體變化。

因此，艾爾布洛奇從懷俄明州遊獵局（Wyoming Game and Fish Department）取得許可，為尚存的小美洲獅安排介入，也就是另一隻餓肚子的孤兒小美洲獅。艾爾布洛奇寫道，他跟團隊找到那隻小美洲獅，「在牠會經過的地方丟了路殺駝鹿的後腿。十五分鐘後，牠發現了禮物；一吃就是四天，也因為這樣，牠判若兩獅……在此之前，牠一直漫無目的地遊蕩，似乎察覺不到危險或周遭的事物，駝鹿腿讓牠得到成長所需的營養。」

艾爾布洛奇的團隊繼續追蹤這隻小美洲獅，又餵了牠兩次，直到他們發現牠能夠成功地自行獵捕小動物。

有了支持，孤單就不會演變成危險的孤獨。生態學教導我們，冒險能讓個體更安全，聽起來很矛盾，卻也很明確：有時候，一點點幫助其實能增加個體的獨立。

溫暖的家

斯拉夫茨在多洛米蒂山脈裡迷路迷了十天。終於找到出路後，他恢復了原本的活力，朝向南方，一路直奔維洛納（Verona）。

三月初，斯拉夫茨到了這座美麗城市的郊區。或許是受到附近的灰狼保護區吸引，斯拉夫茨在那裡待了十二天。

維洛納郊區人工栽培的葡萄園和農場不像高海拔的阿爾卑斯山那麼危險，但也不像山區有大量的鹿群可以獵捕。就像我們前面看到的，新奇的環境充滿風險。而對野生動物來說，有人類的新奇環境更加無法預測。就像ＰＪ到了聖塔莫尼卡市中心，發現周圍都是呼嘯而過的車輛和驚叫的人群，斯拉夫茨必須適應新環境，但也因此被迫做出一些錯誤的決定。由於鹿的數量減少，斯拉夫茨開始獵捕家畜。幾天之內，他攻擊了一頭綿羊、一隻山羊，還吃了一隻馬。波托契尼克從ＧＰＳ的資料定點看到這個現象，很想插手阻止斯拉夫茨這種危險的舉動，因為他知道這會引來農民的怒氣，威脅斯拉夫茨的安危。

幸運的是，機敏的斯拉夫茨順利脫身。牠朝著北方前進，離開維洛納，進入雷斯尼奧區自然公園（Lessinia Regional Nature Park），一塊被保護的森林。波托契尼克說，到了那裡，「離家的旅程結束」，斯拉夫茨的旅途倏然來到尾聲。他到家了。

從此，斯拉夫茨就一直留在維洛納這一帶。但是有很多動物，像恩戈羅恩戈羅火山口的鬣狗史靈克，及很多成年人，一輩子都在遷徙，尋找新的領域、機會和愛情，或者逃離衝突或貧困。有些人類因為對世界充滿好奇心，所以一直搬家；而喜歡冒險犯難的精神，也會讓許多成年動物到外地閒晃。

就某些重大的意義而言，每開始一段新的「旅程」，成年動物就再度進入野莽期。牠們再次變成毫無經驗的個體。來到新的領域，他們既焦慮又興奮，要面對各種形式的掠食和剝削。進入新的社會結構，牠們變動不定，要在群體裡找到位置。在新的同儕間，可能需要學習不同的語言來表達及回應慾望。儘管對大多數成年動物來說，覓食不像青少年時期那麼難，但活下去一直是牠們生命中最重要的一件事。每次重新進入野莽期，就會再次回溯青少年時期印象最深刻的日子裡所刻畫的模式。

第十八章
找到自我

從哪一刻開始，斯拉夫茨才算是一隻成年灰狼呢？是順利度過離家第一天的時候，還是第一次獨自睡在斯洛維尼亞農家的庭院時？是牠第一次抓到紅狐來裹腹時，還是第一次殺死一頭鹿的時候？是牠孤身在多洛米蒂山脈，後來又找到了出路的時候嗎？或者是他學到怎麼追求另一匹灰狼，甚至有了自己的子代，才算真正成年？動物和人一樣，不會一夕長成。成熟是技能和經驗的集合，擁有了解和面對野莽期的四項基本測試後得到的能力。

在見識過無數次不同動物的播遷故事後，我們可以知道一頭即將踏上獨立旅程的年輕動物需要學習哪些重要的課題。

第一：因為播遷通常是一個過程，學習離開會很有幫助。先練習播遷——露營、校外郊遊、拜訪親戚，或許有新的例行工作和責任——就有可能提高之後播遷的成功率。離家前先跟父母出遊可以創造「知情的播遷」。但即使青少年沒有父母的支持，透過導師、同儕或每天的試誤，他們也可以學習蒐集資源的技能。

第二：不論青少年受到多好的訓練，跟同儕比起來他的天分有多高，決定播遷的動物能否成功的重大的因素，是環境的本質。大自然教導我們很重要的一課：環境會大大影響播遷者的結局，例如資源豐不豐富、競爭激不激烈、掠食者多不多。個體的行動力、能力及恆毅力確實都是「成功」的要素。但即使是最幸運的年輕動物，成功與失敗——有時是命中註定——也取決於牠們有權選擇或註定要進入的世界。

第三，並非所有的動物或人類都要真的離開家。但是，不論青少年是離開或留下，所有即將成熟的生物在飲食上都會愈來愈獨立，這是成年的特徵。

第四，新環境很危險，有時候會讓人覺得很孤單。與信任的同儕一同播遷或在離家後結交新朋友，可以帶來很大的幫助。

父母和社會也因此受到兩項挑戰：第一，教導青少年和年輕人自給自足。第二，給他們機會、時間和動機來練習學到的事物。如今，雖然現代的高中和大學提供各種重要的教育，但課程裡多半沒有自力更生所需的實際指引。

我們不一一列舉，但我們的意思是，要幫助青少年和年輕人了解「謀生」真正的意義，以及要付什麼代價——把工作和職業有點抽象的概念連結到跨物種的重要任務，也就是餵飽自己跟貢獻給社群。

斯拉夫茨進入維洛納北邊的森林後，不久就碰到一隻母狼，生物學家把她命名為茱麗葉（因為維洛納是莎士比亞筆下茱麗葉的家鄉）。斯拉夫茨跟茱麗葉一連幾季都生下了小狼——其中一窩有七隻。其他的孩子則已經離家，沒有再回來過。雖然農人對這些新生的小狼憂心忡忡，牠們都會有離家的一天，但斯拉夫茨跟茱麗葉的結合更讓科學家欣喜若狂。過去兩百年來，大規模伐木、人類入侵，以及有組織的淘汰——殺死灰狼，除去這些掠食者——歐洲的灰狼族群數量嚴重受創。斯拉夫茨的播遷旅程重新連結了兩個族群及兩個基因庫：他的第拿里－巴爾幹血統及茱麗葉的阿爾卑斯山脈血統。斯拉夫茨的播遷任務不僅鞏固了當地的群集和家族，也鞏固了整個物種。

對所有的生物來說，長大意味著拋下過去，面對未知的未來。當完成了考驗、練習了技能，以及累積經驗之後，一個或許無法形容、沒有特殊標記的時刻來到，生物覺得很安全、願意交際、對性有自信，並且能自給自足，開始將注意力放在其他個體身上。承認自己要為其它個體負責，或許就是這一刻，野莽期的任務結束，準備換成年期接力上場了。

後記

烏蘇拉、史靈克、阿鹽跟斯拉夫茨再也不是全球野莽一族的成員。烏蘇拉如果還活著，應該早過了青少年時期，算是中年的企鵝了。野外的國王企鵝可以活到三十歲，但因為烏蘇拉的追蹤訊號消失了，所以沒有人知道她活了多久。[1]掠食者順序、群體的規則、求偶的溝通，以及捕魚的挑戰，她在這幾個方面累積了多少經驗，我們無從得知。或許她也會反芻食物，餵養自己的小孩，或在生活艱困時給孩子們延長的親代照顧。或許她曾看著自己的兒子或女兒搖搖擺擺地走向海灘，跳進水裡，展開邁向成年期的旅途。

二〇一四年二月，史靈克的屍體出現在獅群常去的河邊[2]，他的結局很有可能跟大多數的鬣狗一樣：死在這些頂級掠食者的利齒之下。此外，史靈克旁邊還有另一隻鬣狗的屍體。奧立佛．霍納不知道另一隻鬣狗的性別，但他知道史靈克前一陣子遷入了新的家族，不斷提升自己的地位。那隻鬣狗可能也是雄性，陪著史靈克一起散步，或者是他想配對的另一隻雌性。不論如何，史靈克一直到死前都很重視交際。

阿鹽則成了世界上最受人喜愛、研究最透徹的大翅鯨。[3]大約五十歲的她依然每年會到加勒比海溫暖的海水一遊，在那兒，雄鯨的合唱依然響亮。數一數阿鹽的孫輩和曾孫輩，她至少有三十一隻直系後裔。甜辣醬（Sriracha）是最近觀察到的幼鯨，在二〇一六年被命名，與手足莎莎醬（Salsa）、辣椒醬（Tabasco）和哇沙米（Wasabi）一起加入阿鹽的家族中。

斯拉夫茨的無線電頸圈設定在他二〇一二年到達維洛納後就會掉落，因此休伯特．波托契尼克再也不知道他確切的位置。然而，斯拉夫茨數次出現在人類的視線中，與茱麗葉一同扶養小狼。[4] 據信，斯拉夫茨仍住在義大利的雷斯尼奧。

生物學家會根據是否能生下有辦法存活下來、也能繁衍後代的子女，藉此來評估企鵝、鬣狗、大翅鯨和灰狼的成功程度。但對人類來說，繁衍不是順利成熟的衡量標準。保障安全、確立階級、用尊重的態度溝通性需求，以及明白自力更生的滿足感，才是成年的真正標誌。學到野莽期的四種生活技能可以讓我們準備好在成年期有所成就，不論公私，也不論是專業領域或是個人領域。

並不是所有的野莽期都有快樂的結局，出錯有時會讓我們學到更多。但是，數億年來，無數的物種都要面對同樣的四大挑戰，也已經有很多解決方法出現，能提高成功的機會。

在大自然尋找人類生活挑戰的解決辦法是一個全新的領域，稱做「生物靈感」（bioinspiration）。地球上的動物在演化事件中，基本上都面對相同的壓力，這樣的知識便是生物靈感（有時候叫作「仿生學」〔biomimicry〕）的基礎。地球上的生命在經過了無數的世代後，生物已經演化出適應——或解決——問題的辦法。生物靈感借用這些解決辦法，製造出大自然古老而龐大的研發實驗室，來幫助人類。

一場關於生物靈感的會議聚集了世界各地大學裡的醫師和獸醫師，針對用生物靈感尋找對人類和其他動物有益的解決辦法，同時，這也和我們的前一本書的主旨《共病時代》有所連結。就像本書中所述，自然世界也能為人類成長過程和長大成人提供洞察。了解其他動物的野莽期能提供生物靈感，以同情心和技術引導人類青少年進入成年期。

野莽期的普遍性超越了實際的外在和心理發展。當人類說某樣東西正值青少年時期的時候，不一定是指人和其他生物。在人類從出生到成熟的探索之間，有一段過渡階段，剛出生的保證在這段時間內必須讓步給成長的現實與責任。這個道理適用於商業、創意專案、人際關係、事業、學術研究領域，甚至也適用於政治活動、政府和國家。

儘管一開始可能會很痛苦、很艱難，風險也很高，但起頭通常也比較簡單。誕生、新創或全新的開始都是充滿希望，夢想著更好的未來及全新的勝利。在馬拉松比賽開始時，總是精力旺盛，熱情滿滿；但跑了一大段以後，身體會告訴你真實的感受，你開始評估自己的競爭力和調整姿勢，比賽的結果也已經注定了。

我們前面說過，動物的野莽期可能是發展過程中尷尬又黯淡的階段，對非生命的企業來說也是一樣。舉例來說，想想過去二、三十年來那些知名的科技新創公司，他們令人興奮的新應用程式吸引了數百萬美元的資金，承諾能解決我們從來沒有發現的問題。新創公司沒有營業紀錄，但大眾及創投家通常都很樂於給予小狗許可證（同樣的道理也適用於作者的小說或專輯處女作、公司新人，或承諾要做出改變的第一任政治人物）。等公司正式進入市場——跟平台上其他應用程式競爭排名、在成長中學會對抗掠食者來保護自己，以及努力達到可維持並獲利的成熟度——這時，最初的承諾就要把空間讓給成長過程中更棘手的現實。我們知道有很多的應用程式無法挺過過渡期，就此消失。

個人事業的成熟也需要經歷野莽期。醫學院的學生完成學校的教育時，他們在技術上已經是醫師，頭銜也變成MD（醫學博士），但接下來的住院醫師訓練才是醫生的野莽期。他們的小狗許可證到期後，還沒有完整的經驗，要度過拚死拚活的幾年，學習怎麼救人、在醫院的階級制度中找到定位、發展專業伙伴關係，最後變成經驗豐富的醫師。

在這些案例中，青少年時期似乎是個隱喻——但它真的只是象徵性的說法嗎？在人類的各項活動中，我們會複製同樣的步驟。某樣東西誕生了，滿載著未知的承諾，也沒有歷史的重擔。然後，它必須經歷成熟過程中充滿挑戰、尷尬，甚至很危險的時期。能度過這個階段（並非所有的事物都能度過），真正的優勢和成功才會到來。這個模式可以套在語言學習者、新婚配偶，也適用於團體事務，例如成立公司、組織政府或發起戰爭。任何一開始就大張旗鼓的嘗試，可能會一下子變得一團亂，無法成功通過早期的挑戰。

在海灘凝望過死亡三角後將近十年，我們回到北加州的莫斯碼頭。那裡變了很多。原本的漁業經濟已經變成能夠永續經營的水產養殖和生態旅遊，在蒙特雷灣水族館（Monterey Bay

Aquarium）研究院的管理下不斷成長。當地蓋了幾間新公寓、飯店和餐廳來容納來自世界各地的訪客，他們來此賞鯨、在海灘上漫步，也可以看看海鳥。占地五百平方英尺的溫室裡種了娛樂用和藥用大麻。在附近的老發電廠裡，特斯拉汽車公司裝設了新的「Megapack巨量電池」能量儲存系統——巨大的一百二十萬瓩小時的相連電池網路，每個電池都像裝運貨櫃那麼大。[5]

但是，即使人類改變了，此地仍是許多加州海獺的家園。橡皮艇船夫觀察到，牠們學會敲開海膽、跟同儕扭打、跟長輩交際。十年過去，有些（不是全部）原本享受刺激的青少年海獺已經變成容易分辨的灰毛長輩，在鯊魚的獵捕範圍外過著相對安全的日子。大自然就是這樣，青少年會長大，新一代也會進入野莽期。

謝辭

感謝下面諸位的科學貢獻，並慷慨分享他們的學術成就：克雷門斯．普茨、菲爾．特雷森（烏蘇拉的故事）、奧立佛．霍納（史靈克的故事）、Jooke Robbins、海岸研究中心（Center for Coastal Studies）（阿鹽的故事）及休伯特．波托契尼克（斯拉夫茨的故事）。

其他在文字和學術上善心引導我們的科學家及專家：Athena Aktipis、Andy Alden、漢娜．班尼斯特、Rachel Cohen、Pierre Comizzoli、麥可．克里克摩爾、Luke Dollar、Bridget Donaldson、Penny Ellison、Kate Evans、丹尼爾．費斯勒、比爾．弗雷澤、Douglas Freeman、Chris Golden、詹姆斯．何、Renee Robinette Ha、喬．漢米爾頓、凱．霍爾坎普、Andrea Katz、班．吉勒姆、Annika Linde、Diana Loren、米雅－拉娜．呂爾斯、Tona Melgarejo、Katherine Moseby、Diana Xochitl Munn、Miguel Ordeñana、Benison Pang、Jane Pickering、David Pyrooz、Niamh Quinn、德拉岡娜．羅古莉亞、Matt Ross、約書亞．席夫曼、Fraser Shilling、Todd Shury、茱蒂．史鄧普、Stephen Stearns、Tim Tinker、理查．魏斯保德、Charles Welch、Viola Willeto、Cathy Williams、Barbara Wolf、Anne Yoder、Sarah Zehr及Joe Q. Zhou。

特別感謝加州大學洛杉磯分校及哈佛大學的同事：丹尼爾．布朗斯汀，他是我們的老師、領隊、科學協作者和好友：Patty Gowaty；Kalyanam Shivkumar；Daniel Lieberman；Rachel Carmody；Carole Hooven；Peter Ellison；理查．藍翰，還有我們在這兩家學校裡的大學部學生，他們的想法幫助我們的思維成形。

感謝新美國基金會和其他支持我們的同事、讀者及朋友，特別感謝：Annie Murphy Paul、Debbie Stier、Wendy Paris、Randi Hutter Epstein、Judith Matloff、Abby Ellin、Cyd Black、Deborah Landau及Sidney Callahan；Karol Watson、Tamara Horwich、Holly Middlekauff、Gregg Fonarow、Corey Powell、Wiley O' Sullivan、Zach Rabiro及Sonja Bolle。

感謝杜克狐猴中心（Duke Lemur Center）、懷爾德茲、瀕危灰狼中心、哈佛大學皮博迪考古與民族學博物館、托擇考古學圖書館，及比較動物學博物館的策展人和員工：Mark Omura（哺乳類）、Jeremiah Trimble及Kate Eldridge（鳥類）、Jose Rosado（兩生爬蟲類）、Jessica Cundi（無脊椎動物古生物學）。

非常感謝奧立佛．烏伯蒂精心繪製的圖片。

感謝促成一切的Susan Kwan，謝謝她的從容、眼光和才華。

感謝我們傑出的編輯和熱情的支持者，Valerie Steiker；有遠見的出版商Nan Graham; 以及Scribner整個非凡的團隊：Colin Harrison、Roz Lippel、Brian Belfiglio、Jaya Miceli、Kara Watson、Ashley Gilliam、Sally Howe、Kathleen Rizzo及Kyle Kabel。

感謝我們最棒的經紀人Tina Bennett，她的指引、幽默感和鼓勵是這本書誕生的動力。

最後，謝謝我們的家人——Idell和Joseph Natterson；Zach、Jennifer和Charles Horowitz；Amy Kroll及Paul Natterson；Diane和Arthur Sylvester；Karin、Caroline和Connor McCarty；Marge和Amanda Bowers；Porter、Emmett和Owen Rees；安迪及艾瑪。

詞彙表

成人中心主義（adultocentrism）	一種觀點，高估成人的價值，低估成人期前期的生活階段。
發出警戒聲（alarm calling）	社會性動物的防禦行為，警戒其他個體附近有掠食者。
警戒二重唱（alarm duetting）	兩個個體彼此通曉的警戒聲，通常發生在是繁殖的伴侶或成對動物之間。
與高地位的動物建立關係（association with high-status animals）	社會性動物喜歡接近高階級個體的傾向，有時動物會利用這個策略提升自己的階級。
觀眾效應（audience effect）	動物知道其他群體成員在旁觀察時，對其行為的影響。在優勢展現及霸凌中很重要。
萬不得已的行為（behaviors of last resort）	獵物為了在已經被掠食者偵測或捕獲的最後一刻逃離死亡所做出的反應，例如裝死、斷開尾巴、附肢或爪子求生，以及排糞。
霸凌（bullying）	針對另一個個體反覆且攻擊的行為。動物的霸凌分為三個類型：優勢者霸凌、從眾者霸凌及轉向者霸凌。
優勢者霸凌（dominance bullying）	為了展示和強調霸凌者的地位及力量，對群體中地位較低的個體施予反覆且有攻擊性的行為（另請參見「觀眾效應」）。
從眾者霸凌（conformer bullying）	出於個體的外表或行為或許與眾不同，可能危害群體的地位或引來不想要以及有危險的注意，而對個體施予反覆且有攻擊性的行為（另請參見「反常效應」）。

轉向者霸凌（redirection bullying）	由於霸凌者受害於其他個體而出現的轉移行為，攻擊其他群體成員。
從眾效應（conformity effect）	獵物物種與外觀和行為類似的個體集聚成群的趨勢，減少個體和群體被掠食的風險（另請參見「混淆效應」和「反常效應」）。
混淆效應（confusion effect）	降低掠食者的攻擊成功率，獵物在數目較多的團體中與類似外表和行為的其他成員一起移動，讓掠食者難以以個體為目標。
防衛機制（defense mechanisms）	個體為了避免情緒傷痛，而在壓力下產生的（無意識）心理反應。
延遲播遷（delayed dispersal）	一種延長的親子關係，青少年時期的動物在可能離家的年紀後，仍留在出生地，通常至少會比同儕多留一季。
羽衣延遲成熟（delayed plumage maturation）	暫停青少年鳥兒的換羽進程，鳥兒不會從亞成體變成成體，至少延遲一個繁殖季。
播遷（dispersal）	年輕動物從出生地離開，來到新領域，通常會在當地開始繁殖和其他面向的成年生活。
危險域（domain of danger）	動物群體中最容易遭到掠食攻擊的位置。
優勢展現（dominance displays）	某些個體表現的行為和訊號，目的在於示範並強調牠們的地位比群體其他成員更高（另請參見「優勢者霸凌」和「霸凌」）。
容易捕獲的獵物（easy prey）	被掠食者認定比較虛弱或保護不足的個體，因此也是容易受到攻擊的目標，因為牠們逃跑的能力比較差。
青少年恐懼症（ephebiphobia）	對青少年個體的恐懼、厭惡或輕視。
延長親代照顧（extended parental care）	母親和父親給離家後子女的資源及保護。

戰鬥、逃跑、昏倒（fight, flight, faint）	由脊椎動物的自律神經系統啟動的三個抵禦掠食者的生理反應。交感神經系統會啟動戰鬥或逃跑反應。副交感神經系統會啟動昏倒反應。
精修學校（finishing school）	讓尚未完全長成的小狼加入成年灰狼的狩獵，培養牠們的狩獵技能。
高價美食（high-value treat）	非常喜愛的食物，能引發動機和得到回饋。
約炮文化（hookup culture）	二十一世紀初面對性行為的手段，特色是隨便的性關係、缺乏長期或情感承諾。
衛生假說（hygiene hypothesis）	一種學說，早年生活中接觸到的病原不足，會造成未來過敏及自體免疫疾病的風險（另請參見「不匹配失調」）。
知情的播遷（informed dispersal）	青少年動物離開出生領域時，因為已經事先知道哪裡有最佳領域、團體和配偶，因此占有優勢（另請參見「親代遊覽」）。
有遠見的母親（informed mothers）	鯨魚生物學家使用的術語，用來描述對重要生活技能具備良好知識及能力的母親。向牠們學習的幼鯨——牠們自己的子女和其他鯨魚——能因此獲益。
島嶼馴化（island tameness）	由於長時間沒有掠食者，失去了演化出來的懼怕反應。
敗者效應（loser effect）	輸了一場競賽的動物很容易再輸掉下一場。與落敗相關的特定腦部變化會降低競爭力，導致這種結果（另請參見「勝者效應」）。
維繫配偶綁定（maintenance of pair bonds）	個體間在交配前後及中間的活動及花費的時間，也是給長期關係的投資。
母系介入（maternal intervention）	母親為了幫助子女贏得競賽，或在團體中得到更高的地位而表現出來的行為。
母系階級遺傳（maternal rank inheritance）	母親跨代將地位轉讓給子女，例如某些哺乳動物，有些卵生動物則是間接傳遞階級給下一代。

防衛機制 （mechanisms of defense）	動物的行為、結構或生理學，保護牠們不被掠食。
不匹配失調 （mismatch disorder）	由於人體和心智演化自古老環境，與現代人生活的世界差異極大，而引起的疾病和病理學。
群聚滋擾 （mobbing）	動物的防禦行為，聚集起來一起威嚇、驅逐和／或視察掠食者。
反常效應 （oddity effect）	動物外表或行為與眾不同時非常容易成為掠食者的目標，被掠食的比例較高。據信，這就是為什麼魚類和鳥類容易和外觀及行為類似的個體一起行動。
他者化 （othering）	團體其他成員強調個體差異的過程，導致這些個體成為迴避或排除的目標。
親代遊覽 （parental excursions）	青少年動物和父母在播遷前由親代指導的探查活動，調查有潛力的領域、團體和配偶，為即將離家的子女找到最佳機會。
親代不友善 （parental meanness）	在子代不願離家時，鼓勵或促使牠們離開的親代行為。例如，忽視子女愈來愈激烈的討食，對牠們屈身攻擊（另請參見「屈身攻擊」）。
親子衝突 （parent-offspring conflict）	年輕動物向親代要求的資源超出親代預備付出的程度時引發的衝突——親代也必須考慮到其他子女和未來新生兒的需要。次要定義：人類父母和子女對最佳行為有歧義時產生的衝突。
啄序 （pecking order）	索列夫·雪爾德拉普－艾貝發明的術語，在觀察雞隻啄食行為後，他用這個説法描述階級制度裡個體的排序。
人氣 （popularity）	個體受到同儕喜愛的程度，或者也可以説「其它個體眼中的受歡迎度」，這個詞顯示了社會優勢、聲望和影響力。
野放後的監控 （post-release monitoring）	野生生物學家利用微晶片、衛星標記和無線電傳輸等技術，來追蹤動物野放後獨立生活的情形。

練習播遷（practice dispersal）	在真正播遷前的那段期間，短暫且頻繁地離開和返回出生地和父母。
欺騙掠食者（predator deception）	獵物所使用的防禦策略，例如躲藏和偽裝，以逃過掠食者的偵測或讓牠們打消掠食念頭。
掠食者視察（predator inspection）	動物用來保障安全的行為。獵物（個體或團體）會接近並觀察掠食者，以了解牠們。也用來對獵物已經偵測到的掠食者發出訊號，掠食者已經失去了出其不意的要素（另請參見「無利可圖的訊號」）。
掠食者天真（predator-naive）	動物因為不了解潛在的危險，沒有相關經驗，而非常容易受到攻擊的狀態。
掠食者順序（Predator's Sequence）	掠食者尋找、選擇、壓制和吃掉獵物的四個階段：偵測、評估、攻擊和屠殺。
聲望（prestige）	對團體成員表現欽佩和恭順，或許能提高自己的地位。
特權（privilege）	團體裡其他成員沒有，而是特定個體才享有或白白獲得的優勢。
四腳彈跳（pronking）	動物（通常是有蹄類）反覆上下跳動的行為，四條腿繃直，同時提離地面，是一種生活習性（英文的說法包括 pronking 和 stotting），對潛在、旁觀的掠食者發出的無利可圖訊號，公告牠們不是容易捕獲的獵物（另請參見「無利可圖的訊號」及「彰顯優質訊號」）。也可能是社會訊號。
青春期（puberty）	生殖成熟前的生理變化。
小狗許可證（puppy license）	較年長動物給年輕動物有轉圜餘地的一段時間，但年輕動物的行為或許不成熟，因此更成熟的個體可能無法容忍。
彰顯優質訊號（quality advertisement）	展示動物力氣和耐力的訊號，獵物物種用來阻止掠食者把牠們選為攻擊目標（另請參見「無利可圖的訊號」）。

性接受度（receptivity）	雌性動物展現出生育能力的外在和行為訊號。雖然稱做「接受度」，但這個術語純指雌性的生育能力表徵，不一定代表雌性個體對性接觸的意願。有生育能力的雌性動物會在特定時刻拒絕某些雄性的性挑逗，而且例子還不少。
紅衫球員（redshirting）	年輕運動員空下一年，不參與正式競賽，為的是享受回到賽場時的發展優勢。也可以策略性用於幼兒園入學的決策（另請參見「羽衣延遲成熟」）。
記憶突點（reminiscence bump）	對青少年時期和成年早期時發生的事件印象特別深刻。
喧鬧群聚（rowdy group）	大翅鯨激烈的求偶展示與競爭，成熟的雌鯨領著數頭到二十多頭互相競爭的雄鯨在水中追逐。亦指一群雄大翅鯨追逐或向有生育力的雌鯨炫示。也稱作「競爭群聚」。
血清素（serotonin）	參與多個腦部機制（包括與心情和地位有關的腦部機制）的化學傳訊者。
用暴力性要脅（sexual coercion by force）	使用體力或約束迫使個體與其性交或進行其他性接觸。
用騷擾性要脅（sexual coercion by harassment）	使用騷擾迫使個體與其性交或進行其他性接觸。
用恐嚇及恐懼性要脅（sexual coercion by intimidation and fear）	使用恐懼、威脅傷害或恐嚇，迫使個體與其性交或進行其他性接觸。
性合意（sexual consent）	人類雙方肯定、有意識且有意願的性接觸協議。
無利可圖的訊號（signal of unprofitability）	防禦的行為或外表，能顯示出個體的力氣和耐力，用來阻止掠食者把牠們選為攻擊目標（例如蜥蜴的伏地挺身、跳囊鼠用腳掌拍地，以及雲雀的逃跑歌）。

社會腦網路（Social Brain Network）	與社會知覺、認知和決策有關的腦部區域組成的網路。
社會地位下降（social descent）	成員在群體中的階級和社會地位下降。
社會階級制度（social hierarchy）	社會結構，群體中的個體按階級分層。
社會學習（social learning）	從團體中其他成員（通常是同儕）習得相關的資訊。
社交疼痛（social pain）	社會排斥或地位下降帶來的不快感。
社會階級（social rank）	個體在社會階級制度中的位置。
社會地位（social status）	個體在階級制度中與其他成員相對的位置，受個體的團體認知影響。
驚嚇反應（startle response）	無脊椎動物和脊椎動物察覺到威脅時的突如其來的動作。
地位標記（status badges）	顯示動物在群聚中相對階級高低的生理訊號。有些動物會用誤導的訊號假裝自己地位較高，地位低的個體用這種欺騙的方法在地位階級制度中往上爬，稱為「虛假的地位標記」。
地位下降（status descent）	參見「社會地位下降」。
地位圖（status mapping）	團體中，個體和其他成員地位的心智表徵。
精神避難所（status sanctuaries）	受到保護的時間或空間，個體在其中不會被評估。
屈身攻擊（stooping）	猛禽的獵食行為，包括縮回翅膀、伸長利爪，以及快速向下衝向獵物。鳥類親代也可能用這種動作攻擊不願離家的子代。
sturm und drang	源自德文，意思是「狂飆期」，斯坦利．霍爾在一九〇四年用這個詞來描述青少年時期。
目標動物（target animal）	被選為霸凌對象的動物個體，通常階級較低或較「古怪」。

領域繼承（territory inheritance）	動物親代把領域傳給子代，很多脊椎動物都有這個習慣。
遞移階級推論（transitive rank inference）	動物從自己與團體成員已知的關係，決定自己在團體中與其他成員的相對位置。
勝者效應（winner effect）	動物贏得競賽後，更有可能贏得下一次競賽。這樣的結果與勝利帶來的特定腦部變化會提高競爭力有關（另請參見「敗者效應」）。
zugunruhe	源自德文，意思是「遷移性焦躁」，指動物（通常是鳥類）在遷移前會失眠和過動。

註腳

序言

1. Frans B. M. Wall, "Anthropomorphism and Anthropodenial: Consistency in Our Thinking about Humans and Other Animals," *Philosophical Topics* 27 (1999): 255.
2. YouTube，令人驚奇的影片：牛羚穿越馬拉河 https://www.youtube.com/watch?v=5XBxE_A0hVY.
3. Andrew Solomon, *Far from the Tree: Parents, Children, and the Search for Identity* (New York: Scribner, 2012), 2.
4. 改寫自費奧多西·多布然斯基（Theodosius Dobzhansky）的說法：「若不採用演化論的視角，生物學的一切都說不通。」（Nothing in Biology Makes Sense Except in the Light of Evolution,）*The American Biology Teacher* 35 (March 1973): 125–29. Presented at the 1972 NABT convention.
5 Margaret Mead, *Coming of Age in Samoa* (New York: William Morrow and Co., 1928).
6. G. Stanley Hall, *Adolescence: Its Psychology and Its Relations to Physiology, Anthropology, Sociology, Sex, Crime, and Religion* (Kowloon, Hong Kong: Hesperides Press, 2013 [Kindle version]).
7. Sigmund Freud, *The Interpretation of Dreams: The Complete and Definitive Text* (New York: Basic Books, 2010); A. Freud, *The Ego and the Mechanism of Defense* (New York: International Universities Press, 1948); Erik H. Erikson, *Identity and the Life Cycle* (New York: W. W. Norton & Company, 1994); John Bowlby, *Maternal Care and Mental Health* (Lanham, MD: Jason Aronson, Inc., 1995); Jean Piaget, *The Child's Conception of the World* (Scotts Valley, CA: CreateSpace Independent Publishing Platform, 2015); N. Tinbergen, *Social Behavior in Animals with Special Reference to Vertebrates* (London: Psychology Press, 2013).
8. *The Impact of the Environment on the Anatomy of the Brain* (New York: Free Press, 1988); Robert Sapolsky, *Behave: The Biology of Humans at Our Best or Worst* (City of Westminster, UK: Penguin Books, 2018); Frances E. Jensen and Amy Ellis Nutt, *The Teenage Brain: A Neuroscientist's Survival Guide to Raising Adolescents and Young Adults* (New York: Harper Paperbacks, 2016); Sarah-Jayne Blakemore, *Inventing Ourselves: The Secret Life of the Teenage Brain* (New York: PublicAffairs, 2018); Hanna Damasio and Antonio R. Damasio, *Lesion Analysis in Neuropsychology* (Oxford, UK: Oxford

University Press, 1989); Linda Spear, *The Behavioral Neuroscience of Adolescence* (New York: W. W. Norton & Company, 2009); Judy Stamps, "Behavioural processes affecting development: Tinbergen's fourth question comes of age," Animal Behaviour 66 (2003): doi: 10.1006/anbe.2003.2180; Laurence Steinberg, *Age of Opportunity: Lessons from the New Science of Adolescence* (Boston: Mariner Books, 2015); Jeffrey Jensen Arnett, *Adolescence and Emerging Adulthood: A Cultural Approach* (London: Pearson, 2012).

9. Lisa J. Natanson and Gregory B. Skomal, "Age and growth of the white shark, Carcharodon, carcharias, in the western Northern Atlantic Ocean," *Marine and Freshwater Research* 66 (2015): 387–98; Christopher P. Kofron, "The reproductive cycle of the Nile crocodile (*Crocodylus nilotkus*)," *Journal of Zoology* (1990): 477–88; John L. Gittleman, "Are the Pandas Successful Specialists or Evolutionary Failures?" *BioScience* 44 (1994): 456–64; Erica Taube et al., "Reproductive biology and postnatal development in sloths, Bradypus and Choloepus: Review with original data from the field (French Guiana) and from captivity," *Mammal Review* 31 (2001): 173–88; A. J. Hall-Martin and J. D. Skinner, "Observations on puberty and pregnancy in female giraffe," *South African Journal of Wildlife Research* 8 (1978): 91–94; Sam P. S. Cheong et al., "Evolution of Ecdysis and Metamorphosis in Arthropods: The Rise of Regulation of Juvenile Hormone," I*ntegrative and Comparative Biology* 55 (2015): 878–90; Smithsonian National Museum of Natural History, "*Australopithecus afarensis*," http://humanor igins.si.edu/evidence/human-fossils/species/australopithecus-afarensis; Antonio Rosas et al., "The growth pattern of Neandertals, reconstructed from a juvenile skeleton from El Sidrón (Spain)," *Science* 357 (2017): 1282–287; Christine Tardieu, "Short adolescence in early hominids: Infantile and adolescent growth of the human femur," *American Journal of Physical Anthropology* 107 (1998): 163–78; Meghan Bartels, "Teenage Dinosaur Fossil Discovery Reveals What Puberty Was Like for a Tyrannosaur," *Newsweek*, October 20, 2017, https://www.newsweek.com/teenage-dinosaur-fossil-discovery-reveals-puberty-tyrannosaur-689448; Society of Vertebrate Paleontology,"Press Release—Adolescent T. Rex Unraveling Controversy About Growth Changes in Tyrannosaurus," October 21, 2015, http://vertpaleo.org /Society-News/SVP-Paleo-News/Society-News,-Press-Releases/Press-Re lease-Adolescent-T-rex-unraveling-controve.aspx; Laura Geggel, "Meet Jane, the Most Complete Adolescent T. Rex Ever Found," LiveScience, October 19, 2015, https://www.livescience.com/52510-adolescent-t-rex-jane.html.

10. Erica Eisner, "The relationship of hormones to the reproductive behaviour of birds, referring especially to parental behaviour: A review," *Animal Behaviour* 8 (1960): 155–79; Satoshi Kusuda et al., "Relationship between gonadal steroid hormones and vulvar bleeding in southern tamandua, *Tamandua tetradactyla*," *Zoo Biology* 30 (2011): 212–17; O. J. Ginther et al., "Miniature ponies: 2. Endocrinology of the oestrous cycle,"

Reproduction, Fertility and Development 20 (2008): 386–90.
11. N. Treen et al., "Mollusc gonadotropin-releasing hormone directly regulates gonadal functions: A primitive endocrine system controlling reproduction," *General and Comparative Endocrinology* 176 (2012): 167–72; Ganji Purna Chandra Nagaraju, "Reproductive regulators in decapod crustaceans: an overview," *The Journal of Experimental Biology* 214 (2011): 3–16.
12. Arthur M. Talman et al., "Gametocytogenesis: The puberty of Plasmodium falciparum," *Malar J.* 3 (2004), doi: 10/1186/1475-2875-3-24.
13. Kathleen F. Janz, Jeffrey D. Dawson, and Larry T. Mahoney, "Predicting Heart Growth During Puberty: The Muscatine Study," *Pediatrics* 105 (2000): e63.
14. T. L. Ferrara et al., "Mechanics of biting in great white and sandtiger sharks," *Journal of Biomechanics* 44 (2011): 430–35; eScience News, "Teenage Great White Sharks Are Awkward Biters," Biology & Nature News, December 2, 2010, http://esciencenews.com/articles/2010/12/02 /teenage.great.white.sharks.are.awkward.biters.
15. 二〇一九年三月五日與尼爾·蘇賓的通信。
16. L. P. Spear, "The adolescent brain and age-related behavioral manifestations," *Neuroscience and Biobehavioral Reviews* 24 (2000): 417–63; Linda Patia Spear, "Neurobehavioral Changes in Adolescence," *Current Directions in Psychological Science* 9 (2000): 111–14; Linda Patia Spear, "Adolescent Neurodevelopment," *Journal of Adolescent Health* 52 (2013): S7–13; Robert Sapolsky, *Behave: The Biology of Humans at Our Best or Worst* (City of Westminster: Penguin Books, 2018).
17. Khadeeja Munawar, Sara K. Kuhn, and Shamsul Haque, "Understanding the reminiscence bump: A systematic review," *PLoS ONE* 13 (2018): e0208595.
18. Tadashi Nomura and Ei-Ichi Izawa, "Avian birds: Insights from development, behavior and evolution," *Develop Growth Differ* 59 (2017): 244–57; O. Gunturkun, "The avian 'prefrontal cortex' and cognition," *Current Opinion in Neurobiology* 15 (2005): 686–93.
19. Sam H. Ridgway, Kevin P. Carlin, and Kaitlin R. Van Alstyne, "Dephinid brain development from neonate to adulthood with comparisons to other cetaceans and artiodactyls," *Marine Mammal Science* 34 (2018): 420–39.
20. Spear, "The adolescent brain and age-related behavioral manifestations."
21. Daniel Jirak and Jiri Janacek, "Volume of the crocodilian brain and endocast during ontogeny," *PLoS ONE* 12 (2017): e0178491; Matthew L. Brien et al., "The Good, the Bad, and the Ugly: Agonistic Behaviour in Juvenile Crocodilian," *PLoS ONE* 8 (2013): e80872.
22. Steven Mintz, *Huck's Raft: A History of American Childhood* (Cambridge, MA: Harvard University Press, 2006), 196.
23. Ross W. Beales, "In Search of the Historical Child: Miniature Adulthood and Youth in Colonial New England," in eds. N. Ray Hiner and Joseph M. Hawes, *Growing Up in*

America: Children in Historical Perspective* (Champaign: University of Illinois Press, 1985), 20.

24. Ben Cosgrove, "The Invention of Teenagers: LIFE and the Triumph of Youth Culture," *Time*, September 28, 2013, http://time.com/3639041/the-invention-of-teenagers-life-and-the-triumph -of-youth-culture/.

第一部：安全

烏蘇拉的故事根據兩位科學家的研究結果，以及我們的訪談內容，他們是南極研究基金的克雷門斯．普茨及英國南極調查所（British Antarctic Survey）的菲爾．特雷森（Phil N. Trathan）。其他關於企鵝行為的洞察以及對南極大陸的描述則取自比爾．弗雷澤（Bill Fraser）的訪談，他在帕瑪長期生態研究所（Palmer Long-Term Ecological Research）工作，另一個來源則是芬．蒙田（Fen Montaigne）的著作：《弗雷澤的企鵝：南極大陸的未來之旅》（*Fraser's Penguins: A Journey to the Future in Antarctica*）（New York: Henry Holt and Co., 2010）

第一章　危險的日子

1. 康乃爾大學鳥類學實驗室：新熱帶鳥類，"King Penguin Aptenodytes patagonicus," https://neo tropical.birds.cornell.edu/Species-Account/nb/species/kinpen1/behavior.
2. ScienceDirect, "Zugunruhe," https://www.sciencedirect.com/topics/agricultural-and-biological-sciences/zugunruhe; J. M. Cornelius et al., "Contributions of endocrinology to the migration life history of birds," *General and Comparative Endocrinology* 190 (2013): 47–60.
3. Lisa M. Hiruki et al., "Hunting and social behaviour of leopard seals (*Hydruga Leptonyx*) at Seal Island, South Shetland Islands, Antarctica," *Journal of the Zoological Society of London* 249 (1999): 97–109; Australian Antarctic Division: Leading Australia's Antarctic Program, "Leopard Seals," http://www.antarctica.gov.au/about-antarctica/wildlife/animals /seals-and-sea-lions/leopard-seals.
4. Klemens Pütz et al., "Post-Fledging Dispersal of King Penguins (*Aptenodytes patagonicus*) from Two Breeding Sites in South Atlantic," *PLoS ONE* 9 (2014): e97164.
5. Pütz et al., "Post-Fledging Dispersal of King Penguins"; 克雷門斯．普茨在二〇一七年八月十四日的訪談；英國南極調查所保育生物學主任菲爾．特雷森博士在二〇一七年八月七日的訪談。
6. Bo Ebenman and Johnny Karlsson, "Urban Blackbirds (*Turdus merula*): From egg to independence," *Annales Zoologici Fennici* (1984): 21:249–51; F. L. Bunnell and D. E. N. Tait, "Mortality rates of North American bears," *Arctic* 38, no. 4 (December 1985): 316–23; David G. Ainley and Douglas P. DeMaster, "Survival and mortality in a

population of Adélie penguins," *Ecology* 6, no. 3 (1980): 522–30; Wayne F. Kasworm and Timothy J. Their, "Adult black bear reproduction, survival, and mortality sources in northwest Montana," *International Conference on Bear Research and Management* 9, no. 1 (1994): 223–30; Charles J. Jonkel and Ian McT. Cowan, "The black bear in the Spruce-Fir forest," *Wildlife Monographs* 27, no. 27 (December 1971): 3–57; José Alejandro Scolaro, "A model life table for Magellanic penguins (*Spheniscus magellanicus*) at Punta Tombo, Argentina," *Journal of Field Ornithology* 58 (1987): 432–41; Norman Owen-Smith and Darryl R. Mason, "Comparative changes in adult vs. juvenile survival affecting population trends of African ungulates," *Journal of Animal Ecology* 74 (2005): 762–73; Krzysztof Schmidt and Dries P. J. Kuijper, "A 'death trap' in the landscape of fear," *Mammal Research* 60 (2015): 275–84.

7. World Health Organization, "Adolescents: Health Risks and Solutions," May 2017 Fact Sheet.
8. "Environmental Influences on Biobehavioral Processes," 在美國國家學院（National Academies）／美國國家衛生院（National Institutes of Health）研討會提出的簡報，http://nationalacademies.org/hmd/~/media/Files/Activity%20 Files/Children/AdolescenceWS/Workshop%202/1%20Dahl.pdf; Agnieszka Tymula et al., "Adolescents' risk-taking behaviour is driven by tolerance to ambiguity," PNAS 109 (2012): 17135–140.
9. 美國疾管署（CDC）動力車輛安全（青少年駕駛人）：https://www.cdc.gov/motorvehiclesafety/teen_drivers/index.html; Laurence Steinberg, "Risk-taking in adolescence: What changes and why?" *Annals of the New York Academy of Sciences* (2004): 51–58; Bruce J. Ellis et al., "The Evolutionary Basis of Risky Adolescent Behavior: Implications for Science, Policy, and Practice," *Developmental Psychology* 48 (2012): 598–623; Kenneth A. Dodge and Dustin Albert, "Evolving science in adolescence: Comment on Ellis et al (2012)," *Developmental Psychology* 48 (2012): 624–27; Adriana Galván, "Insights about adolescent behavior, plasticity, and policy from neuroscience research," *Neuron* 83 (2014): 262–65; David Bainbridge, *Teenagers: A Natural History* (London: Portobello, 2010).
10. Robert Sapolsky, *Behave: The Biology of Humans at Our Best or Worst* (City of Westminster: Penguin Books, 2018), 155.
11. Andrew Sih et al., "Predator–prey naïveté, antipredator behavior, and the ecology of predator invasions," *OIKOS* 119 (2010): 610–21.
12. L. P. Spear, "The adolescent brain and age-related behavioral manifestations," *Neuroscience and Biobehavioral Reviews* 24 (2000): 417–63; Linda Patia Spear, "Neurobehavioral Changes in Adolescence," *Current Directions in Psychological Science* 9 (2000): 111–14; Debra A. Lynn and Gillian R. Brown, "The Ontology of Exploratory Behavior in Male and Female Adolescent Rats (Rattus norvegicus)," *Developmental*

Psychobiology 51 (2009): 513–20; Giovanni Laviola et al., "Risk-Taking behavior in adolescent mice: psychobiological determinants and early epigenetic influence," *Neuroscience and Behavioral Reviews* 27 (2003): 19–31; Kristian Overskaug and Jan P. Bolstad, "Fledging Behavior and Survival in Northern Tawny Owls," *The Condor* 101 (1999): 169–74; Melanie Dammhahn and Laura Almeling, "Is risk taking during foraging a personality trait? A field test for cross-context consistency in boldness," *Animal Behavior* 84 (2012): 1131–39; Theodore Garland, Jr., and Stevan J. Arnold, "Effects of a Full Stomach on Locomotory Performance of Juvenile Garter Snakes," Copeia 1983 (1983): 1092–96; Svein Lokkeborg, "Feeding behaviour of cod, Gadus morhua: Activity rhythm and chemically mediated food search," *Animal Behaviour* 56 (1998): 371–78; Gerald Carter et al., "Distress Calls of a Fast-Flying Bat (*Molossus molossus*) Provoke Inspection Flights but Not Cooperative Mobbing," *PLoS ONE* 10 (2015): e0136146.

第二章　恐懼的本質

1. 打噴嚏的大貓熊寶寶，原始影片，https://www.youtube.com/watch?v=93hq0YU3Gqk.
2. J. A. Walker et al., "Do faster starts increase the probability of evading predators?" *Functional Ecology* 19 (2005): 808–15.
3. Robert Sanders, "Octopus shows unique hunting, social and sexual behavior," *Berkeley Research News*, August 12, 2015, https://news.berkeley.edu/2015/08/12/octopus-shows-unique-hunting-social-and-sexual-behavior/.
4. Charles Darwin, *The Expression of the Emotions in Man and Animals* (London: Harper Perennial, 2009), 45, 304.
5. Tanja Jovanovic, Karin Maria Nylocks, and Kaitlyn L. Gamwell, "Translational neuroscience measures of fear conditioning across development: applications to high-risk children and adolescents," *Biology of Mood & Anxiety Disorders* 3 (2013): doi: 10.1186/2045-5380-3-17; J. J. Kim and M. W. Jung, "Neural circuits and mechanisms involved in Pavlovian fear conditioning: a critical review," *Neuroscience & Biobehavioral Reviews* 30 (2006): 188–202.
6. 英國南極調查所保育生物學主任菲爾·特雷森博士的（電話）訪談，二〇一七年八月七日。
7. 來自大洋洲／吉里巴斯的河魨皮頭盔，哈佛大學皮博迪博物館編目 00-8-70/55612；帝國戰爭博物館（Imperial War Museum），裝備：盔甲（Sappenpanzer）：德國；https://www.iwm.org.uk/collections/item/object/30110403; Seth Stern, "Body Armor Could Be a Technological Hero of War in Iraq," *Christian Science Monitor*, April 2, 2003, https://www.csmonitor.com/2003/0402/p04s01-usmi.

html.
8. 帝國戰爭博物館，「裝備：盔甲（Sappenpanzer）：德國 https://www.iwm.org.uk/collections/item/object/30110403; Seth Stern, "Body Armor Could Be a Technological Hero of War in Iraq," *Christian Science Monitor*, April 2, 2003, https://www.csmonitor.com/2003/0402/p04s01-usmi.html.
9. A. Freud, *The Ego and the Mechanisms of Defense* (New York: International Universities Press, 1948).
10. Karen M. Warkentin, "The development of behavioral defenses: A mechanistic analysis of vulnerability in red-eyed tree frog hatchlings," *Behavioral Ecology* 10 (1999): 251–62; Lois Jane Oulton, Vivian Haviland, and Culum Brown, "Predator Recognition in Rainbowfish, Melanotaenia duboulayi, Embryos," *PLoS ONE* (2013), doi: 10.1371.journal.pones.0076061.
11. Maren N. Vitousek et al., "Island tameness: An altered cardiovascular stress response in Galápagos marine iguanas," *Physiology & Behavior* 99, no. 4 (2010): 544–48; D. T. Blumstein, "Moving to suburbia: Ontogenetic and evolutionary consequences of life on predator-free islands," *Journal of Biogeography* 29 (2002): 685–92; D. T. Blumstein, "The multipredator hypothesis and the evolutionary persistence of anti-predator behaviour," *Ethology* 112 (2006): 209–17; D. T. Blumstein and J. C. Danielm, "The loss of anti-predator behaviour following isolation on islands," *Proceedings of the Royal Society B* 272 (2005): 1663–68.
12. Charles Darwin, *Journal of Researches into the Natural History and Geology of the Countries Visited During the Voyage of the H.M.S. Beagle Round the World, under the Command of Capt. Fitz Roy, R.N.* (New York: D. Appleton and Company, 1878), http://darwin-online.org.uk /converted/pdf/1878_Researches_F33.pdf.
13. J. W. Laundré et al., "Wolves, elk, and bison: Re-establishing the 'landscape of fear' in Yellowstone National Park, U.S.A.," *Canadian Journal of Zoology* 79 (2001): 1401–9.
14. Seth C. Kalichman et al., "Beliefs about treatments for HIV/AIDS and sexual risk behaviors among men who have sex with men, 1997 to 2006," *Journal of Behavioral Medicine* 30 (2007): 497–503.
15. D. P. Strachan, "Hay fever, hygiene, and household size," *BMJ* 299 (1989): 1259–60.
16. Lars Svendsen, *A Philosophy of Fear*, 2nd ed. (London: Reaktion Books, 2008).
17. History Matters, "FDR's First Inaugural Address," http://historymatters.gmu.edu/d/5057/.

第三章　了解掠食者

1. Caro, *Antipredator Defenses in Birds and Mammals*；另見 "Costs & Benefits" and "Opportunity Costs" in William E. Cooper, Jr., and Daniel T. Blumstein, *Escaping from*

Predators: An Integrative View of Escape Decisions (Cambridge, UK: Cambridge University Press, 2015).

2. Eva Saulitis et al., "Biggs killer whale (Orcinus orca) predation on subadult humpback whales (*Megaptera novaeangliae*) in lower cook inlet and Kodiak, Alaska," *Aquatic Mammals* 41 (2015): 341–44.
3. Douglas F. Makin and Graham I. H. Kerley, "Selective predation and prey class behaviour as possible mechanisms explaining cheetah impacts on kudu demographics," *African Zoology* 51 (2016): 217–20.
4. Aldo I. Vassallo, Marcelo J. Kittlein, and Cristina Busch, "Owl Predation on Two Sympatric Species of Tuco-Tucos (Rodentia: Octodontidae)," *Journal of Mammology* 75 (1994): 725–32.
5. Richard B. Sherley et al., "The initial journey of an Endangered penguin: Implications for seabird conservation," *Endangered Species Research* 21 (2013): 89–95.
6. Lindsay Thomas, Jr., "QDMA's Guide to Successful Deer Hunting," Quality Deer Management Association, 2016 (eBook).
7. 理查·藍翰博士的訪談，二〇一七年八月三十日。
8. Caro, *Antipredator Defenses in Birds and Mammals; Tim Clutton-Brock, Mammal Societies* (Hoboken, NJ: Wiley-Blackwell, 2016).
9. Robert J. Lennox, "What makes fish vulnerable to capture by hook? A conceptual framework and a review of key determinants," *Fish and Fisheries* 18 (2017): 986–1010.
10. 9C. Huveneers et al., "White Sharks Exploit the Sun during Predatory Approaches," *American Naturalist* 185 (2015): 562–70.
11. Koehi Okamoto et al., "Unique arm-flapping behavior of the pharaoh cuttlefish, Sepia pharaonis: Putative mimicry of a hermit crab," *Journal of Ethology* 35 (2017): 307–11.
12. 美國國家兒童失蹤與剝削中心，"A 10-Year Analysis of Attempted Abductions and Related Incidents," June 2016, http://www.missingkids.com/content/dam/pdfs/ncmec-analysis/attemptedabductions10yearanalysisjune2016.pdf.
13. K5 News, "A Pimp's Playbook: Galen Harper's Story," November 9, 2017, https://www.king5.com/video/news/investigations /selling-girls/a-pimps-playbook-galen-harpers-story/281-2796032.
14. Aristotle, *The Essential Aristotle* (New York: Simon & Schuster, 2013).
15. Compound Security Systems, "CSS Mosquito M4K," https://www.compoundsecurity.co.uk/security-equipment-mosquito-mk4-anti-loitering-device.
16. The Balance, "Why Credit Card Companies Target College Students," September 10, 2018, https://www.thebalance.com/credit-card-companies-love-college-students-960090.
17. Kareem Abdul-Jabbar, "It's Time to Pay the Tab for America's College Athletes," *Guardian*, January 9, 2018, https://www.theguardian.com/sport/2018/jan/09/its-time-

to-pay-the-tab-for-americas-college-athletes; Doug Bandow, "End College Sports Indentured Servitude: Pay 'Student Athletes,' " *Forbes*, February 21, 2012, https://www.forbes.com/sites/dougbandow/2012/02/21/end-college-sports-indentured-servitude-pay-student-athletes/#8676bd23db6c.

18. Andrew Fan, "The Most Dangerous Neighborhood, the Most Inexperienced Cops," Marshall Project, September 20, 2016, https://www.themarshallproject.org/2016/09/20/the-most-dangerous -neighborhood-the-most-inexperienced-cops.
19. "China's 'Young and Inexperienced' Firefighters in Spotlight After Blasts," *Straits Times*, August 20, 2015, https://www.straitstimes.com/asia/east-asia/chinas-young-and-inexperienced-firefighters-in-spotlight-after-blasts.
20. Roland Pietsch, "Ships' Boys and Youth Culture in Eighteenth-Century Britain: The Navy Recruits of the London Marine Society," *The Northern Mariner/Le marin du nord* 14 (2004): 11–24.
21. Mintz, *Huck's Raft*.
22. 史丹佛大學對菸草廣告衝擊的研究，"Cigarettes Advertising Themes: Targeting Teens," http://tobacco.stanford.edu/tobacco_main/images.php?to ken2=fm_st138.php&token1=fm_img4072.php&theme_file=fm_mt015.php&theme_name=Targeting.
23. 美國疾病預防管制中心，"Quick Facts on the Risk of E-cigarettes for Kids, Teens, and Young Adults," https://www.cdc.gov/tobacco/basic_information/e-cigarettes/Quick-Facts-on-the-Risks-of-E-cigarettes-for-Kids-Teens-and-Young-Adults.html.
24. Alessandro Minelli, "Grand challenges in evolutionary development biology," *Frontiers in Ecology and Evolution* 2 (2015): doi: 10.3389/fevo.2014.00085.
25. 猶他大學醫學院小兒科學系教授及腫瘤科學系兼任教授約書亞·席夫曼博士的訪談，日期分別是二〇一八年九月二十一日及二〇一八年十二月二十五日。
26. Katherine A. Liu and Natalie A. Dipietro Mager,"Women's involvement in clinical trials: historical perspective and future implications," *Pharmacy Practice (Granada)* 14 (2016): 708; M. E. Burke, K. Albritton, and N. Marina, "Challenges in the recruitment of adolescents and young adults to cancer clinical trials," *Cancer* 110 (2007): 2385–93; M. Shnorhavorian et al., "Knowledge of clinical trial availability and reasons for nonparticipation among adolescent and young adult cancer patients: A population-based study," *American Journal of Clinical Oncology* 41 (2018): 581–87; S. J. Rotz et al., "Challenges in the treatment of sarcomas of adolescents and young adults," *Journal of Adolescent and Young Adult Oncology* 6 (2017): 406–13; A. L. Potosky et al., "Use of appropriate initial treatment among adolescents and young adults with cancer," *Journal of the National Cancer Institute* 106 (2014), doi: 10/1093/jnci/dju300.
27. P. Rianthavorn and R. B. Ettenger,"Medication non-adherence in the adolescent renal transplant recipient: a clinician's viewpoint," *Pediatric Transplant* 9 (2005): 398–407;

Cyd K. Eaton et al., “Multimethod assessment of medication nonadherence and barriers in adolescents and young adults with solid organ transplants,” *Journal of Pediatric Psychology* 43 (2018): 789–99.
28. Andrew U. Luescher, *Manual of Parrot Behavior* (Hoboken, NJ: Blackwell, 2008); Lafeber Company, “Indian Ring-Necked Parakeet,” https://lafeber.com/pet-birds/species/indian-ring-necked-parakeet/#5.
29. M. D. Salman et al., “Human and animal factors related to the relinquishment of dogs and cats in 12 selected animal shelters in the United States,” *Journal of Applied Animal Welfare Science J* (1998): 207–26.
30. Kari Koivula, Seppo Rytkonen, and Marukku Orell, “Hunger-dependency of hiding behaviour after a predator attack in dominant and subordinate willow tits,” *Ardea* 83 (1995): 397–404.
31. 詹姆斯．何的訪談，二〇一九年二月二十五日。
32. Alexa C. Curtis, “Defining adolescence,” *Journal of Adolescent and Family Health* 7 (2–15): issue 2, article 2, https://scholar.utc.edu/jafh/vol7/iss2/2.
33. 喬．漢米爾頓的訪談，二〇一七年九月一日。
24. Tim Caro, *Antipredator Defenses in Birds and Mammals* (Chicago: University of Chicago Press, 2005), 15.
35. 同上。
36. 同上。
37. 同上；D. T. Blumstein, “Fourteen Security Lessons from Antipredator Behavior,” in *Natural Security: A Darwinian Approach to a Dangerous World* (2008); Clutton-Brock, *Mammal Societies*; Gerald Carter et al., “Distress calls of a fast-flying bat (*Molossus molossus*) provoke inspection flights but not cooperative mobbing,” *PLoS ONE* 10 (2015): e0136146; Andrew W. Bateman et al., “When to defend: Antipredator defenses and the predation sequence,” *American Naturalist* 183 (2014): 847–55.
38. Carter et al., “Distress calls of a fast-flying bat (*Molossus molossus*) provoke inspection flights but not cooperative mobbing.”
39. Maria Thaker et al., “Group Dynamics of Zebra and Wildebeest in a Woodland Savanna: Effects of Predation Risk and Habitat Density,” *PLoS ONE* 5 (2010): e12758.
40. Hans Kruuk, *The Spotted Hyena: A Study of Predation and Social Behavior* (Brattleboro, VT: Echo Point Books and Media, 2014); Rebecca Dannock, “Understanding the behavioral trade-off made by blue wildebeest (*Connochaetes taurinus*): The importance of resources, predation, and the landscape,” thesis, University of Queensland, School of Biological Sciences (2016).
41. Christopher W. Theodorakis, “Size segregation and the effects of oddity on predation risk in minnow schools,” *Animal Behaviour* 38 (1989): 496–502; Laurie Landeau and John Terborgh, “Oddity and the ‘confusion effect’ in predation,” Animal Behavior 34

(1986): 1372–80.
42. Ondrej Slavik, Pavel Horky, and Matus Maciak, "Ostracism of an albino individual by a group of pigmented catfish," *PLoS ONE* 10 (2015): e0128279.
43. David J. Sumpter, *Collective Animal Behavior* (Princeton, NJ: Princeton University Press, 2010).
44. Michaela M. Bucchianeri et al., "Youth experiences with multiple types of prejudice-based harassment," *Journal of Adolescence* 51 (2016): 68–75.
45. Blumstein, "Fourteen Security Lessons from Antipredator Behavior."
46. Caro, *Antipredator Defense in Birds and Mammals*, 248–49; Charles Martin Drabek, "Ethoecology of the Round-Tailed Ground Squirrel, Spermophilus Tereticaudus," University of Arizona Dissertation, PhD in Zoology, 1970.
47. Klaus Zuberbuhler, Ronald Noe, and Robert M. Seyfarth, "Diana monkey long-distance calls: Messages for conspecifics and predators," *Animal Behaviour* 53 (1997): 589–604.
48. Laurence Steinberg, *You and Your Adolescent, New and Revised Edition: The Essential Guide for Ages 10–25* (New York: Simon & Schuster, 2011).
49. Jan A. Randall, "Evolution and Function of Drumming as Communication in Mammals," *American Zoologist* 41 (2001): 1143–56; Jan A. Randall and Marjorie D. Matocq, "Why do kangaroo rats (Dipodomys spectabilis) footdrum at snakes?" *Behavioral Ecology* 8 (1997): 404–13.
50. C. D. FitzGibbon and J. H. Fanshawe, "Stotting in Thomson's gazelles: An honest signal of condition," *Behavioral Ecology Sociobiology* 23 (1988): 69; "Stotting," *Encyclopedia of Ecology and Environmental Management* (New York: Blackwell, 1998); José R. Castelló, *Bovids of the World: Antelopes, Gazelles, Cattle, Goats, Sheep, and Relatives* (Princeton, NJ: Princeton University Press, 2016).
51. Tim Caro and William L. Allen,"Interspecific visual signalling in animals and plants: A functional classification," *Philosophical Transactions of the Royal Society B* 372 (2017), doi: 10.1098/rstb.2016.0344; Caro, *Antipredator Defenses in Birds and Mammals.*
52. "How Does an Owl's Hearing Work: Super Powered Owls," BBC Earth, March 23, 2016, https://www.youtube.com/watch?v=8SI73-Ka51E.
53. 恐懼對心臟的影響是我們第一本書《共病時代》第二章〈心臟的假動作〉的主題。
54. Barbara Natterson-Horowitz and Kathryn Bowers,"The Feint of Heart," in *Zoobiquity* (New York: Vintage, 2013), 25–39.
55. James Fair, "Hunting Success Rates: How Predators Compare," *Discover Wildlife*, December 17, 2015, http://www.discoverwildlife.com/animals/hunting-success-rates-how-predators-compare.

第四章　信心十足的魚兒

1. Bennett G. Galef, Jr., and Kevin N. Laland, "Social learning in animals: Empirical studies and theoretical models," *BioScience* 55 (2005): 489–500.
2. Mel Norris, "Oh Yeah? Smell This! Or, Conflict Resolution, Lemur Style," Duke Lemur Center, March 16, 2012, https://lemur.duke.edu/oh-yeah-smell-this-or-conflict-resolution-lemur-style/.
3. Caro, *Antipredator Defenses in Birds and Mammals*, 27.
4. Indrikis Krams, Tatjana Krama, and Kristine Igaune, "Alarm calls of wintering great tits Parus major: Warning of mate, reciprocal altruism or a message to the predator?" *Journal of Avian Biology* 37 (2006): 131–36.
5. Caro, *Antipredator Defenses in Birds and Mammals*.
6. Torbjorn Jarvi and Ingebrigt Uglem,"Predator Training Improves Anti-Predator Behaviour of Hatchery Reared Atlantic Salmon (*Salmo salar*) Smolt," *Nordic Journal of Freshwater Research* 68 (1993): 63–71. 科學家曾針對一系列的動物研究掠食者訓練。例如，可以參見史密斯（B. Smith）及布朗斯汀所寫的"Structural consistency of behavioural syndromes: Does predator training lead to multi-contextual behavioural change?" *Behaviour* 149 (2012): 187–213; D. M. Shier and D. H. Owings, "Effects of predator training on behavior and post-release survival of captive prairie dogs (*Cynomys ludovicianus*)," *Biological Conservation* 132 (2006): 126–35; Rafael Paulino et al., "The role of individual behavioral distinctiveness in exploratory and anti-predatory behaviors of red-browed Amazon parrot (*Amazona rhodocorytha*) during pre-release training," *Applied Animal Behaviour Science* 205 (2018): 107–14; R. Lallensack, "Flocking Starlings Evade Predators with 'Confusion Effect,' " *Science*, January 17, 2017, https://www.sciencemag.org/news/2017/01/flocking-starlings-evade-predators-confusion-effect?r3f_986=https://www.google.com/; Rebecca West et al., "Predator exposure improves anti-predator responses in a threatened mammal," *Journal of Applied Ecology* 55 (2018): 147–56; Andrea S. Griffin, Daniel T. Blumstein, and Christopher S. Evans, "Training captive-bred or translocated animals to avoid predators," *Conservation Biology* 14 (2000): 1317–26; Janelle R. Sloychuk et al., "Juvenile lake sturgeon go to school: Life-skills training for hatchery fish," *Transactions of the American Fisheries Society* 145 (2016): 287–94; Ian G. McLean et al., "Teaching an endangered mammal to recognise predators," *Biological Conservation* 75 (1996): 51–62; Desmond J. Maynard et al., "Predator avoidance training can increase post-release survival of chinook salmon," in R. Z. Smith, ed., *Proceedings of the 48th Annual Pacific Northwest Fish Culture Conference* (Gleneden Beach, OR: 1997), 59–62; Alice R. S. Lopes et al., "The influence of anti-predator training, personality, and sex in the behavior, dispersion, and survival rates of translocated captive-raised parrots," *Global Ecology and*

Conservation 11 (2017): 146–57.
7. D. Noakes et al., eds., "Predators and Prey in Fishes: Proceedings of the 3rd biennial conference on behavioral ecology of fishes held at Normal, Illinois, U.S.A.," Dr W. Junk Publishers, May 19–22, 1981; R. V. Palumbo et al., "Interpersonal Autonomic Physiology: A Systematic Review of the Literature," *Personality and Social Psychology Review* 22 (2017): 99–141; Viktor Muller and Ulman Linderberger, "Cardiac and Respiratory Patterns Synchronized Between Persons During Choir Singing," *PLoS ONE* 6 (2011): e24893; Maria Elide Vanutelli et al., "Affective Synchrony and Autonomic Coupling During Cooperation: A Hyperscanning Study," *BioMed Research International* 2017, doi: 10.1155/2017/3104564.
8. Björn Vickhoff et al., "Music structure determines heart rate variability of singers," *Frontiers in Psychology* 4 (2013): 334.
9. Daniel M. T. Fessler and Colin Holbrook, "Friends Shrink Foes: The Presence of Comrades Decreases the Envisioned Physical Formidability of an Opponent," *Psychological Science* 24 (2013): 797–802; Daniel M. T. Fessler and Colin Holbrook, "Synchronized behavior increases assessments of the formidability and cohesion of coalitions," *Evolution and Human Behavior* 37 (2016): 502–9; Meg Sullivan, "In sync or in control," UCLA Newsroom, August 26, 2014, http://newsroom.ucla.edu/releases/in-sync-and-in-control.

第五章　生存學校

1. A. S. Griffin, "Social learning about predators: A review and prospectus," *Learning and Behavior* 1 (2004): 131–140; Galef Jr. and Laland, "Social Learning in Animals: Empirical Studies and Theoretical Models."
2. Jennifer L. Kelley et al., "Back to school: Can antipredator behaviour in guppies be enhanced through social learning?" *Animal Behaviour* 65 (2003): 655–62.
3. Hannah Natanson, "Harvard Rescinds Acceptances for At Least Ten Students for Obscene Memes," *The Harvard Crimson*, June 5, 2017, https://www.thecrimson.com/article/2017/6/5/2021-offers-rescinded-memes/.
4. Julia Carter et al., "Subtle cues of predation risk: Starlings respond to a predator's direction of eye-gaze," *Proceedings of the Royal Society B* 275 (2008): 1709–15.
5. Ferris Jabr, "Scary Stuff: Fright Chemicals Identified in Injured Fish," *Scientific American*, February 23, 2012, https://www.scientificamerican.com/article/fish-schreckstoff/.
6. Tim Caro, *Antipredator Defenses in Birds and Mammals* (Chicago: University of Chicago Press, 2005); Jean-Guy J. Godin and Scott A. Davis, "Who dares, benefits: Predator approach behaviour in the guppy (Poecilia reticulata) deters predator pursuit,"

Proceedings of the Royal Society B 259 (1995): 193–200; Carter et al., "Distress Calls of a Fast-Flying Bat (Molossus molossus) Provoke Inspection Flights but Not Cooperative Mobbing"; Maryjka B. Blaszczyk, "Boldness towards novel objects predicts predator inspection in wild vervet monkeys," *Animal Behavior* 123 (2017): 91–100; C. Crockford et al., "Wild chimpanzees inform ignorant group members of danger," *Current Biology* 22 (2012): 142–46; Anne Marijke Schel et al., "Chimpanzee Alarm Call Production Meets Key Criteria for Intentionality," *PLoS ONE* 8 (2013): e76674; Beauchamp Guy, "Vigilance, alarm calling, pursuit deterrence, and predator inspection," in William E. Cooper, Jr., and Daniel T. Blumstein, eds., *Escaping from Predators: An Integrative View of Escape Decisions* (Cambridge: Cambridge University Press, 2015); Michael Fishman,"Predator inspection: Closer approach as a way to improve assessment of potential threats," *Journal of Theoretical Biology* 196 (1999): 225–35.

7. T. J. Pitcher, D. A. Green, and A. E. Magurran,"Dicing with death: Predator inspection behaviour in minnow shoals," *Journal of Fish Biology* 28 (1986): 439–48.
8. Clare D. FitzGibbon, "The costs and benefits of predator inspection behaviour in Thomson's gazelles," *Behavioral Ecology and Sociobiology* 34 (1994): 139–48.
9. Vilma Pinchi et al., "Dental Ritual Mutilations and Forensic Odontologist Practice: A Review of the Literature," *Acta Stomatologica Croatica* 49 (2015): 3–13; Rachel Nuwer, "When Becoming a Man Means Sticking Your Hand into a Glove of Ants," Smithsonian.com, October 27, 2014, https://www.smithsonianmag.com /smart-news/brazilian-tribe-becoming-man-requires-sticking-your-hand-glove-full-angry-ants-180953156/.
10. M. N. Bester et al., "Vagrant leopard seal at Tristan da Cunha Island, South Atlantic," *Polar Biology* 40 (2017): 1903–5.
11. Pütz et al., "Post-fledging dispersal of king penguins (*Aptenodytes patagonicus*) from two breeding sites in South Atlantic."
12. 極地海洋研究小組（Polar Oceans Research Group）主任及主要調查人員比爾·弗雷澤博士的訪談，二〇一七年十一月三十日及二〇一七年十二月七日。

第二部　地位

史靈克的故事轉述自奧立佛·霍納，他在德國柏林的萊布尼茨動物園和野生動物研究所工作，並且參與坦尚尼亞恩戈羅恩戈羅火山口的斑點鬣狗計畫。

第六章　被評價的年紀

1. Laurence G. Frank, "Social organization of the spotted hyaena Crocuta crocuta. II. Dominance and reproduction," *Animal Behaviour* 34 (1986): 1510–27.

2. 恩戈羅恩戈羅火山口鬣狗計畫，https://hyena-project.com/.
3. 奧立佛．霍納（柏林）的訪談，二〇一八年五月三日及二〇一八年十月四日。
4. 恩戈羅恩戈羅火山口鬣狗計畫，https://hyena-project.com/.
5. Jack El-Hai, "The Chicken-Hearted Origins of the'Pecking Order—The Crux," *Discover*, July 5, 2016, http://blogs.discover magazine.com/crux/2016/07/05/chicken-hearted-origins-pecking-order/#.XIShISHKg2w; Thorleif Schjelderup-Ebbe, "Weitere Beiträge zur Sozial und psychologie des Haushuhns," *Zeitschrift für Psychologie* 88 (1922): 225–52.
6. Elizabeth A. Archie et al., "Dominance rank relationships among wild female African elephants, *Loxodonta africana*," *Animal Behaviour* 71 (2006): 117–27; Justin A. Pitt, Serge Lariviere, and Francois Messier,"Social organization and group formation of raccoons at the edge of their distribution," *Journal of Mammalogy* 89 (2008): 646–53; Logan Grosenick, Tricia S. Clement, and Russel D. Fernald, "Fish can infer social rank by observation alone," *Nature* 445 (2007): 427–32; Bayard H. Brattstrom, "The evolution of reptilian social behavior," *American Zoologist* 14 (1974): 35–49; Steven J. Portugal et al., "Perch height predicts dominance rank in birds," *IBIS* 159 (2017): 456–62.
7. S. J. Blakemore, "Development of the social brain in adolescence," *Journal of the Royal Society of Medicine* 105 (2012): 111–16.
8. Ying Shi and James Moody, "Most likely to succeed: Long-run returns to adolescent popularity," *Social Currents* 4 (2017): 13–33.
9. Michael Sauder, Freda Lynn, and Joel Podolny, "Status: Insights from organizational sociology," *Annual Review of Sociology* 38 (2012): 267–83.
10. Tsuyoshi Shimmura, Shosei Ohashi, and Takashi Yoshimura, "The highest-ranking rooster has priority to announce the break of dawn," *Nature Scientific Reports* 5 (2015): 11683.
11. U. W. Huck et al., "Progesterone levels and socially induced implantation failure and fetal resorption in golden hamsters (*Mesocricetus auratus*)," *Physiology and Behavior* 44 (1988): 321–26.
12. Glenn J. Tattersall et al., "Thermal games in crayfish depend on establishment of social hierarchies," *The Journal of Experimental Biology* 215 (2012): 1892–1904.
13. Portugal et al., "Perch height predicts dominance rank in birds."
14. P. Domenici, J. F. Steffensen, and S. Marras,"The effect of hypoxia on fish schooling," *Philosophical Transactions of the Royal Society of London B: Biological Sciences* 372 (2017), doi: 10/1098/rstb.2016.0236.
15. Stefano Marras and Paolo Domenici, "Schooling fish under attack are not all equal: Some lead, others follow," *PLoS ONE* 6 (2013): e65784; Lauren Nadler, "Fish schools: Not all seats in the class are equal," *Naked Scientists*, October 22, 2014, https://www.thenakedscientists.com/articles/science-features/fish-schools-not-all-seats-class-are-equal;

Domenici, Steffensen, and Marras, "The effect of hypoxia on fish schooling."
16. Tzo Zen Ang and Andrea Manica, "Aggression, segregation and stability in a dominance hierarchy," *Proceedings of the Royal Society B: Biological Sciences*, 277 (2010): 1337–43.
17. Noriya Watanabe and Miyuki Yamamoto, "Neural mechanisms of social dominance," *Frontiers in Neuroscience* 9 (2015): doi: 10.3389/fnins.2015.00154.
18. Nicolas Verdier, "Hierarchy: A short history of a word in Western thought," HAL archives-ouvertes.fr, https://halshs.archives-ouvertes.fr/halshs-00005806/document; R. H. Charles, *The Book of Enoch* (Eugene, OR: Wipf & Stock Publishers, 2002), 390.
19. Thorleif Schjelderup-Ebbe, "Social Behavior of Birds," in C. Murchison, ed., *Handbook of Social Psychology* (Worcester, MA: Clark University Press, 1935), 947–72.
20. Marc Bekoff, ed., *Encyclopedia of Animal Behavior*, vol. 1: A–C (Westport, CT: Greenwood Press, 2004); Marc Bekoff, ed., *Encyclopedia of Animal Behavior*, vol. 2: *D–P* (Westport, CT: Greenwood Press, 2004); Marc Bekoff, ed., *Encyclopedia of Animal Behavior*, vol. 3: *R–Z* (Westport, CT: Greenwood Press, 2004).
21. C. Norman Alexander Jr., "Status perceptions," *American Sociological Review* 37 (1972): 767–73.
22. Isaac Planas-Sitjà and Jean-Louis Deneubour, "The role of personality variation, plasticity and social facilitation in cockroach aggregation," *Biology Open* 7 (2018): doi: 10.1242 /bio.036582; Takao Tasaki et al., "Personality and the collective: Bold homing pigeons occupy higher leadership ranks in flocks," *Philosophical Transactions of the Royal Society B* 373 (2018): 20170038.
23. Stephan Keckers et al., "Hippocampal Activation During Transitive Inference in Humans," Hippocampus 14 (2004): 153–62; Logan Grosenick, Tricia S. Clement, and Russell D. Fernald, "Fish can infer social rank by observation alone," *Nature* 445 (2007): 427–32; Shannon L. White and Charles Gowan, "Brook trout use individual recognition and transitive inference to determine social rank," *Behavioral Ecology* 24 (2013): 63–69; Guillermo Paz-y-Mino et al., "Pinyon jays use transitive inference to predict social dominance," *Nature* 430 (2004), doi: 10.1038/nature02723.
24. Heckers et al., "Hippocampal activation during transitive inference in humans"; Grosenick, Clement, and Fernald, "Fish can infer social rank by observation alone"; Paz-y-Mino et al., "Pinyon jays use transitive inference to predict social dominance."
25. 美國疾病預防管制中心，"Mental Health Conditions: Depression and Anxiety," https://www.cdc.gov/tobacco/campaign/tips/diseases/depression-anxiety.html; Centers for Disease Control and Prevention, "Key Findings: U.S. Children with Diagnosed Anxiety and Depression," https://www.cdc.gov/childrensmentalhealth/features/anxiety-and-depression.html; 美國疾病預防管制中心，"Suicide Rising Across the US," https://www.cdc.gov/vitalsigns/suicide/index.html.

26. Interviews with Oliver Höner (Berlin), May 3, 2018, and October 4, 2018.
27. Interviews with Oliver Höner (Berlin), May 3, 2018, and October 4, 2018.
28. A. L. Antonevich and S. V. Naidenko, "Early intralitter aggression and its hormonal correlates," *Zhurnal Obshchei Biologii* 68 (2007): 307–17.
29. Aurelie Tanvez et al., "Does maternal social hierarchy affect yolk testosterone deposition in domesticated canaries?" *Animal Behaviour* 75 (2008): 929–34.
30. Tim Burton et al., "Egg hormones in a highly fecund vertebrate: Do they influence offspring social structure in competitive conditions?" *Oecologia* 160 (2009): 657–65.

第七章　群體的規則

1. 奧立佛．霍納（柏林）的訪談，二〇一八年五月三日及二〇一八年十月四日。
2. 密西根州立大學整合生物學系，生態學、演化、生物學及行為專案教授凱．霍爾坎普的訪談，二〇一八年五月一日。
3. Alain Jacob et al., "Male dominance linked to size and age, but not to 'good genes' in brown trout (*Salmo trutta*)," *BMC Evolutionary Biology* 7 (2007): 207; Advances in Genetics, "Dominance Hierarchy," 2011, Science-Direct Topics, https://www.sciencedirect.com/topics/agricultural-and-bi ological-sciences/dominance-hierarchy; Jae C. Choe and Bernard J. Crespi, *The Evolution of Social Behaviour in Insects and Arachnids* (Cambridge, UK: Cambridge University Press, 1997), 469.
4. Interviews with Oliver Höner (Berlin), May 3, 2018, and October 4, 2018.
5. Clutton-Brock, *Mammal Societies*, 473–74; Roberto Bonanni et al., "Age-graded dominance hierarchies and social tolerance in packs of free-ranging dogs," *Behavioral Ecology* 28 (2017): 1004–20; Simona Cafazzo et al., "Dominance in relation to age, sex, and competitive contexts in a group of free-ranging domestic dogs," *Behavioral Ecology* 21 (2010): 443–55; Jacob et al., "Male dominance linked to size and age"; Rebecca L. Holberton, Ralph Hanano, and Kenneth P. Able,"Age-related dominance in male dark-eyed juncos: Effects of plumage and prior residence," *Animal Behaviour* 40 (1990): 573–79; Stephanie J. Tyler,"The behaviour and social organization of the new forest ponies," *Animal Behaviour Monographs* 5 (1972): 87–196; Karen McComb, "Leadership in elephants: The adaptive value of age," *Proceedings of the Royal Society B: Biological Sciences* 278 (2011): 3270–76; Steeve D. Côté, "Dominance hierarchies in female mountain goats: Stability, aggressiveness and determinants of rank," *Behaviour* 137 (2000): 1541–66; T. H. Clutton-Brock et al., "Intrasexual competition and sexual selection in cooperative mammals," *Nature* 444 (2006): 1065–68; Steffen Foerster, "Chimpanzee females queue but males compete for social status," *Scientific Reports* 6 (2016): 35404; Amy Samuels and Tara Gifford, "A quantitative assessment of dominance relations among bottlenose dolphins," *Marine Mammal Science* 13 (1997):

70–99.

6. Janis L. Dickinson, "A test of the importance of direct and indirect fitness benefits for helping decisions in western bluebirds," *Behavioral Ecology* 15 (2004): 233–38; Bernard Stone-house and Christopher Perrins, *Evolutionary Ecology* (London: Palgrave, 1979), 146–47.
7. Interviews with Oliver Höner (Berlin), May 3, 2018, and October 4, 2018.
8. Tonya K. Frevert and Lisa Slattery Walker, "Physical Attractiveness and Social Status," *Social Psychology and Family* 8 (2014): 313–23; Richard O. Prum, *The Evolution of Beauty: How Darwin's Forgotten Theory of Mate Choice Shapes the Animal World—and Us* (New York: Doubleday, 2017), https://books.google.com/books?id=AinWDAAAQBAJ&q=a+taste+for+the+beautiful#v=snippet&q=a%20taste%20for%20the%20beautiful&f=false.
9. Marina Koren, "For Some Species, You Really Are What You Eat," Smithsonian.com, April 24, 2013, https://www.smithsonianmag.com/science-nature/for-some-species-you-really-are-what-you-eat-40747423; J. A. Amat et al., "Greater flamingos *Phoenicopterus roseus* use uropygial secretions as make-up," *Behavioral Ecology and Sociobiology* 65 (2011): 665–73.
10. Ken Kraaijeveld et al., "Mutual ornamentation, sexual selection, and social dominance in the black swan," *Behaviour Ecology* 15 (2004): 380–89.
11. John S. Price and Leon Sloman,"Depression as yielding behavior: An animal model based on SchjelderupEbbe's pecking order," *Ethology and Sociobiology* 8 (1987), 92S.
12. Interviews with Oliver Höner (Berlin), May 3, 2018, and October 4, 2018.
13. Charlotte K. Hemelrijk, Jan Wantia, and Karin Isler, "Female dominance over males in primates: Self-organisation and sexual dimorphism," *PLoS ONE* 3 (2008): e2678; Laura Casas et al., "Sex change in clownfish: Molecular insights from transcriptome analysis," *Scientific Reports* 6 (2016): 35461; J. F. Husak, A. K. Lappin, R. A. Van Den Bussche, "The fitness advantage of a high-performance weapon," *Biological Journal of the Linnean Society* 96 (2009): 840–45; Clutton-Brock, *Mammal Societies*; Julie Collet et al., "Sexual selection and the differential effect of polyandry," *Proceedings of the National Academy of Sciences* 109 (2012): 8641–45.
14. Casas et al., "Sex change in clownfish: Molecular insights from transcriptome analysis."
15. Cheney and Seyfarth, *How Monkeys See the World*, 37–38, 545; Barbara Tiddi, Filippo Aureli and Gabriele Schino,"Grooming up the hierarchy: The exchange of grooming and rank-related benefits in a new world primate," *PLoS ONE* 7 (2012): e36641; T. H. Friend and C. E. Polan, "Social rank, feeding behavior, and free stall utilization by dairy cattle," *Journal of Dairy Science* 57 (1974): 1214–20; Kelsey C. King et al., "High society: Behavioral patterns as a feedback loop to social structure in Plains bison (Bison bison bison)," *Mammal Research* (2019): 1–12, doi: 10.1007/s13364-019-00416-7;

Norman R. Harris et al., "Social associations and dominance of individuals in small herds of cattle," *Rangeland Ecology & Management* 60 (2007): 339–49.

16. Cody J. Dey,"Manipulating the appearance of a badge of status causes changes in true badge expression," *Proceedings of the Royal Society B: Biological Sciences* 281 (2014): 20132680.
17. Simon P. Lailvaux, Leeann T. Reaney, and Patricia R. Y. Backwell, "Dishonesty signalling of fighting ability and multiple performance traits in the fiddler crab *Uca mjoebergi*," *Functional Ecology* 23 (2009): 359–66.
18. 「骨頭上雕刻的人形」，目錄編號92-49-20/C921，哈佛大學皮博迪博物館。
19. Stephen Houston, *The Gift Passage: Young Men in Classic Maya Art and Text* (New Haven, CT: Yale University Press, 2018).
20. Mary Miller and Stephen Houston, "The Classic Maya ballgame and its architectural setting: A study of relations between text and image," *Anthropology and Aesthetics* 14 (1987): 46–65; Mary Ellen Miller, "The Ballgame," *Record of the Art Museum, Princeton University* 48 (1989): 22–31; "Maya: Ballgame," William P. Palmer III Collection, University of Maine Library, https://library.umaine.edu/hudson/palmer/Maya/ballgame.asp.
21. Stephen Houston, *The Gift Passage: Young Men in Classic Maya Art and Text* (New Haven, CT: Yale University Press, 2018), 67.
22. 奧立佛．霍納（柏林）的訪談，二〇一八年五月三日及二〇一八年十月四日。
23. David L. Mech and Luigi Boitani, *Wolves: Behavior, Ecology, and Conservation* (Chicago: University of Chicago Press, 2007), 93.
24. 奧立佛．霍納（柏林）的訪談，二〇一八年五月三日及二〇一八年十月四日。
25. Frans de Waal, *Our Inner Ape: A Leading Primatologist Explains Why We Are Who We Are* (New York: River-head Books, 2006), 59.
26. Federic Theunissen, Steve Glickman, and Suzanne Page, "The spotted hyena whoops, giggles and groans. What do the groans mean?" Acoustics.org, July 3, 2008, http://acoustics.org/pressroom/httpdocs/155th/theunissen.htm.
27. K. P. Maruska et al.,"Social descent with territory loss causes rapid behavioral, endocrine and transcriptional changes in the brain," *Journal of Experimental Biology* 216 (2013): 3656–66.
28. Joan Y. Chiao, "Neural basis of social status hierarchy across species," *Current Opinion* 20 (2010), doi: 10.1016/j.comb.2010.08.006; K. P. Maruska et al., "Social descent with territory loss causes rapid behavioral, endocrine and transcriptional changes in the brain."
29. Vivek Misra, "The social Brain network and autism," *Annals Neuroscience* 21 (2014): 69–73.
30. Attila Andics et al., "Voice-sensitive regions in the dog and human brain and revealed

by comparative fMRI," *Current Biology* 24 (2014): 574–78.
31. Karen Wynn, "Framing the Issues,""Infant Cartographers," and "Social Acumen: Its Role in Constructing Group Identity and Attitude" in Jeannete McAfee and Tony Attwood, eds., *Navigating the Social World* (Arlington, TX: Future Horizons, 2013), 8, 24–25, 323.
32. 同上。
33. R. O. Deaner, A. V. Khera, and M. L. Platt, "Monkeys pay per view: Adaptive valuation of social images by rhesus macaques," *Current Biology* 15 (2005): 543–48.
34. Blakemore, "Development of the social brain in adolescence."
35. Dustin Albert, Jason Chein, and Laurence Steinberg, "Peer influences on adolescent decision making," *Current Directions in Psychological Science* 22 (2013): 114–20.
36. Joan Y. Chiao, "Neural basis of social status hierarchy across species," *Current Opinion* 20 (2010), doi: 10.1016/j.comb.2010.08.006; Maruska et al., "Social descent with territory loss causes rapid behavioral, endocrine and transcriptional changes in the brain."
37. Blakemore,"Development of the social brain in adolescence."
38. Jon K. Maner, "Dominance and prestige: A tale of two hierarchies," *Current Directions in Psychological Science* (2017): doi: 10.1177/0963721417714323; Joey T. Cheng et al., "Two ways to the top: Evidence that dominance and prestige are distinct yet viable avenues to social rank and influence," *Journal of Personality and Social Psychology* 104 (2013): 103–25.
39. Lisa J. Crockett, "Developmental Paths in Adolescence: Commentary," in Lisa Crockett and Ann C. Crouter, eds., *Pathways Throughout Adolescence: Individual Development in Relation to Social Contexts*, Penn State Series on Child and Adolescent Development (London: Psychology Press, 1995), 82.

第八章　享有特權的生物

1. 密西根州立大學整合生物學系，生態學、演化、生物學及行為專案教授凱·霍爾坎普的訪談，二〇一八年五月一日。
2. Kay E. Holekamp and Laura Smale, "Dominance Acquisition During Mammalian Social Development: The 'Inheritance' of Maternal Rank," *Integrative and Comparative Biology* 31 (1991): 306–17.
3. T. H. Clutton-Brock, S. D. Albon, and F. E. Guinness, "Maternal dominance, breeding success and birth sex ratios in red deer," Nature 308 (1984): 358–60; Nobuyuki Kutsukake, "Matrilineal rank inheritance varies with absolute rank in Japanese macaques," *Primates* 41 (2000): 321–35.
4. Hal Whitehead, "The behaviour of mature male sperm whales on the Galapagos Islands

breeding grounds," *Canadian Journal of Zoology* 71 (1993): 689–99; Clutton-Brock, Albon, and Guinness, "Maternal dominance, breeding success and birth sex ratios in red deer"; G. B. Meese and R. Ewbank, "The establishment and nature of the dominance hierarchy in the domesticated pig," *Animal Behaviour* 21 (1973): 326–34; Douglas B. Meikle et al., "Maternal dominance rank and secondary sex ratio in domestic swine," *Animal Behaviour* 46 (1993): 79–85; M. McFarland Symington, "Sex ratio and maternal rank in wild spider monkeys: When daughters disperse," *Behavioral Ecology and Sociobiology* 20 (1987): 421–25.

5. Kenneth J. Arrow and Simon A. Levin, "Intergenerational resource transfers with random offspring numbers," *PNAS* 106 (2009): 13702–6; Shifra Z. Goldenberg, Ian Douglas-Hamilton, and George Wittemyer, "Vertical Transmission of Social Roles Drives Resilience to Poaching in Elephant Networks," *Current Biology* 26 (2016): 75–79; Amiyaal Ilany and Erol Akcay, "Social inheritance can explain the structure of animal social networks," *Nature Communications* 7 (2016), https://www.nature.com/articles/ncomms12084.
6. Robert Moss, Peter Rothery, and Ian B. Trenholm,"The inheritance of social dominane rank in red grouse (*Lagopus Lagopush scoticus*)," Aggressive Behavior 11 (1985): 253–59.
7. A. Catherine Markham et al., "Maternal rank influences the outcome of aggressive interactions between immature chimpanzees," *Animal Behaviour* 100 (2015): 192–8.
8. 凱．霍爾坎普博士的訪談，二〇一八年五月一日。
9. 同上。
10. Lee Alan Dugatkin and Ryan L. Earley, "Individual recognition, dominance hierarchies and winner and loser effects," *Proceedings of the Royal Society B: Biological Sciences* 271 (2004): 1537–40; Lee Alan Dugatkin, "Winner and loser effects and the structure of dominance hierarchies," *Behavioral Ecology* 8 (1997): 583–87.
11. Tim Clutton-Brock, *Mammal Societies* (Hoboken, NJ: Wiley-Blackwell, 2016), 263.
12. Katrin Hohwieler, Frank Rossell, and Martin Mayer, "Scent-marking behavior by subordinate Eurasian beavers," *Ethology* 124 (2018): 591–99; Ruairidh D. Campbell et al., "Territory and group size in Eurasian beavers (Castor fiber): Echoes of settlement and reproduction?" *Behavioral Ecology* 58 (2005): 597–607.
13. Charles Brandt, "Mate choice and reproductive success of pikas," Animal Behaviour 37 (1989): 118–32; Clutton-Brock, *Mammal Societies*; Philip J. Baker, "Potential fitness benefits of group living in the red fox, Vulpes vulpes," *Animal Behaviour* 56 (1998): 1411–24; Glen E. Woolfenden and John W. Fitzpatrick, "The inheritance of territory in group-breeding birds," *BioScience* 28 (1978): 104–8.
14. Karen Price and Stan Boutin, "Territorial bequeathal by red squirrel mothers," *Behavioral Ecology* 4 (1992): 144–50.
15. L. Stanley, A. Aktipis, and C. Maley, "Cancer initiation and progression within the

cancer microenvironment," *Clininal & Experimental Metastasis* 35 (2018): 361–67; Athena Aktipis, "Principles of cooperation across systems: From human sharing to multicellularity and cancer," *Evolutionary Applications* 9 (2016): 17–36.

16. Oliver P. Höner et al., "The effect of prey abundance and foraging tactics on the population dynamics of a social, territorial carnivore, the spotted hyena," *OIKOS* 108 (2005): 544–54；奧立佛·霍納（柏林）的訪談，二〇一八年五月三日及二〇一八年十月四日；Bettina Wachter, et al., "Low aggression levels and unbiased sex ratios in a prey-rich environment: No evidence of siblicide in Ngorongoro spotted hyenas (*Crocuta crocuta*)," *Behavioral Ecology and Sociobiology* 52 (2002): 348–56.
17. Clutton-Brock, *Mammal Societies*, 470.
18. Norbert Sachser, Michael B. Hennessy, and Sylvia Kaiser,"Adaptive modulation of behavioural profiles by social stress during early phases of life and adolescence," *Neuroscience & Biobehavioral Reviews* 35 (2011): 1518–33; A. Thornton and J. Samson, "Innovative problem solving in wild meerkats," *Animal Behaviour* 83 (2012): 1459–68.

第九章　社會地位下降的痛苦

1. Edward D. Freis, "Mental Depression in Hypertensive Patients Treated for Long Periods with Large Doses of Reserpine," *New England Journal of Medicine* 251 (1954): 1006–8.
2. D. A. Slattery, A. L. Hudson, D. J. Nutt, "The evolution of antidepressant mechanisms," *Fundamental and Clinical Pharmacology* 18 (2004): 1–21.
3. James M. Ferguson, "SSRI antidepressant medications: Adverse effects and tolerability," *Primary Care Companion to the Journal of Clinical Psychiatry* 3 (2001): 22–27.
4. Nathalie Paille and Luc Bourassa, "American Lobster," St. Lawrence Global Observatory, https://catalogue.ogsl.ca/dataset/46a463f8-8d55-4e38-be34-46f12d5c2b33/resource/c281bcd4-2bde-4f3e-adbe-dd3ee01fb372/download/american-lobster-slgo.pdf; J. Emmett Duffy and Martin Thiel, *Evolutionary Ecology and Social and Sexual Systems: Crustaceans as Model Organisms* (Oxford, UK: Oxford University Press, 2007), 106–7; Francesca Gherardi, "Visual recognition of conspecifics in the American lobster, *Homarus americanus*," *Animal Behaviour* 80 (2010): 713–19; D. H. Edwards and E. A. Kravitz, "Serotonin, social status and aggression," *Current Opinion in Neurobiology* 7 (1997): 812–19; Robert Huber et al., "Sero- tonin and aggressive motivation in crustaceans: Altering the decision to retreat," *Proceedings of the National Academy of Sciences* 94 (1997): 5939–42.
5. J. Duffy and Thiel, *Evolutionary Ecology and Social and Sexual Systems*, 106–7.
6. S. R. Yeh, R. A. Fricke, and D. H. Edwards, "The effect of social experience on serotonergic modulation of the escape circuit of crayfish," *Science* 271 (1996): 366–69.
7. Thorleif Schjelderup-Ebbe, "Social behavior of birds," in C. Murchison, ed., *Handbook*

of Social Psychology (Worcester, MA: Clark University Press, 1935), 955, 966.
8. John S. Price and Leon Sloman, "Depression as yielding behavior: An animal model based on Schjelderup- Ebbe' s pecking order," *Ethology and Sociobiology* 8 (1987): 85–98.
9. John S. Price et al., "Territory, Rank and Mental Health: The History of an Idea," *Evolutionary Psychology* 5(2007):531–54.
10. Christopher Bergland, "The neurochemicals of happiness," *Psychology Today*, November 29, 2012, https://www.psychology today.com/us/blog/the-athletes-way/201211/the-neurochemicals-happiness.
11. Cliff H. Summers and Svante Winberg, "Interactions between the neural regulation of stress and aggression," *Journal of Experimental Biology* 209 (2006): 4581–89; Olivier Lepage et al., "Serotonin, but not melatonin, plays a role in shaping dominant-subordinate relationships and aggression in rainbow trout," *Hor mones and Behavior* 48 (2005): 233–42; Earl T. Larson and Cliff H. Summers, "Serotonin reverses dominant social status," *Behavioural Brain Research* 121 (2001): 95–102; Huber et al., "Serotonin and aggressive motivation in crustaceans"; Yeh, Fricke, and Edwards, "The effect of social experience on serotonergic modulation of the escape circuit of crayfish"; Varenka Lorenzi et al., "Serotonin, social status and sex change in bluebanded goby Lythrypnus dalli," *Physiology and Behavior* 97 (2009): 476–83.
12. Leah H. Somerville, "The teenage brain: Sensitivity to social evaluation," *Current Directions in Psychological Science* 22 (2013): 121–27.
13. Naomi I. Eisenberger et al., "Does Rejection Hurt? An fMRI Study of Social Exclusion," *Science* 302 (2003): 290–92; Naomi I. Eisenberger, "The neural bases of social pain: Evidence for shared representations with physical pain," *Psychosomatic Medicine* 74 (2012): 126–35.
14. Naomi I. Eisenberger and Matthew D. Lieberman, "Why It Hurts to be Left Out: The Neurocognitive Overlap Between Physical and Social Pain" (2004), http://www.scn.ucla.edu/pdf/Sydney(2004).pdf; Naomi I. Eisenberger, "Why Rejection Hurts: What Social Neuroscience Has Revealed About the Brain' s Response to Social Rejection," in Greg J. Norman, John T. Cacioppo, and Gary G. Berntson, eds., *The Oxford Handbook of Social Neuroscience* (Oxford, UK: Oxford University Press, 2001), https://sanlab.psych.ucla.edu/wp-content/uploads/sites/31/2015/05/39-Decety-39.pdf.
15. Centers for Disease Control and Prevention, "Teen Substance Use and Risks," https://www.cdc.gov/features/teen-substance-use/index.html.
16. Eisenberger, "The neural bases of social pain"; C. N. Dewall et al., "Acetaminophen reduces social pain: Behavioral and neural evidence," *Psychological Science* 21 (2010): 931–37.
17. 奧立佛·霍納（柏林）的訪談，二〇一八年五月三日及二〇一八年十月四日。

18. Clutton-Brock, *Mammal Societies*, 104, 269, 272.
19. V. Klove et al., "The winner and loser effect, serotonin transporter genotype, and the display of offensive aggression," *Physiology & Behavior* 103 (2001): 565–74. Stephan R. Lehner, Claudia Rutte, and Michael Taborsky, "Rats benefit from winner and loser effects," *Ethology* 117 (2011): 949–60.
20. Rachel L. Rutishauser et al., "Long-term conse- quences of agonistic interactions between socially naïve juvenile American lobsters (*Homarus americanus*)," *Biological Bulletin* 207 (December 2004): 183–87.
21. Stephanie Dowd, "What Are the Signs of Depression?" Child Mind Institute, https://childmind.org/ask-an-expert-qa/im-16-and-im-feeling-like-there-is-something-wrong-with-me-i-may-be-depressed-but-im-not-sure-please-help/.
22. American Psychiatric Association, "What Is Depression?" https://www.psychiatry.org/patients-families/depression/what-is-depression; Julio C. Tolentino and Sergio L. Schmidt,"DSM-5 criteria and depression severity: Implications for clinical practice," *Front Psychiatry* 9 (2018): 450.
23. Thorleif Schjelderup-Ebbe, "Social behav- ior of birds," in Murchison, ed., *Handbook of Social Psychology*, 955.
24. Rui F. Oliveira and Vitor C. Almada, "On the (in)stability of dominance hierar- chies in the cichlid fish Oreochromis mossambicus," *Aggressive Behavior* 22 (1996): 37–45; E. J. Anderson, R. B. Weladji, and P. Paré, "Changes in the dominance hierarchy of captive female Japanese macaques as a con- sequence of merging two previously established groups," *Zoo Biology* 35 (2016): 505–12.
25. 陶德·舒瑞（Todd Shury）在二〇一四年八月二十日的訪談，他是加拿大公園局生態系統辦公室的科學長，也是野生動物健康專家、薩斯克其萬大學獸醫病理學系的兼任教授。
26. Vanja Putarek and Gordana Kerestes, "Self-perceived popularity in early adolescence," *Journal of Social and Per sonal Relationships* 33 (2016): 257–74.
27. Riittakerttu Kaltiala-Heino and Sari Jrodj, "Correlation between bullying and clinical depression in adolescent patients," *Adolescent Health, Medicine and Therapeutics* 2 (2011): 37–44.
28. P. Due et al., "Bullying and symptoms among school-aged children: International comparative cross sectional study in 28 countries," *European Journal of Public Health* 15 (2005): 128–32.
29. NIH Eunice Kennedy Shriver National Institute of Child Health and Human Development, "Bullying," https://www.nichd.nih.gov/health/topics/bullying.
30. Hogan Sherrow, "The Origins of Bullying," *Scientific American Guest Blog*, December 15, 2011, https://blogs.scientific american.com/guest-blog/the-origins-of-bullying/.
31. YouthTruth Student Survey, "Bullying Today," https://youthtruthsurvey.org/bullying-

today/.
32. Alan Bullock and Stephen Trombley, “Othering,” in *The New Fontana Dictionary of Modern Thought*, Third Edition (New York: HarperCollins, 2000), 620.
33. United States Holocaust Memorial Museum, “Defining the Enemy,” https://encyclopedia.ushmm.org/content/en/article/defining-the-enemy; “Rwanda Jails Man Who Preached Genocide of Tutsi‘Cockroaches,’ ” BBC News, April 15, 2016, https://www.bbc.com/news/world-africa-36057575.
34. 羅賓·佛斯特二〇一二年八月四日的演說。
35. 詹姆斯·何的訪談，二〇一九年二月二十五日。
36. C. J. Bar- nard and N. Luo, “Acquisition of dominance status affects maze learning in mice,” *Behavioural Processes* 60 (2002): 53–59.
37. Christine M. Drea and Kim Wallen, “Low-status monkeys ‘play dumb’ when learning in mixed social groups,” *Proceedings of the National Academy of Sciences* 96 (1999): 12965–69.

第十章　結盟的力量

1. Jaana Juvonen, “Bullying in the Pig Pen and on the Playground,” Zoobiquity Conference, September 29, 2012, https://www.youtube.com/watch?v=tD8ajvbwKSQ.
2. 奧立佛·霍納（柏林）的訪談，二〇一八年五月三日及二〇一八年十月四日。
3. Karl Groos, *The Play of Animals* (New York: D. Appleton and Company, 1898), 75, https://archive.org/details/playofanimals00groouoft/page/ii.
4. Clutton-Brock, *Mammal Societies*, 202.
5. Gordon M. Burghardt, *The Genesis of Animal Play: Testing the Limits* (Cambridge, MA: A Bradford Book/The MIT Press, 2006), 101.
6. Christophe Guinet, “Intentional stranding apprenticeship and social play in killer whales (*Orcinus orca*),” *Canadian Journal of Zoology* 69 (1991): 2712–16.
7. Patricia Edmonds, “For Amorous Bald Eagles, a ‘Death Spiral’ Is a Hot Time,” *National Geographic*, July 2016, https://www.nationalgeographic.com/magazine/2016/07/basic-instincts-bald-eagle-mating-dance/.
8. Burghardt, *The Genesis of Animal Play*, 220; Duncan W. Watson and David B. Croft, “Playfighting in Captive Red-Necked Wallabies, Macropus rufogriseus banksianus,” *Behaviour* 126 (1993): 219–45.
9. Judith Goodenough and Betty McGuire, *Perspectives on Animal Behavior* (Hoboken, NJ: Wiley, 2009).
10. Interview with Joe Hamilton and Matt Ross, September 1, 2017.
11. Gordon M. Burghardt, *The Genesis of Animal Play: Testing the Limits* (Cambridge, MA:

A Bradford Book/The MIT Press, 2006).
12. Helena Cole and Mark D. Griffiths, "Social Interactions in Massively Multi- player Online Role-Playing Gamers," *CyberPsychology and Behavior* 10 (2007), doi: 10/1089/cpb.2007.9988; Eshrat Zamani, "Comparing the social skills of students addicted to computer games with normal students," *Addiction and Health* 2 (2010): 59–65.
13. Elisabeth Lloyd, David Sloan Wilson, and Elliott Sober, "Evolutionary mismatch and what to do about it: A basic tutorial," *Evolutionary Applications* (2011): 2–4.
14. Bill Finley, "Horse Therapy for the Troubled," *New York Times*, March 9, 2008, https://www.nytimes.com/2008/03/09/nyregion/nyregionspecial2/09horse nj.html.
15. Hand2Paw創辦人瑞秋．寇恩（Rachel Cohen）的訪談，二〇一七年五月五日。
16. Tara Westover, *Educated: A Memoir* (New York: Random House, 2018).
17. Tara Westover, "Bio," https://tarawestover.com/bio.
18. Louise Carpenter, "Tara Westover: The Mormon Who Didn't Go to School (but Now Has a Cambridge PhD)," *Times of London*, February 10, 2018, https:// www.thetimes.co.uk/article/tara-westover-the-mormon-who-didnt-go-to-school-but-now-has-a-cambridge-phd-pxwgtz7pv.
19. El-Hai, "The Chicken-Hearted Origins of the 'Pecking Order'—The Crux."

第三部 性

阿鹽的故事轉述自麻州普羅溫斯敦海岸研究中心（Center for Coastal Studies, Provincetown, Massachusetts）的科學家，他們自一九七〇年代中期就開始追蹤牠行蹤。

第十一章　動物的愛情

1. New York State Department of Environmental Conservation, "Watchable Wildlife: Bald Eagle," https://www.dec.ny.gov/animals/63144.html; Patricia Edmonds, "For Amorous Bald Eagles, a 'Death Spiral' Is a Hot Time," *National Geographic*, July 2016, https://www.nationalgeographic.com/magazine/2016/07/basic-instincts-bald-eagle-mating-dance/.
2. Nicola Markus, "Behaviour of the Black Flying Fox Pteropus alecto: 2. Territoriality and Courtship," *Acta Chiropter ologica* 4 (2002): 153–66.
3. Leslie A. Dyal, "Novel Courtship Behaviors in Three Small Easter Plethodon Species," *Journal of Herpetology* 40 (2006): 55–65.
4. 麥可．克里克摩爾博士及德拉岡娜．羅古莉亞博士的訪談，二〇一八年十二月六日。
5. Danielle Simmons, "Behavioral Genomics," *Nature Education* 1 (2008): 54.
6. 奈特森－赫洛維茲及鮑爾斯，〈無尾熊與淋病〉，《共病時代》，頁249–71。

7. Anna Bitong, "Mamihlapinatapai: A Lost Language’ s Untranslatable Legacy," BBC Travel, April 3, 2018, http://www.bbc.com/travel/story/20180402-mamihlapinatapai-a-lost-languages-untranslatable-legacy; Thomas Bridge, "Yaghan Dictionary: Language of the Yamana People of Tierra del Fuego," 1865, https://patlibros.org/yam/ey.php, 182a.
8. H. E. Winn and L. K. Winn, "The song of the humpback whale *Megaptera novaeangliae* in the West Indies," *Marine Biology* 47 (1978): 97–114.
9. Louis M. Herman et al., "Humpback whale song: Who sings?" *Behavioral Ecology and Sociobiology* 67 (2013): 1653–63; L. M. Herman, "The multiple functions of male song within the humpback whale (*Megaptera novaeangliae*) mating system: Review, evaluation and synthesis," *Biological Reviews of the Cambridge Philosophical Society* 92 (2017): 1795–1818.
10. Mirjam Knornschild et al., "Complex vocal imitation during ontogeny in a bat," *Biology Letter* 6 (2010): 156–59; Yosef Prat, Mor Taub, and Yossi Yovel, "Vocal learning in a social mammal: Demonstrated by isolation and playback experiments in bats," *Science Advances* 1 (2015): e1500019.
11. Todd M. Freeberg, "Social trans- mission of courtship behavior and mating preferences in brown-headed cowbirds, Molothrus ater," *Animal Learning and Behavior* 32 (2004): 122–30; Haruka Wada, "The development of birdsong," *Nature Education Knowledge* 3 (2010): 86.
12. T. L. Rogers, "Age-related differences in the acoustic characteristics of male leopard seals, Hydrurga leptonyx," *Journal of the Acoustical Society of America* 122 (2007): 596–605; Voice of the Sea, "The Leopard Seal," http://cetus.ucsd.edu/voicesinthesea_org/species/pinnipeds/leopardSeal.html.
13. Jennifer Minnick, "Bioacoustics: Listening to the Animals," Zoological Society of San Diego, Institutional Interviews, June 2009, http://archive.sciencewatch.com/inter/ins/pdf/09junZooSanDgo.pdf.
14. Jay Withgott, "The Secret to Seducing a Canary," *Science Magazine*, November 7, 2001, https://www.sciencemag.org/news/2001/11/secret-seducing-canary.
15. C. Scott Baker and Louis M. Herman, "Aggressive behavior between humpback whales (*Megaptera novaeangliae*) wintering in Hawaiian waters," *Canadian Journal of Zoology* 62 (1984): 1922–37.
16. L. M. Herman, "The multiple functions of male song within the humpback whale (*Megaptera novaeangliae*) mating system: Review, evaluation and synthesis," *Biological Reviews of the Cambridge Philosophical Society* 92 (2017): 1795–818; Adam A. Pack et al., "Penis extrusions by humpback whales (*Megaptera novaeangliae*)," *Aquatic Mammals* 28.2 (2002): 131–46; James D. Darling and Martine Berube, "Inter- actions of singing humpback whales with other males," *Marine Mammal Science* 17 (2001): 570–84;

Phillip J. Clapham and Charles A. Mayo, "Reproduction and recruitment of individually identified humpback whales, *Megaptera novaeangliae*, observed in Massachusetts Bay, 1979–1985," *Canadian Journal of Zoology* 65 (1987): 2853–963.

第十二章　慾望與限制

1. 迪士尼音樂VEVO "The Lion King—Can You Feel the Love Tonight," YouTube, https://www.youtube.com/watch?v=25QyCxVkXwQ.
2. Brett Mills, "The animals went in two by two: Heteronormativity in television wildlife documentaries," *European Journal of Cultural Studies* 16 (2013): 100–114.
3. Colorado State University, Equine Reproduction Laboratory, "SEE THE LIGHT—Advancing the Breeding Season for Early Foals—Press Release," http://csu-cvmbs.colostate.edu/Documents/case-advancing-breeding-season.pdf.
4. M. N. Bester, "Reproduction in the male sub-Antarctic fur seal *Arctocephalus tropicalis*," *Journal of Zoology* (1990): 177–85.
5. Clutton-Brock, *Mammal Societies*, 268.
6. P. Hradecky, "Possible pheromonal regulation of reproduction in wild carnivores," *Journal of Chemical Ecology* 11 (1985): 241–50.
7. P. R. Marty et al., "Endocrinological correlates of male bimaturism in wild bornean orangutans," *American Journal of Primatology* 77 (November 2015) (11): 1170–78, doi: 10.1002/ajp.22453. Epub2015 Jul 31.
8. National Oceanic and Atmospheric Administration/NOAA Fisheries, "Sperm Whale," https://www.fisheries.noaa.gov/species/sperm-whale.
9. H. B. Rasmussen et al., "Age- and tactic-related paternity success in male African elephants," *Behavioral Ecology* 19 (2008): 9–15; J. C. Beehner and A. Lu, "Reproductive suppression in female primates: a review," *Evolutionary Anthropology* 22 (2013): 226–38.
10. Barbara Taborsky, "The influence of juvenile and adult environments on life-history trajectories," *Proceedings of the Royal Society B: Biological Sciences* 273 (2006): 741–50.
11. Jimmy D. Neill, "Volume 2," *Knobil and Neill's Physiology of Reproduction*, 3rd Edition (Cambridge, MA: Academic Press, 2005), 1957; A. Zedrosser et al., "The effects of primiparity on reproductive performance in the brown bear," *Oecologia* 160 (2009): 847–54; Andrew　M. Robbins et al., "Age-related patterns of reproductive success among female mountain gorillas," *American Journal of Physical Anthropology* 131 (2006): 511–21; G. Schino and A. Troisi, "Neonatal abandonment in Japanese macaques," *American Journal of Physical Anthropology* 126 (2005): 447–52.
12. Stanton et al., "Maternal Behavior by Bird Order in Wild Chimpanzees (Pan troglodytes): Increased Investment by First-Time Mothers."

13. 同上。
14. Margaret A. Stanton et al., "Maternal behavior by bird order in wild chimpanzees (Pan troglodytes): Increased investment by first-time mothers," *Current Anthropology* 55 (2014): 483–89; K. L. Kramer and J. B. Lancaster, "Teen motherhood in cross-cultural perspective," *Annals of Human Biology* 37 (2010): 613–28.
15. World Health Organization, "Adolescent Pregnancy Fact Sheet," https://www.who.int/news-room/fact-sheets/detail/adolescent-pregnancy/.
16. Steven J. Portugal et al., "Perch height predicts dominance rank in birds," *IBIS* 159 (2017): 456–62.
17. Katherine A. Houpt, *Domestic Animal Behavior for Veterinarians and Animal Scientists*, 5th edition (Hobo- ken, NJ: Wiley-Blackwell, 2010), 114–15.
18. R. L. T. Lee, "A systematic review on identifying risk factors associated with early sexual debut and coerced sex among adolescents and young people in communities," *Journal of Clinical Nursing* 27 (2018): 478–501.
19. Gilda Sedgh et al., "Adolescent pregnancy, birth, and abortion rates across countries: Levels and recent trends," *Journal of Adolescent Health* 56 (2015): 223–30; Centers for Disease Control and Prevention, "Reproductive Health: Teen Pregnancy," https://www.cdc.gov/teenpregnancy/about/index.htm.
20. Richard Weissbourd et al., "The Talk: How Adults Can Promote Young People' s Healthy Relationships and Pre- vent Misogyny and Sexual Harassment," Making Caring Common Project, Harvard Graduate School of Education, 2017, https://mcc.gse.harvard.edu/reports/the-talk.
21. 拜訪懷爾德茲，及芭芭拉．沃爾夫博士的訪談，二〇一四年六月二十六日。
22. Gerard L. Hawkins, Geoffrey E. Hill, and Austin Mercadante, "Delayed plumage maturation and delayed reproductive investment in birds," *Biological Reviews* 87 (2012): 257–74; "The Crazy Courtship of Bowerbirds," BBC Earth, November 20, 2014, http://www.bbc.com/earth/story/20141119-the-barmy-courtship-of-bowerbirds.
23. Hawkins, Hill, and Mercadante, "Delayed plumage maturation and delayed reproductive investment in birds."
24. Jennifer S. Hirsch and Holly Wardlow, *Modern Loves: The Anthropology of Romantic Courtship and Companionate Marriage* (Ann Arbor: University of Michigan Press, 2006).
25. Oglala Sioux blanket strip, Catalog 985-27-10/59507, Peabody Museum, Harvard University.
26. Peabody Museum of Archaeology & Ethology at Harvard University, "Love Blooms Among the Lakota," *Inside the Peabody Museum*, February 2012, https://www.peabody.harvard.edu/node/762.
27. Cyndy Etler, "Young People Can Tell You the Kind of Sex Ed They Really Need," CNN

Opinion, October 31, 2018, https:// www.cnn.com/2018/10/31/opinions/sex-assault-controversies-prove-we-need-better-sex-ed-etler/index.html.
28. 哈佛大學心理學家理查·魏斯保德博士的訪談，二〇一八年二月十四日；Weissbourd et al., "The Talk."
29. American Library Association, "Infographics," Banned and Challenged Books, http://www.ala.org/advocacy/bbooks/frequentlychallengedbooks/statistics.
30. American Library Association, "About ALA," http://www.ala.org/aboutala/.
31. American Library Association, "Infographics."
32. Andrew Whiten and Erica van de Waal, "The pervasive role of social learning in primate lifetime development," *Behavioral Ecology and Sociobiology* 72 (2018): 80.
33. C. V. Smith and M. J. Shaffer, "Gone but not forgotten: Virginity loss and current sexual satisfaction," *Journal of Sex & Marital Therapy* 39 (2013): 96–111.
34. 米雅-拉娜·呂爾斯博士的訪談，二〇一七年十月十六日。
35. Clare E. Hawkins et al., "Transient masculinization in the fossa, Cryptoprocta ferox (*Carnivora, Viverridae*)," *Biology of Reproduction* 66, no. 3 (March 1, 2002): 610–15.
36. Andrew Solomon, *Far from the Tree: Parents, Children, and the Search for Identity* (New York: Scribner, 2012).

第十三章　第一次

1. Jen Fields, "The Wilds Celebrates Births of Three At-Risk Species," Columbus Zoo and Aquarium Press Release, March 27, 2018, https://www.columbuszoo.org/home/about/press-releases/press-release-articles/2018/03/27/the-wilds-celebrates-births-of-three-at-risk-species; Association of Zoos and Aquariums, "Species Survival Plan Programs," https://www.aza.org/species-survival-plan-programs.
2. Houpt, *Domestic Animal Behavior for Veterinarians and Animal Scientists*.
3. Conscious Breath Adventures, "About Humpback Whales: Rowdy Groups," https://consciousbreathadventures .com/rowdy-groups/.
4. Tony Wu, "Humpback Whales in Tonga 2014, Part 3," http://www.tonywublog.com/journal/humpback-whales-in-tonga-2014-part-3.
5. Matt Walker, "Epic Hump- back Whale Battle Filmed," BBC Earth News, October 23, 2009, http://news.bbc.co.uk/earth/hi/earth_news/newsid_8318000/8318182.stm.
6. "Photographer First to Capture Humpbacks' Magic Moment," *NZ Herald*, June 22, 2012, https://www.nzher ald.co.nz/nz/news/article.cfm?c_id=1&objectid=10814498; Malcolm Hol- land, "The Tender Mating Ritual of the Humpback Whale Captured on Camera for the First Time," *Daily Telegraph*, June 20, 2012, https://www.dailytelegraph.com.au/news/nsw/the-tender-mating-ritual-of-the-hump back-whale-captured-ion-camera-for-the-first-time/news-story/175c c74142e7b85fbac49150fcf2035f ?sv=f9df3

726babb600fd5d3a784a82d6160.

7. Shannon L. Farrell and David A. Andow, “Highly variable male courtship behavioral sequence in a crambid moth,” *Journal of Ethology* 35 (2017): 221–36; Panagiotis G. Milonas, Shannon L. Farrell, and David A. Andow, “Experienced males have higher mating success than virgin males despite fitness costs to females,” *Behavioral Ecology Sociobiology* 65 (2011): 1249–56.
8. 芭芭拉．奈特森赫洛維茲及凱瑟琳．鮑爾斯，〈性高潮〉，《共病時代》（紐約：Vintage，二〇一三），頁70–110。
9. 哈佛大學心理學家理查．魏斯保德博士的訪談，二〇一八年二月十四日。
10. Judith Goodenough and Betty McGuire, *Perspectives on Animal Behavior* (Hoboken, NJ: Wiley, 2009), 371; Brandon J. Aragona et al., “Nucleus accumbens dopamine differentially mediates the formation and maintenance of monogamous pair bonds,” *Nature Neuro science* 9 (2006): 133–39.
11. Benjamin J. Ragen et al., “Differences in titi monkey (*Callicebus cupreus*) social bonds affect arousal, affiliation, and response to reward,” *American Journal of Primatology* 74 (2012): 758–69.
12. Nathan J. Emergy et al., “Cognitive adaptations of social bonding in birds,” *Philosophical Transactions of the Royal Society of London Biological Sciences* 362 (2007): 489–505; William J. Mader, “Ecology and breeding habits of the Savanna hawk in the Llanos of Venezuela,” *Condor: Ornithological Applications* 84 (1982): 261–71.
13. Judith Goodenough and Betty McGuire, *Perspectives on Animal Behavior* (Hoboken, NJ: Wiley, 2009), 371–72.

第十四章　要脅與同意

1. 麥可．克里克摩爾博士及德拉岡娜．羅古莉亞博士的訪談，二〇一八年十二月六日；Stephen X. Zhang, Dragana Rogulja, and Michael A. Crickmore, “Dopaminergic Circuitry Underlying Mating Drive,” *Neuron* 91 (2016): 168–81; ScienceDaily, “Neurobiology of Fruit Fly Courtship May Shed Light on Human Motivation,” *Science News*, July 13, 2018, https://www.sciencedaily.com/releases/2018/07/180713220147.htm.
2. Oliver Sacks, *Awakenings* (1973; rev. ed. New York: Vintage, 1999) (Kindle version, location 1727–1825).
3. 麥可．克里克摩爾博士及德拉岡娜．羅古莉亞博士的訪談，二〇一八年十二月六日。
4. William J. L. Sladen and David G. Ainley, “Dr. George Murray Levick (1876–1956): Unpublished notes on the sexual habits of the Adelie penguin,” *Polar Record* (2012), doi: 10.1017/S0032247412000216.

5. Denis Reale, Patrick Bousses, and Jean-Louis Chapuis, "Female-biased mortality induced by male sexual harassment in a feral sheep population," *Canadian Journal of Zoology* 74 (1996): 1812–18; David A. Wells et al., "Male brush-turkeys attempt sexual coercion in unusual circumstances," *Behavioural Processes* 106 (2014): 180–86; P. J. Nico de Bruyn, Cheryl A. Tosh, and Marthan N. Bester, "Sexual harassment of a king penguin by an Antarctic fur seal," *Journal of Ethology* 26 (2008): 295–97; Silu Wang, Molly Cummings, and Mark Kirkpatrick, "Coevolution of male courtship and sexual conflict characters in mosquitofish," *Behavioral Ecology* 26 (2015): 1013–20; Silvia Cattelan et al., "The effect of sperm production and mate availability on patterns of alternative mating tactics in the guppy," *Animal Behaviour* 112 (2016): 105–10; Heather S. Harris et al., "Lesions and behavior associated with forced copulation of juvenile Pacific harbor seals (*Phoca vitulina richardsi*) by southern sea otters (*Enhydra lutris nereis*)," *Aquatic Mammals* 36 (2010): 331–41.
6. Camila Rudge Ferrara et al., "The role of receptivity in the courtship behavior of Podocnemis erythrocephala in captivity," *Acta Ethologica* 12 (2009): 121–25.
7. Yasuhisa Henmi, Tsunenori Koga, and Minoru Murai, "Mating behavior of the San Bubbler Crab Scopimera globosak," *Journal of Crustacean Biology* 13 (1993): 736–44; Paul Verrell, "The Sexual Behaviour of the Red-Spotted Newt, Notophthalmus Viridescens (Amphibia : Urodela : Salamandridae)," *Animal Behaviour* 30 (1982): 1224–36.
8. T. H. Clutton-Brock and G. A. Parker, "Sexual coercion in animal societies," *Ani mal Behavior* 49 (1995): 1345–65.
9. Barcoft TV, "Scientists Capture Unique Footage of Seals Attempting to Mate with Penguins," YouTube, November 18, 2014, https://www.youtube.com/watch?v=ABM8RTVYaVw&t=3s; Harris et al., "Lesions and behavior associated with forced copulation of juvenile Pacific harbor seals (*Phoca vitulina richardsi*) by southern sea otters (*Enhydra lutris nereis*)."
10. Martin L. Lalumière, et al., "Forced Copulation in the Animal Kingdom," in *The Causes of Rape: Understanding Individual Differences in Male Propensity for Sexual Aggression* (Washington, DC: American Psychological Association, 2005), 32.
11. 同上。
12. Mariana Freitas Nery and Sheila Marina Simao, "Sexual coercion and aggression towards a newborn calf of marine tucuxi dolphins (*Sotalia guianensis*)," *Marine Mammal Science* 25 (2009): 450–54; Reale, Bousses, and Chapuis, "Female-biased mortality induced by male sexual harassment in a feral sheep population"; Kamini N. Persaud and Bennett G. Galef, Jr., "Female Japanese quail (*Coturnix japonica*) mated with males that harassed them are unlikely to lay fertilized eggs," *Journal of Comparative Psychology* 119 (2005): 440–46; Jason V. Watters, "Can the alternative male tactics

'fighter' and 'sneaker' be considered 'coercer' and 'cooperator' in coho salmon?" *Animal Behaviour* 70 (2005): 1055–62.

13. T. H. Clutton-Brock and G. A. Parker, "Sexual coercion in animal societies," *Animal Behavior* 49 (1995): 1345–65.
14. Martin N. Muller et al., "Sexual coercion by male chimpanzees show that female choice may be more apparent than real," *Behavioral Ecology and Sociobiology* 65 (2011): 921–33; Martin N. Muller and Richard W. Wrangham, eds., *Sexual Coercion in Primates and Humans: Evolutionary Perspective on Male Aggression against Females* (Cambridge, MA: Harvard University Press, 2009); Martin N. Muller, Sonya M. Kahlenberg, Melissa Emery Thompson, and Richard W. Wrangham, "Male coercion and the cost of promiscuous mating for female chimpanzees," *Proceedings of the Royal Society B: Biological Sciences* 274 (2007): 1009–14.
15. Clutton-Brock and Parker, "Sexual coercion in animal societies."
16. Jessica Bennett, "The #MeToo Moment: When the Blinders Come Off," *New York Times*, November 30, 2017, https://www.nytimes.com/2017/11/30/us/the-metoo-moment.html; Stephanie Zacharek, Eliana Dockterman, and Haley Sweetland Edwards, "TIME Person of the Year 2017: The Silence Breakers," *Time*, http://time.com/time-person-of-the-year-2017-silence-breakers/.
17. Norbert Sachser, Michael B. Hennessy, and Sylvia Kaiser, "Adaptive modulation of behavioural profiles by social stress during early phases of life and adolescence," *Neuroscience & Biobehavioral Reviews* 35 (2011): 1518–33.
18. G. J. Hole, D. F. Einon, and H. C. Plotkin, "The role of social experience in the development of sexual competence in *Rattus Norvegicus*," *Behavioral Processes* 12 (1986): 187–202.
19. Stephanie Craig, "Research relationships focus on mink mating," *Ontario Agricultural College, University of Guelph*, February 14, 2017, https://www.uoguelph.ca/oac/news/research-relationships-focus-mink-mating.
20. Houpt, *Domestic Animal Behavior for Veterinarians and Animal Scientists*, 5th ed.
21. Justin R. Garcia et al., "Sexual hookup culture: A review," *Review of General Psychology* 16 (2012): 161–76, https://www.ncbi.nlm.nih.gov/pmc/articles/PMC3613286/pdf/nihms443788.pdf.
22. Binghamton University, State University of New York, "College Students' Sexual Hookups More Complex than Originally Thought," *Science News*, October 17, 2012, https://www.sciencedaily.com/releases/2012/10/121017122802.htm.
23. Garcia et al., "Sexual hookup culture: A review," 20.
24. Lisa Wade, *American Hookup: The New Culture of Sex on Campus* (New York: W. W. Norton and Co., 2017).
25. 理查·魏斯保德博士的訪談，二〇一八年二月十四日。

26. Garcia et al., "Sexual hookup culture: A review," 14.

第四部　自力更生

斯拉夫茨的故事是休伯特．波托契尼克在訪談中告訴我們的，同時也記載於"The Wolf Who Traversed the Alps,"及James Cheshire和Oliver Uberti的著作*Where the Animals Go: Tracking Wildlife with Technology in 50 Maps and Graphics* (New York: W. W. Norton & Company, 2017), 62–65，並加上Henry Nicholls在《衛報》的報導。PJ的故事則蒐集自新聞報導。

第十五章　學會單飛

1. Clutton-Brock, *Mammal Societies*, 94–122, 401–26; Bruce N. McLellan and Frederick W. Hovey, "Natal dispersal of grizzly bears," *Canadian Journal of Zoology* 79 (2001): 838–44; Martin Mayer, Andreas Zedrosser, and Frank Rosell, "When to leave: The timing of natal dispersal in a large, monogamous rodent, the Eurasian beaver," *Animal Behaviour* 123 (2017): 375–82; Jonathan C. Shaw et al., "Effect of population demographics and social pressures on white-tailed deer dis- persal ecology," *Journal of Wildlife Management* 70 (2010): 1293–301; Eric S. Long et al., "Forest cover influences dispersal distance of white-tailed deer," *Journal of Mammology* 86 (2005): 623–29; Yun Tao, Luca Börger, and Alan Hastings, "Dynamic range size analysis of territorial animals: An optimality approach," *American Naturalist* 188 (2016): 460–74.
2. 史蒂芬．明茲的著作*The Prime of Life: A History of Modern Adulthood*(Cambridge, MA: Harvard University Press, 2015), 生動地介紹了歷史上世界各地的離家故事，可以參見Prologue, 1–18, Chapter 1: The Tangled Transition to Adulthood, 19–70，以及他的另一部作品*Huck's Raft: A History of American Childhood*。此外，傑佛瑞．亞奈特也寫了關於成年初顯期的著作，例如*Adolescence and Emerging Adulthood: A Cultural Approach*(London: Pearson, 2012) 書中廣泛討論青少年離家——或不離家——的生活階段。另也參見亞奈特的著作*Emerging Adulthood: The Winding Road from the Late Teens Through the Twenties,* 2nd ed. (New York: Oxford, 2015).
3. 漢娜．班尼斯特博士的訪談，二〇一八年二月六日。
4. Hiroyoshi Higuchi and Hiroshi Momose, "Deferred independence and prolonged infantile behaviour in young var- ied tits, Parus varius, of an island population," *Animal Behaviour* 28 (1981): 523–24.
5. Russell C. Van Horn, Teresa L. McElinny, and Kay E. Holekamp, "Age estimation and dispersal in the spotted hyena (*Crocuta crocuta*)," *Journal of Mammology* 84 (2003): 1019–30; Axelle E. J. Bono et al., "Payoff- and sex-biased social learning interact in a wild primate population," *Current Biology* 28 (2018): P2800–2805; Gerald L.

Kooyman and Paul J. Ponganis, "The initial journey of juvenile emperor penguins," *Aquatic Conservation: Marine and Freshwater Ecosystems* 17 (2008): S37–S43; Robin W. Baird and Hal Whitehead, "Social organization of mammal-eating killer whales: Group stability and dispersal patterns," *Canadian Journal of Zoology* 78 (2000): 2096–105; P. A. Stephens et al., "Dispersal, eviction, and conflict in meerkats (*Suricata suricatta*): An evolutionarily stable strategy model," *American Naturalist* 165 (2005): 120–35.

6. Namibia Wild Horse Foundation, "Social Structure," http://www.wild-horses-namibia.com/social-structure/; Frans B. M. De Waal, "Bonobo Sex and Society," *Scientific American*, June 1, 2006, https://www.scientificamerican.com/article/bonobo-sex-and-society-2006-06/.
7. Martha J. Nelson-Flower et al., "Inbreeding avoidance mechanisms: Dispersal dynamics in cooperatively breeding southern pied babblers," *Journal of Animal Ecology* 81 (2012): 876–83; Nils Chr. Stenseth and William Z. Lidicker, Jr., *Animal Dispersal: Small Mammals as a Model* (Dordrecht, Netherlands: Springer Science+Business Media, 1992).
8. James Cheshire, "The Wolf Who Traversed the Alps," 62–65, in *Where the Animals Go*; 休伯特·波托契尼克的訪談，二〇一九年二月二十日。
9. J. Michael Reed et al., "Informed Dispersal," in *Current Ornithology* 15, ed V. Nolan, Jr., and Charles F. Thompson (New York: Springer, 1999): 189–259; J. Clobert et al., "Informed dispersal, heterogeneity in animal disperal syndromes and the dynamics of spatially structured populations," *Ecology Letters* 12 (2009): 197–209.
10. 漢娜·班尼斯特博士的訪談，二〇一八年二月六日。
11. L. David Mech and Luigi Boitani, *Wolves: Behavior, Ecology, and Conservation* (Chicago: University of Chicago Press, 2007), 12.
12. 同上。
13. Kenneth A. Logan and Linda L. Sweanor, *Desert Puma: Evolutionary Ecology and Conservation of an Enduring Carnivore* (Washington, DC: Island Press, 2001), 143, 278; T. M. Caro and M. D. Hauser, "Is there teaching in nonhuman animals?" *Quarterly Review of Biology* 67 (1992): 151–74; L. Mark Elbroch and Howard Quigley, "Observations of wild cougar (*Puma concolor*) kittens with live prey: Implications for learning and survival," *Canadian FieldNaturalist* 126 (2012): 333–35.
14. Shifra Z. Goldenberg and George Wittemyer, "Orphaned female elephant social bonds reflect lack of access to mature adults," *Scientific Reports* 7 (2017): 14408; Shifra Z. Goldenberg and George Wittemyer, "Orphaning and natal group dispersal are associated with social costs in female elephants," *Animal Behaviour* 143 (2018): doi: 10.1016/j.anbehav.2018.07.002.
15. Alexandre Roulin, "Delayed maturation of plumage coloration and plumage spottedness in the Barn Owl (Tyto alba)," *Journal fur Ornithologie* 140 (1999): 193–97.

16. Hermioni N. Lokko and Theodore A. Stern, "Regression: Diagnosis, evaluation, and management," *Primary Care Companion for CNS Disorders* 17 (2015): doi: 10.408/ PCC.14f01761.
17. Walter D. Koenig et al., "The Evolution of Delayed Dispersal in Cooperative Breeders," *The Quarterly Review of Biology* 67 (1992): 111–50; Lyanne Brouwe, David S. Richardson, and Jan Komdeur, "Helpers at the nest improve late-life offspring performance: Evidence from a long-term study and a cross-foster experiment," *PLoS ONE* 7 (2012): e33167; J. L. Brown, *Helping Communal Breeding in Birds* (Princeton, NJ: Princeton University Press, 2014), 91–101.
18. L. David Mech and H. Dean Cluff, "Prolonged intensive dominance behavior between gray wolves, *Canis lupus*," *Canadian FieldNaturalist* 124 (2010): 215–18.
19. Clutton-Brock, *Mammal Soci eties*, 186; Robert L. Trivers, "Parent-offspring conflict," *American Zoologist* 14 (1974): 249–64; Bram Kujiper and Rufus A. Johnstone, "How dispersal influences parent-offspring conflict over investment," *Behavioral Ecology* 23 (2012): 898–906.
20. Logan and Sweanor, *Desert Puma*, 143.
21. Robert L. Trivers, "Parental Investment and Sex- ual Selection," 52–95, in Bernard Campbell, ed., *Sexual Selection and the Descent of Man, 1871–1971* (Chicago: Aldine, 1972), http://roberttrivers.com/Robert_Trivers/Publications_files/Trivers%201972.pdf.
22. Trivers, "Parent-offspring conflict"; Kujiper and Johnstone, "How dispersal influences parent-offspring conflict over investment." For more on parent-offspring conflict, see also Phil Reed, "A transactional analysis of changes in parent and chick behavior prior to separation of herring gulls (*Larus argentatus*): A three-term contingency model," *Behavioural Processes* 118 (2015): 21–27; T. H. Clutton-Brock and G. A. Parker, "Punishment in animal societies," *Nature* 373 (1995): 209–16.
23. Juan Carlos Alonso et al., "Parental care and the transition to independence of Spanish Imperial Eagles *Aquila heliaca* in Doñana National Park, southwest Spain," *IBIS* 129 (1987): 212–24.
24. Trevor Noah, *Born a Crime: Stories from a South African Childhood* (New York: Spiegel and Grau, 2016), 255.
25. Manabi Paul et al., "Clever mothers balance time and effort in parental care—a study on free-ranging dogs," *Royal Society Open Science* 4 (2017): 160583.
26. Tim Clutton-Brock, *Mammal Societies* (Hoboken, NJ: Wiley-Blackwell, 2016), 94.
27. Dorothy L. Cheney and Robert M. Seyfarth, "Nonrandom dispersal in free-ranging vervet monkeys: Social and genetic consequences," *American Naturalist* 122 (1983): 392–412.
28. 琳恩·菲爾班克斯（Lynn Fairbanks）的訪談，二〇一一年五月三日。
29. J. Kolevská, V. Brunclík, and M. Svoboda, "Circadian rhythm of cortisol secretion in

dogs of different daily activity," *Acta Veterinaria Brunensis* 72 (2002), doi: 10/2754/abc200372040599; Mark S. Rea et al., "Relationship of morning cortisol to circadian phase and rising time in young adults with delayed sleep times," *International Journal of Endocrinology* (2012), doi://10.115/2012/74940; R. Thun et al., "Twenty- four-hour secretory pattern of cortisol in the bull: Evidence of episodic secretion and circadian rhythm," *Endocrinology* 109 (1981): 2208–12.

30. World Health Organization, "Adolescent Health Epidemiology," https://www.who.int/maternal_child_adolescent/epidemiology/adolescence/en/.
31. John Boulanger and Gordon B. Stenhouse, "The impact of roads on the demography of grizzly bears in Alberta," *PLoS ONE* 9 (2014): e115535; Amy Haigh, Ruth M. O' Riordan, and Fidelma Butler, "Hedgehog *Erinaceus europaeus* mortality on Irish roads," *Wildlife Biology* 20 (2014): 155–60; Ronald L. Mumme et al., "Life and death in the fast lane: Demographic consequences of road mortality in the Florida scrub-jay," *Conservation Biology* 14 (2000): 501–12; Brenda D. Smith-Patten and Michael A. Patten, "Diversity, seasonality, and context of mammalian roadkills in the Southern Great Plains," *Environmental Management* 41 (2008): 844–52; Brendan D. Taylor and Ross L. Goldingay, "Roads and wildlife: Impacts, mitigation and implications for wildlife management in Australia," *Wildlife Research* 37 (2010): 320–31; Amy Haigh et al., "Non-invasive methods of separating hedgehog (*Erinaceus europaeus*) age classes and an investigation into the age structure of road kill," *Acta Theriologica* 59 (2014): 165–71; Richard M. F. S. Sadleir and Wayne L. Linklater, "Annual and seasonal patterns in wildlife road-kill and their relationship with traffic density," *New Zealand Journal of Zoology* 43 (2016): 275–91; Evan R. Boite and Alfred J. Mead, "Application of GIS to a baseline survey of vertebrate roadkills in Baldwin County, Georgia," *Southeastern Naturalist* 13 (2014): 176–90; Changwan Seo et al., "Disentangling roadkill: The influence of landscape and season on cumulative vertebrate mortality in South Korea," *Landscape and Ecological Engineering* 11 (2015): 87–99; 維吉尼亞理工大學資深研究員安迪.艾爾頓（Andy Alden）的訪談，二〇一七年八月二十三日；維吉尼亞州運輸研究委員會（Virginia Transportation Research Council）資深科學家及野生動物通道專家布麗姬．唐納森（Bridget Donaldson）的訪談，二〇一七年八月十四日；美國加州大學戴維斯分校道路生態中心（UC Davis Road Ecology Center）聯合主任福瑞澤．席林（Fraser Shilling）的訪談，二〇一七年八月九日。
32. Malia Wollan, "Mapping Traffic' s Toll in Wildlife,"*New York Times*, September 12, 2010, https://www.nytimes.com/2010/09/13/technology/13roadkill.html.
33. Richard M. F. S. Sadleir and Wayne L. Linklater, "Annual and seasonal patterns in wildlife road-kill and their relationship with traffic density," *New Zealand Journal of Zoology* 43 (2016): 275–91.

34. R. A. Giffney, T. Russell, and J. L. Kohen, "Age of road- killed common brushtail possums (*Trichosurus vulpecula*) and common ringtail possums (*Pseudocheirus peregrinus*) in an urban environment," *Australian Mammalogy* 31 (2009): 137–42.
35. Kerry Klein, "Largest US Roadkill Database Highlights Hotspots on Bay Area Highways," *Mercury News* (San Jose), May 5, 2015, https://www.mercurynews.com/2015/05/05/largest-u-s-roadkill-database-highlights-hotspots-on-bay-area-highways/.
36. Nicolas Perony and Simon W. Townsend, "Why did the meerkat cross the road? Flexible adaptation of phylogenetically-old behavioural strategies to modern-day threats," *PLoS ONE* (2013), doi: 10.1371/journal.pone.0052834.
37. Whale and Dolphin Conservation, "Boat Traffic Effects on Whales and Dolphins," https://us.whales.org/issues/boat-traffic; A. Szesciorka et al., "Humpback whale behavioral response to ships in and around major shipping lanes off San Francisco, CA," Abstract (Proceedings) 21st Biennial Conference on the Biology of Marina Mammals, San Francisco, California, December 14–18, 2015; Karen Romano Young, *Whale Quest: Working Together to Save Endangered Species* (Brookfield, CT: Millbrook Press, 2017).
38. Christine Dell' Amore, "Down- town Coyotes: Inside the Secret Lives of Chicago' s Predator," *National Geographic*, November 21, 2014, https://news.nationalgeographic.com/news/2014/11/141121-coyotes-animals-science-chicago-cities-urban-nation/.
39. Centers for Disease Control and Prevention, "Motor Vehicle Safety (Teen Drivers)," https://www.cdc.gov/motorvehiclesafety/teen_drivers/index.html; Centers for Disease Control and Prevention, "Motor Vehicle Crash Deaths," https://www.cdc.gov/vitalsigns/motor-vehicle-safety/index.html; Children' s Hospital of Philadelphia, "Seat Belt Use: Facts and Stats," https://www.teendriversource.org/teen-crash-risks-prevention/rules-of-the-road/seat-belt-use-facts-and-stats.
40. National Highway Traffic Safety Administration, "Overview of the National Highway Traffic Safety Administration' s Driver Distraction Program," https://www.nhtsa.gov/sites/nhtsa.dot.gov/files/811299.pdf.
41. National Highway Traffic Safety Administration, "U.S. DOT and NHTSA Kick Off 5th Annual U Drive. U Text. U Pay. Campaign," April 5, 2018, https://www.nhtsa.gov/press-releases/us-dot-and-nhtsa-kick-5th-annual-u-drive-u-text-u-pay-campaign.
42. Angel Jennings, "Mountain Lion Killed in Santa Monica Was Probably Seeking a Home," *Los Angeles Times*, May 24, 2012, http://articles.latimes.com/2012/may/24/local/la-me-0524-mountain-lion-20120524.
43. 休伯特·波托契尼克的訪談，二〇一九年二月二十日。
44. James Cheshire and Oliver Uberti, *Where the Animals Go: Tracking Wildlife with Technology in 50 Maps and Graphics* (New York: W. W. Norton & Company, 2017);

Doug P. Armstrong et al., "Using radio-tracking data to predict post-release establishment in reintroduction to habitat fragments," *Biological Conservation* 168 (2013): 152–60.

第十六章　謀生

1. Susan J. Popkin, Molly M. Scott, and Martha Galvez, "Impossible Choices: Teen and Food Insecurity in America," Urban Institute, September 2016, https://www.urban.org/sites/default/files/pub lication/83971/impossible-choices-teens-and-food-insecurity-in-america_1.pdf; Mkael Symmonds et al., "Metabolic state alters economic decision making under risk in humans," *PLoS ONE* 5 (2010): e11090; No Kid Hungry, "Hunger Facts," https://www.nokidhungry.org/who-we-are/hunger-fact.
2. Stan Boutin, "Hunger makes apex predators do risky things," *Journal of Animal Ecology* 87 (2018): 530–32; Andrew D. Higginson et al., "Generalized optimal risk allocation: Foraging and antipredator behavior in a fluctuating environment," *American Naturalist* 180 (2012): 589–603; Michael Crossley, Kevin Staras, and György Kemenes, "A central control circuit for encoding perceived food value," *Science Advances* 4 (2018), doi: 10.1126/sciadv.aau9180; Kari Koivula, Seppo Rytkonen, and Marukku Orell, "Hunger-dependency of hiding behaviour after a predator attack in dominant and subordinate willow tits," *Ardea* 83 (1995): 397–404; Benjamin Homberger et al., "Food predictability in early life increases survival of captive grey partridges (*Perdix perdix*) after release into the wild," *Biological Conservation* 177 (2014): 134–41; Hannah Froy et al., "Age-related variation in foraging behavior in the wandering albatross in South Georgia: No evidence for senescence," *PLoS ONE* 10 (2015): doi: 10.1371/journal.pone.0116415; Daniel O' Hagan et al., "Early life disadvantage strengthens flight performance trade-off in European starlings, *Sturnus vulgaris*," *Animal Behaviour* 102 (2015): 141–48; Harry H. Marshall, "Lifetime fitness consequences of early-life ecological hardship in a wild mammal population," *Ecology and Evolution* 7 (2017): 1712–24; Clare Andrews et al., "Early life adversity increases foraging and information gathering in European starlings, *Sturnus vulgaris*," *Animal Behaviour* 109 (2015): 123–32; Gerald Kooyman and Paul J. Ponganisk, "The initial journey of juvenile emperor penguins," *Aquatic Conservation: Marine and Freshwater Ecosystems* 17 (2007): S37–S43; Richard A. Phillips et al., "Causes and consequences of individual variability and specialization in foraging and migration strategies of seabirds," *Marine Ecology Progress Series* 578 (2017): 117–50.
3. Tiffany Armenta et al., "Gene expression shifts in yellow-bellied marmots prior to natal dispersal," *Behavioral Ecology* ary175 (2018), doi: 10.1083/beheco/ary175.
4. Armenta et al., "Gene expression shifts in yellow-bellied marmots prior to natal

dispersal."
5. 休伯特．波托契尼克的訪談，二〇一九年二月二十日。
6. Mech and Boitani, *Wolves*, 283.
7. 芭芭拉．奈特森赫洛維茲於二〇一八年四月二十日造訪位於密蘇里州尤里卡的瀕危灰狼中心。
8. 班．吉勒姆博士的訪談，二〇一八年四月一日於新罕布夏州萊姆。
9. Alex Thornton, "Variations in contributions to teaching by meerkats," *Proceedings of the Royal Society B: Biological Sciences* 275 (2008): 1745–51.
10. James Fair, "Hunting success rates: how predators compare," Discover Wildlife, December 17, 2015, http:// www.discoverwildlife.com/animals/hunting-success-rates-how-predators-compare.
11. 同上。
12. Amanda D. Melin et al., "Trichromacy increases fruit intake rates of wild capuchins (Cebus capucinus imitator)," *Proceedings of the National Academy of Sciences* 114 (2017): 10402–7.
13. Inigo Novales Flamarique, "The Ontogeny of Ultraviolet Sensitivity, Cone Disappearance and Regeneration in the Sockeye Salmon Oncorhynchus Nerka," *Journal of Experimental Biology* 203 (2000): 1161–72.
14. Howard Richardson and Nicolaas M. Verbeek, "Diet selection and optimization by Northwestern Crows feeding on Japanese littleneck clams," *Ecology* 67 (1986): 1219–26; Howard Richardson and Nicolaas A. M. Verbeek, "Diet selection by yearling North- western Crows (*Corvus caurinus*) feeding on littleneck clams (*Venerupis japonica*)," *Auk* 104 (1987): 263–69.
15. Angela Duckworth, *Grit: The Power of Passion and Perseverance* (New York: Scribner, 2016).
16. Sarah Benson-Amram and Kay E. Holekamp, "Innovative problem solving by wild spotted hyenas," *Proceedings of the Royal Society B* 279 (2012): 4087–95; L. Cauchard et al., "Problem-solving performance is correlated with reproductive success in wild bird population," *Animal Behaviour* 85 (2013): 19–26; Andrea S. Griffin, Maria Diquelou, and Marjorie Perea, "Innovative problem solving in birds: a key role of motor diversity," *Animal Behaviour* 92 (2014): 221–27; A. Thornton and J. Samson, "Innovative problem solving in wild meerkats," *Animal Behaviour* 83 (2012): 1459–68.
17. Benson-Amram and Holekamp, "Innovative problem solving by wild spotted hyenas."
18. Lisa A. Leaver, Kimberly Jayne, and Stephen E. G. Lea, "Behavioral flexibility versus rules of thumb: How do grey squirrels deal with conflicting risks?" *Behavioural Ecology* 28 (2017): 186–92.
19. John Whitfield, "Mother hens dictate diet," *Nature* (2001), doi: 10/1038/news010719-18, https://www.nature.com/news/2001/010718/full/news010719-18.html.

20. A. G. Thorhallsdottir, F. D. Provenza, D. F. Balph, "Ability of lambs to learn about novel foods while observing or participating with social models," *Applied Animal Behaviour Science* 25 (1990): 25–33; Udita Sanga, Frederick D. Provenza, and Juan J. Villalba, "Transmission of self-medicative behaviour from mother to offspring in sheep," *Animal Behaviour*⊠ 82 (2011): 219–27.
21. Jennifer S. Savage, Jennifer Orlet Fisher, and Leann L. Birch, "Parental Influence on Eating Behavior: Conception to Adolescence," *Journal of Law, Medicine & Ethics* 35 (2007): 22–34.
22. Christophe Guinet, "Intentional stranding apprenticeship and social play in killer whales (Orcinus orca)," *Canadian Journal of Zoology* 69 (1991): 2712–16.
23. Ari Friedlaender et al., "Underwater components of humpback whale bubble-net feeding behaviour," *Behaviour* 148 (2011): 575–602; Rebecca Boyle, "Humpback Whales Learn New Tricks Watching Their Friends," *Popular Science*, April 25, 2013, https://www.popsci.com/science/article/2013-04/humpback-whales-learn-new-tricks-watch ing-their-friends#page-2; Jane J. Lee, "Do Whales Have Culture?" National Geographic News, April 27, 2013, https://news.nationalgeographic.com/news/2013/13/130425-humpback-whale-culture-behavior-science-animals/; University of St. Andrews, "Humpback whales able to learn from others, study finds," Phys.org, April 25, 2013, https://phys.org/news/2013-04-humpback-whales.html#jCp.
24. Jenny Allen et al., "Network-based diffusion analysis reveals cultural transmission of lobtail feeding in humpback whales," *Science* 26 (2013): 485–88.
25. William J. E. Hoppitt et al., "Lessons from animal teaching," *Trends in Ecology & Evolution* 23 (2008): 486–93, 486;T. M. Caro and M. D. Hauser, "Is there teaching in nonhuman animals?" *Quarterly Review of Biology* 67 (1992): 151–74; T. M. Caro, "Predatory behaviour in domestic cat mothers," *Behaviour* 74 (1980): 128–47; T. M. Caro, "Effects of the mother, object play and adult experience on predation in cats," *Behavioral and Neural Biology* 29 (1980): 29–51; T. M. Caro, "Short-term costs and correlates of play in cheetahs," *Animal Behaviour* 49 (1995): 333–45.
26. Mark Elbroch, "Fumbling Cougar Kittens: Learning to Hunt," National Geographic Blog, October 22, 2014, https://blog.nationalgeographic.org/2014/10/22/fumbling-cougar-kittens-learning-to-hunt/.
27. Liz Langley, "Schooled: Animals That Teach Their Young," *National Geographic News*, May 7, 2016, https://news.nationalgeographic.com/2016/05/160507-animals-teaching-parents-sci ence-meerkats/.
28. Alonso et al., "Parental care and the transition to independence of Spanish Imperial Eagles *Aquila heliaca* in Doñana National Park, southwest Spain."
29. Guy A. Balme et al., "Flexibility in the duration of parental care: Female leopards prioritise cub survival over reproductive output," *Journal of Animal Ecology* 86 (2017):

1224–34.
30. J. S. Gilchrist, "Aggressive monopolization of mobile carers by young of a cooperative breeder," *Proceedings of the Royal Society B* 275 (2008): 2491–98.
31. Yutaka Hishimura, "Food choice in rats (*Rattus norvegicus*): The effect of exposure to a poisoned conspecific," *Japanese Psychological Research* 40 (1998): 172–77; Jerry O. Wolff and Paul W. Sherman, eds., *Rodent Societies: An Ecological and Evolutionary Perspective* (Chicago: University of Chicago Press, 2007), 210–11; Bennett G. Galef, Jr., "Social interaction modifies learned aversions, sodium appetite, and both palatability and handling-time induced dietary preferences in rats (*Rattus norvegicus*)," *Journal of Comparative Psychology* 100 (1986): 432–39.
32. Pallav Sengupta, "The laboratory rat: Relating its age with human' s," *International Journal of Preventive Medicine* 4 (2013): 624–30.
33. Galef Jr., "Social inter- action modifies learned aversions, sodium appetite, and both palatability and handling-time induced dietary preferences in rats (*Rattus norvegicus*)."
34. Jerry O. Wolff and Paul W. Sherman, eds., *Rodent Societies: An Ecological and Evolutionary Perspective* (Chicago: University of Chicago Press, 2007), 211.
35. 野生生物學家及保育學家路克・達勒（Luke Dollar）的訪談，二〇一七年十一月十日。
36. 哥廷根大學米雅-拉娜・呂爾斯博士的訪談，二〇一七年十月十六日。

第十七章　巨大的孤單

1. BBC Two, "Apak: North Baffin Island," February 21, 2005, http://news.bbc.co.uk/2/hi/programmes/this_world/4270079.stm; Nina Strochlic, "How to Build an Igloo," *National Geographic*, November 2016, https://www.nationalgeographic.com.au/people/how-to-build-an-igloo.aspx; Richard G. Condon, "Inuit Youth in a Changing World," *Cultural Survival Quarterly Magazine*, June 1988, https://www.culturalsurvival.org/publications/cultural-survival-quarterly/inuit-youth-changing-world.
2. Julie Tetel Andresen and Phil- lip M. Carter, "The Language Loop: The Australian Walkabout," in *Language in the World: How History, Culture, and Politics Shape Language* (Hoboken, NJ: Wiley-Blackwell, 2016), 22.
3. David Martinez, "The soul of the Indian: Lakota philosophy and the vision quest," *Wicazo Sa Review* (University of Minnesota Press) 19 (2004): 79–104.
4. GoSERE, "SERE: Survival, Evasion, Resistance and Escape," https://www.gosere.af.mil/; National Outdoor Leadership School, "The leader in wilderness education," https:// www.nols.edu/en/.
5. Ester S. Buchholz and Rochelle Catton, "Adolescents' perceptions of aloneness and loneliness," *Adolescence* 34 (1999): 203–13.

6. Bridget Goosby et al., "Adolescent loneli- ness and health in early adulthood," *Sociological Inquiry* 83 (2013): doi: 10.1111/soin.12018.
7. Cheryl A. King and Christopher R. Merchant, "Social and interpersonal factors relating to adolescent suicidality: A review of the literature," *Archives of Suicide Research* 12 (2008): 181–96.
8. Jonathan Vespa, "A Third of Young Adults Live with Their Parents," United States Census Bureau, August 9, 2017, https://www.census.gov/library/stories/2017/08/young-adults.html.
9. "Europe' s Young Adults Living with Parents—a Country by Country Break- down," *The Guardian*, March 24, 2014, https://www.theguardian.com/news/datablog/2014/mar/24/young-adults-still-living-with-parents-europe-country-breakdown; Morgan Winsor, "Why Adults in Different Parts of the Globe Live with Their Parents," ABC News, May 27, 2018, https://abc news.go.com/International/adults-parts-globe-live-home-parents/story?id=55457188; "Life in Modern Cairo," Liberal Arts Instructional Technology Services, University of Texas at Austin, http://www.laits.utexas.edu/cairo/modern/life/life.html.
10. CBRE, "Asia Pacific Millennials: Shaping the Future of Real Estate," October 2016, page 8, https://www.austchamthai land.com/resources/Pictures/CBRE%20-%20APAC%20Millennials%20 Survey%20Report.pdf.
11. 延長的親代照顧包括給予播遷後的年輕動物食物、庇護、保護和指引。在許多物種中都能看到，但根據子代的需求和親代擁有的資源，程度會有所不同。一般來說，有掠食者或缺乏資源的環境比較危險，延長的親代照顧就更普遍。Eleanor M. Russell, Yoram Yom-Tov, and Eli Geffen, "Extended parental care and delayed dispersal: Northern, tropical and southern passerines compared," *Behavioral Ecology* 15 (2004): 831–38; Andrew N. Radford and Amanda R. Ridley, "Recruitment calling: A novel form of extended parental care in an altricial species," *Current Biology* 16 (2006): 1700–704; Michael J. Polito and Wayne Z. Trivelpiece, "Transition to independence and evidence of extended parental care in the gentoo penguin (*Pygoscelis papua*)," *Marine Biology* 154 (2008): 231–40; P. D. Boersma, C. D. Cappello, and G. Merlen, "First observation of post-fledging care in Galapogos penguins (*Spheniscus mendiculus*)," *Wilson Journal of Ornithology* 129 (2017): 186–91; Martin U. Gruebler and Beat Naef-Daenzer, "Survival benefits of post-fledging care: Experimental approach to a critical part of avian reproductive strategies," *Journal of Animal Ecology* 79 (2010): 334–41.
12. Steven Mintz, *The Prime of Life* (Cambridge, MA: Harvard University Press, 2015).
13. 同上。
14. 同上。
15. Lyanne Brouwe, David S. Richardson, and Jan Komdeur, "Helpers at the nest improve

late-life offspring performance: Evidence from a long-term study and a cross-foster experiment," *PLoS ONE* 7 (2012): e33167; Tim Clutton-Brock, "Cooperative Breeding," in *Mammal Societies* (Hoboken, NJ: Wiley-Blackwell, 2016), 556–63.

16. Janis L. Dickinsin et al., "Delayed dispersal in western bluebirds: Teasing apart the importance of resources and parents," *Behavioral Ecology* 25 (2014): 843–51.
17. Karen Price and Stan Boutin, "Territorial bequeathal by red squirrel mothers," *Behavioral Ecology* 4 (1992): 144–50.
18. De Casteele and Matthysen, "Natal dispersal and parental escorting predict relatedness between mates in a passerine bird," *Molecular Ecology* 15, no. 9 (August 2006), 2557–65.
19. Erik Matthysen et al., "Family movements before independence influence natal dispersal in a territorial songbird," *Oecologia* 162 (2010): 591–97; Karen Marchetti and Trevor Price, "Differences in the foraging of juvenile and adult birds: The importance of developmental constraints," *Biological Review* 64 (1989): 51–70; S. Choudhury and J. M. Black, "Barnacle geese preferentially pair with familiar associates from early life," *Animal Behaviour* 48 (1994): 81–88.
20. I. Rowley, "Communal activities among white-winged choughs, Corcorax melanorhamphus," *IBIS* 120 (1978): 178–96; R. G. Heinsohn, "Cooperative enhancement of reproductive success in white- winged choughs," *Evolutionary Ecology* 6 (1992): 97–114; R. Heinsohn et al., "Coalitions of relatives and reproductive skew in cooperatively breeding white-winged choughs," *Proceedings of the Royal Society of London Series B* 267 (2000): 243–49.
21. Jack F. Cully, Jr., and J. David Ligon, "Comparative Mobbing Behavior of Scrub and Mexican Jays," *Auk* 93 (1976): 116–25.
22. Leah Shafer, "Resilience for Anxious Students," Harvard Graduate School of Education, November 30, 2017, https://www.gse.harvard.edu/news/uk/17/11/resilience-anxious-students.
23. Mintz, *The Prime of Life.*
24. Allison E. Thompson, Johanna K. P. Greeson, and Ashleigh M. Brunsink, "Natural mentoring among older youth in and aging out of foster care: A systematic review," *Children and Youth Services Review* 61 (2016): 40–50.
25. Mintz, *The Prime of Life.*
26. Doug P. Armstrong et al., "Using radio-tracking data to predict post-release establishment in reintroduction to habitat fragments," *Biological Conservation* 168 (2013): 152–60.
27. Mark Elbroch, "Fumbling Cougar Kittens: Learning to Hunt," *National Geographic Blog*, October 22, 2014, https://blog.nationalgeographic.org/2014/10/22/fumbling-cougar-kittens-learning-to-hunt/.

後記

1. "King Penguins," Penguins-World, https://www.penguins-world.com/king-penguin/.
2. 奧立佛・霍納的訪談，二〇一八年十月四日。
3. Philip Hoarse, " 'Barnacled Angels' : The Whales of Stellwagen Bank—a Photo Essay," *Guardian*, June 20, 2018, https://www.theguardian.com/environment/2018/jun/20/barnacled-angels-the-whales-of-stellwagen-bank-a-photo-essay.
4. 休伯特・波托契尼克的訪談，二〇一九年二月二十日。
5. Fred Lambert, "Tesla and PG&E Are Working on a Massive 'Up to 1.1 GWh' Powerpack Battery System," Electrek, June 29, 2018, https://electrek.co/2018/06/29/tesla-pge-giant-1-gwh-power pack-battery-system/.

本書圖片說明

奧立佛．烏伯蒂（Oliver Uberti）曾在《國家地理》雜誌擔任資深設計編輯，也曾與人合著兩本備受推崇的地圖和圖像書籍：《動物去哪兒》（*Where the Animals Go*）及《倫敦：資訊首都》（*London: The Information Capital*），都因卓越的製圖得到頂級的英國製圖學會獎（British Cartographic Society Award）。

在衛星和無人機技術的協助下，人類現在可以用前所未有的方法觀察動物的日常生活。為本書繪製地圖時，烏伯蒂使用科學家所提供的四位動物主角位置資料。烏蘇拉、史靈克、阿鹽和斯拉夫茨的故事能夠展現在世人面前，要感謝南極研究基金（antarctic-research.de）、鬣狗計畫（hyena-project.com）、海岸研究中心（coastalstudies.org）和斯洛維尼亞灰狼計畫（volkovi.si）的科學家。烏伯蒂所描繪的野莽期各階段繪圖，是根據我們對研究內容和青少年行為親緣關係的解讀。

烏伯蒂的繪圖精美無比，讀者可以輕鬆了解資訊——但也可能會有種錯誤印象，以為資料顯而易見，很好取得。事實上，每一個資料點都來自科學家及團隊成員數十年來不畏全球各地極端的氣溫、地形、距離和資源，專心產出的研究。雖然科技進步提供了新的觀點，在野外觀察動物行為仍要仰賴個人的熱情和投入。

關於美國精裝版封面照片

這些獅子腿上專屬於幼年期的斑點已經褪去，但仍能看得見，代表他們一定處於野莽期期間。這張照片的拍攝地點是小獅子的活動範圍：肯亞馬賽馬拉國家保護區，牠們正在仔細瞧架設在遙控地面機器上的偽裝照相機，這臺相機的架設者是獲獎的英國野生動物攝影師安格斯．史提德（Angus Stead）。這三頭小母獅好奇心旺盛，不在意是否有危險，直接躡足走向機器，牠們因為沒見過這個東西而迷惘，也被同儕慫恿——這是典型的野莽期行為。即使只是一瞬間的影像，透過史提德的鏡頭，讓我們能從牠們眼中的世界看到青少年獅子注意到的東西是什麼模樣。（讀者可以掃描二維條碼，於本書網站搜尋到更多資訊。）